여자도 잘 모르는 여자의 성

믿음이란
한 알의 밀알이 땅에 떨어져 죽음으로 많은 열매를 맺음과 같이
진리의 열매를 위하여 스스로 죽는 것을 뜻합니다.
눈으로 볼 수는 없으나 영원히 살아 있는 진리와
목숨을 맞바꾸는 자들을 우리는 믿는 이라고 부릅니다.
「믿음의 글들」은 평생, 혹은 가장 귀한 순간에
진리를 위하여 죽거나 죽기를 결단하는
참 믿는 이들의, 참 믿는 이들을 위한, 참 믿음의 글입니다.

여 자 도 잘 모 르 는

여자의 성

아치볼드 D. 하트 · 캐서린 하트 웨버 · 데브라 테일러
_김종철 · 박진숙 옮김

홍성사

차 례

감사의 말

이 책을 내기까지 도움을 주신 분들이 너무 많아 누구에게 먼저 감사를 드려야 할지 모르겠다. 그러나 우선 데브라의 남편인 켄트 테일러 박사가 우리가 얻은 통계를 분석하는 데 없어서는 안 될 사람이었음을 말해야겠다. 테일러 박사는 생물학과 유전학을 가르쳤지만, 지금은 질병 유전학 분야에서 주로 분자 생물학자로서 연구하고 있다. 언뜻 보기에 그의 직업과 우리가 다루는 주제가 거리가 먼 것 같지만, 그는 대학에서 생물학을 가르치면서 아내 데브라와 함께 성에 관한 여러 주제에 대해 강의를 해 왔기 때문에, 연구가로서의 전문성 이외에도 그의 풍부한 경력은 우리의 연구에 큰 힘이 되었다. 테일러 박사는 여러 방면에서 우리를 도왔다. 연구 계획에 관해 조언을 주었고, 자료 입력 프로그램을 만들어 주었을 뿐 아니라 대부분의 자료 분석이 그의 손을 거쳐 이루어졌다. 무엇보다도 우리가 과학적으로 정직하게 연구를 끝까지 마칠 수 있도록 도와주었다. 그의 도움이 없었다면 이 연구가 완성되기까지 몇 년은 족히 더 걸렸을 것이다!

캘리포니아 밴 너이스에 있는 '처치 온 더 웨이'(The Church on the Way)의 여성사역 감독으로 있는 나오미 비어드는 본 연구의 방향을 설정하는 데에 중심적인 역할을 했다. 나오미는 탁월한 강연가요 지도자이며 여성사역 전문가로서 각계에서 인정받고 있다. 나오미는 우리 연구의 나아갈 방향을 열어 주었을 뿐 아니라 가는 곳마다 열정적으로 설문조사를 해 주었다. 나오미 여사의 도움은 우리 연구에 정말 소중한 것이었다.

또한 많은 친구들과 가족들이 이 연구를 기도와 격려로 도왔다. 특별히 데브라의 기도 가족인 그렛첸, 크리스틴, 린다, 팜, 줄리, 리사, 크리스티에게 감사한다. 캐서린의 친구인 데브라 몬타나와 자매인 샤론과 실비아, 어머니인 캐슬린과 '처치 온 더 웨이'의 기도 가족들에게도 감사한다.

자료를 입력하는 일을 도와준 하트 박사의 신실한 비서 린다 로자스, 팀 잭릿치, 짐 채프만에게 감사한다. 짐은 자료 입력에 책임을 맡아서 어떠한 실수도 없게끔 세심한 주의를 기울였다. 또한 대부분의 자료에 대한 표본집단의 반응을 우리에게 알려 주어 큰 도움이 되었다.

본 연구가 진행될 수 있도록 격려해 준 넬슨/워드(Nelson/Word) 출판사 측의 멋진 사람들에게 우리는 빚을 졌다. 어니 오웬, 킵 조단(안타깝게도 우리가 이 원고를 마지막으로 손보는 중에 돌아가셨다),

넬슨 키너, 편집장인 아미 매커넬 그리고 다른 직원들 모두가 지칠 줄 모른 채 우리를 지원했다. 그토록 탁월한 출판 전문가들과 함께 일할 수 있었던 것은 우리에게 큰 특권이었다.

그러나 가장 고마운 사람들은 우리의 배우자, 릭과 켄트와 캐슬린이다. 우리는 그들에게 특별히 감사하다는 말을 전하고 싶다. 그들은 이상적인 배우자가 어떤 사람인지 몸소 보여 주었다. 뿐만 아니라 그들의 전적인 헌신으로 우리 자신의 성이 치유되지 않았다면, 이처럼 미묘한 주제들을 다룰 지혜나 엄두가 나지 않았을 것이다. 그대들의 인내와 지지에 감사한다.

엄마가 이 일을 하는 동안 사랑하는 마음으로 기도하고 용서하고 희생한 데브라의 아이들인 안나와 마이클, 캐서린의 딸들인 니콜과 케이틀란에게 특별히 고맙다는 말을 전하고 싶다.

아치볼드 D. 하트
캐서린 하트 웨버
데브라 테일러

서 문

이 책과 책의 기초가 된 연구는 두 가지 서로 다른 사건을 계기로 이루어졌다. 첫 번째 사건은 아치볼트 하트 박사의 책인 《남자도 잘 모르는 남자의 성》[1]이 출간된 직후에 생겼다. 하트 박사는 독자들로부터 많은 편지를 받았다. 크리스천 남성들은 이 책을 통해 자신들의 성을 이해할 수 있게 되었다고 고마워했으며 여성들은 남편이 걸려 있는 종잡을 수 없는 '테스토스테론(남성 호르몬)의 마술'을 이해할 수 있게 되었다면서 하트 박사를 칭찬했다. 과거에 남편과 성문제에 대해 심각한 이야기를 나눈다는 것은 거의 불가능한 일로 여겼던 많은 여성들이 그 책 덕분에 남편과 대화의 문이 열렸다고 했다. 한 부인은 아래와 같이 썼다.

남편은 우리에게 문제가 있다는 것을 알면서도 섹스에 대해서는 진지하게 이야기는 법이 없었어요. 저는 박사님의 책을 사 가지고 들어와 남편이 읽었으면 하는 마음으로 그 책을 거실 테이블 위에 두었지요. 아니나 다를까, 남편은 그 책을 읽기 시 작했죠! 그런 다음부터 그이는 그 책을 가지고 다니면서 읽기 도 하고 저에게 책의 여러 부분을 인용하기도 했죠. 그때부터 우리는 서로가 얼마나 다른지 비로소 이야기하기 시작했어요. 마침내 남편은 제가 진정으로 그이를 이해하기 원한다는 사실 을 받아들였어요.

이 부인은 이어서 언제쯤이면 자신의 이야기도 말할 수 있는 날 이 오는지, 언제쯤이면 자기가 느끼는 감정들을 남편과 나눌 수 있는 책이 나오는지를 물었다. 《남자도 잘 모르는 남자의 성》이 여 성 독자들에게 여자의 성에 관한 책을 기대하게 만들었던 것이다.

두 번째 사건은 1995년 봄 어느 레스토랑에서 생겼다. 그곳에서 섹스 치료사로 일하면서 결혼/가족 상담가로 활동 중인 데브라 테 일러와 (하트 박사의 딸인) 캐서린 하트 웨버가 '처치 온 더 웨이'의 여성사역 감독인 나오미 버드와 함께 앞으로 있을 세미나에 대해 논의를 하고 있었다.

그들은 이야기를 더해 가면서 크리스천 여성의 성에 대해서는 별로 알려진 바가 없다는 사실을 깨닫기 시작했다. 이러한 이야기 가 오가는 동안 남자의 성에 대한 하트 박사의 연구와 그의 책인 《남자도 잘 모르는 남자의 성》에 대한 작업은 계속되었다. 나오미 는 돕슨 박사의 라디오 프로그램에서 하트 박사의 책에 대한 이야기를 들으면서 크리스천 여성의 성에 대해서도 비슷한 연구와 책이 나와야 한다고 확신하였다. 그래서 그들이 하트 박사를 찾아가 그 가능성을 타진하게 된 것이다.

하트 박사의 반응

남자인 내가 과연 《남자도 잘 모르는 남자의 성》처럼 여자에 대한 연구를 시작해서 여자의 성에 관한 주제를 놓고 책을 쓸 배짱이 있을까? 직관적으로 나는 여자의 성은 훨씬 더 복잡할 거라고 생각했다.

남자인 내가 여자가 누구인지에 대해 이해할 것이라고 생각하는 사람이 도대체 한 사람이라도 있겠는가? 남자의 호르몬 '테스토스테론의 마술'과 여자의 호르몬 '에스트로겐/프로게스테론'은 전혀 별개의 것이 아닌가?

결혼과 가족 치유로 박사논문을 준비하는 나의 큰딸 캐서린과 그의 가장 친한 친구 데브라는 아직 결정을 내리지 못한 채 갈팡질팡하는 내게 대담한 제안을 했다. 데브라와 캐서린은 여자들도 자신들을 더 잘 알아야 할 필요가 있으며, 더 중요한 것은 남자들도 여자들을 더 잘 알아야 할 필요가 있다고 확신했다. 더 이상 남자들의 시각에서 여자와 여자의 성을 바라보는 것은 바람직하지 않았다. 캐서린과 데브라는 내가 이 일에 손을 대도록 부추겼다.

그때 내게 아주 번뜩이는 아이디어가 떠올랐다. 그 자리에서 나는 그 두 사람에게 공동의 연구자와 공동의 저자가 되어 같이 일을 하는 것이 어떻겠냐고 제안했다. 그렇게 해서 함께 작업을 시작한 우리는 정말이지 굉장한 팀임이 입증되었다! 이 두 명의 멋지고 재능 많은 연구자가 없었다면, 나는 결코 이런 엄청난 일을 할 엄두도 못 냈을 것이다. 말할 것도 없이 나는 이 책의 기초가 된 연구를 기획하고 진행해 나가는 데 이 두 사람의 아이디어에 크게 의존했다. 이 두 사람의 도움은 이 책을 쓰는 데에 없어서는 안 될 만큼 커다란 것이었다.

이것 말고도 하나님께서는 우리를 위해 또 다른 놀라운 일을 예비해 두고 계셨다. 여자의 성에 대한 연구는 너무도 중요해서 우리의 얕은 통계지식만으로는 어림도 없었기 때문에, 전문적인 통계학자의 도움이 꼭 필요했다. 고맙게도 데브라의 남편 켄트가 우리를 도와주었다. 의료 생물학자로서 그의 전문성은 아주 귀중하게 쓰였으며, 연구 초기부터 뜻하지 않게 발생한 많은 실수에서 우리를 구해 주었다. 이 책에 실린 통계자료들은 모두 그의 솜씨다. 켄트의 헌신적인 도움이 없었다면, 연구를 끝내는 것은 고사하고 살아남지도 못했을 것이다.

1996년 초에 우리는 설문지를 가지고 크리스천 여성들의 성에 관한 연구를 시작했으며 미국 전역을 돌아다니면서 지원자를 찾았다. 18개월 동안 우리는 인종과 연령에 상관없이 골고루 설문지를 돌렸다. 우리의 조사 대상이 된 여성들은 결혼한 사람뿐 아니라 독신으로 사는 사람, 이혼한 사람, 재혼한 사람, 미망인도 있었다. 가장 중요한 것은 될 수 있는 한 많은 크리스천 여성들에게 설문지를 받고자 했다는 점이다. 그 결과 우리는 미국 전역에서 오늘날 교회의 주류를 형성하고 있는 2천 명이 넘는 크리스천 여성들을 표본집단으로 삼을 수 있었다.

아주 '중요한' 정보를 담고 있는 이 책은 많은 여성들의 이야기
이다. 그리고 반드시 말해야 할 이야기이다. 우리의 연구결과가
성에 대한 잘못된 사회적 통념을 깨고 오늘을 사는 크리스천 여성
들에게 확신과 도전을 주기를 원한다.

아치볼드 D. 하트
캐서린 하트 웨버
데브라 테일러

1
여자의 성, 그 감추어진 이야기

이 책에는 각각의 상황과 형편이 다른 2천 명 여성들이 자신들의 성에 관해 기꺼이 이야기해 준 소중한 내용들이 담겨 있다. 그들 중에는 미혼의 여성, 결혼한 사람, 이혼한 사람, 미망인 등이 있으며, 전문직에 종사하는 여성이 있는가 하면 가정주부도 있다. 막 결혼생활을 시작한 사람도 있고 남편을 잃은 사람도 있다. 어머니도 있고 할머니, 심지어는 증조할머니까지 있다. 독신주의자로 살아온 여성도 있고, '배필'을 만나 자신의 성욕을 채울 수 있을 때까지 기다리는 여성도 있다.

이 여성들이 가지고 있는 생각도 한결같지 않다. 우리가 연구한 여성들의 대부분은 다음과 같은 말을 했다.

지금은 섹스(성교하는 행위나 생식기에 만족을 일으키는 다른 행동)가 나의 결혼생활에서 가장 멋진 일이에요. 그러나 항상 그랬던 것은 아니었어요. 우리 부부가 서로에게 맞추기까지는 오랜 시간이 걸렸지요. 하지만 그럴 만한 가치가 있었어요. 저는 하나님께서 주신 이 놀라운 선물을 누리며 살고 싶어요. 부부를 하나 되게 하는 데 섹스보다 더 좋은 것이 있을까요?

그러나 어떤 여성들은 앞에서 말한 것과는 다르게 말했다.

평생 다시 섹스를 할 수 없어도 나는 전혀 개의치 않아요. 내가 여전히 성적인 존재라는 사실은 부인할 수 없지만, 섹스는 내게 중요하지 않아요. 나는 수년 동안 섹스에 중독된 남자한테 시달려 왔어요. 그와 완전히 끝내고 나니 기쁩니다.

우리는 회수한 첫 설문지에 적힌 글을 읽는 순간, 이 이야기 하나하나 모두가 가치 있다는 사실을 알았다. 기쁨, 그리고 고통을 이야기한 것도 있었다. 많은 여성들이 자신의 성과 남편의 성이 현저하게 다르다는 점을 인정하는 것을 주저하지 않았다. 한 여성은 이렇게 적고 있다.

남편이건 아내이건 성욕에 기복이 있다는 것은 분명해요. 그래서 저는 기분이 썩 내키지 않을 때라도 남편과 사랑을 나눌 수 있죠. 그러나 남편이 저를 존중하지 않을 경우에 저는 잠자리를 단호히 거부합니다. 침대 밖에서 보낸 시간의 질(質)이 침대에서 보내는 시간의 질을 좌우한다는 중요한 사실을 남편은 왜 모르는지. 남편이 이 점을 이해하기 전까지 성에 관한 우리 사이의 간격은 좁혀지지 않을 거예요.

이러한 이야기들은 단지 한 사람의 이야기로 그치는 것이 아니라, 많은 여성들의 처지를 대변하고 있다.

이야기 하나하나가 독특하지만, 그것들을 한데 아울러서 생각해 보면 놀랍게도 매우 흥미롭고 보편적인 한 가지 이야기를 하고 있음을 알 수 있다. 우리는 이 이야기들 속에 계속해서 나타나는 일정한 주제들을 통해 남성과 여성의 성 차이에 대한 이해를 한층 더 높일 수 있었다. 여자의 성이 남성에게 신비하듯이 남성의 성도 여성에게는 마찬가지다. 남녀가 가지는 성의 차이를 이해하는 일이야말로 조화로운 결혼생활을 위한 열쇠라는 것은 의심할 여지가 없다.

우리는 이러한 이야기에서 '여자의 성이 형성되는 과정'이 얼마나 미묘한지 그리고 여자아이들에게 '성에 관한 건전한 마음가짐'을 가르치는 일이 얼마나 중요한지 깨달았다. 아울러 여성들이 어떤 변화들을 겪는지 알 수 있었고, 여성들이 직면하는 특별한 어려움에 주목할 수 있었다. 거의 모든 인간사(人間事)에서 예방은 치료보다 낫지만 건전한 성의 형성과정에 관해서만큼은 특별히 더 그렇다.

여자의 성의 복잡성

여자의 성이 남자의 성과 크게 다른 점 가운데 한 가지는 복잡성이다. 설문지에 다음과 같이 쓸 수밖에 없었던 여성들의 말을 들어 보라.

결혼 전 두 달 동안 우리는 서로 사귀는 일에 너무 몰두한 나머지 제가 바로 임신하게 된 것이 지금 제 성욕에 문제를 일으킨 것 같습니다. 아기가 생기기 전에 서로에게 그리고 상대방의 성적 취향에 익숙해졌어야 하는데 우리는 그러지 못했어요. 임신하기 전까지만 하더라도 저의 성욕에는 문제가 없었어요. 그러나 아기가 생긴 뒤부터 성욕이 생기질 안더군요. 아기가 두 살이 된 지 6개월쯤 되었는데, 또 임신했다는 사실을 얼마 전에 알게 되었습니다.

제 성적 반응은 스케줄과 당시의 감정 외에도, 프라이버시가 얼마나 보장되어 있는지에 강한 영향을 받아요. 그래서 대개는 언제 성적 반응을 하게 되는지 알지요. 그러나 저는 제가 원하지 않아도 남편의 성욕을 무시하지는 않습니다. 말만 하면 남편은 제가 흥분할 때까지 기다리며 애무해 주겠지만, 아무리 애써도 아무 소용없고 힘들기만 할 때에는 남편에게 그럴 필요가 없다고 말하죠.

두 여성 외에 폐경기에 막 접어든 한 여성은, 성욕이나 성적 반 우리의 연구결과들을 자세히 살펴보기 전에, 현재 당신이 가지고 있는 섹스에 대한 관심의 수준을 확인해 보라. 지금 아래의 테스트를 해 보고 이 책을 다 읽은 후에 다시 한 번 해 보라. 별도의 종이를 마련한 다음 아래의 질문에 대한 답을 적어 보라.

1. 당신은 상황만 되면 성적인 반응을 나타내는 편인가?
   자주 _ 대개 _ 때때로 _ 거의 _ 전혀
2. 당신은 섹스에 대해 자주(일주일에 최소 1-7회까지) 생각하는 편인가?
   자주 _ 대개 _ 때때로 _ 거의 _ 전혀
3. 당신은 섹스할 분위기로 쉽게 들어가는 편인가?
   자주 _ 대개 _ 때때로 _ 거의 _ 전혀
4. 당신은 섹스하자고 먼저 말하는 편인가?
   자주 _ 대개 _ 때때로 _ 거의 _ 전혀
5. 당신은 배우자가 섹스를 주도할 때 적극적으로 반응하는 편인가?
   자주 _ 대개 _ 때때로 _ 거의 _ 전혀
6. 한동안 하지 못한 경우 섹스를 그리워하는 편인가?
   자주 _ 대개 _ 때때로 _ 거의 _ 전혀

대부분의 질문에 '자주'라고 대답했다면 섹스에 대한 현재 당신의 관심은 매우 강하다. '대개'라고 대답했다면 당신의 관심은 강하며, '때때로'라고 했다면 당신의 관심은 보통이다. 대부분의 질문에 '거의'라고 대답했다면 섹스에 대한 당신의 관심 수준은 낮은 쪽에 있으며, '전혀'인 경우에는 섹스에 대해서는 어떤 것도 관심이 없는 것이 분명하다.

당신이 한때는 위의 질문들에 대해 '자주'나 '대개'라고 대답했을 때가 있었으나 어떤 이유에서인지 지금 당신의 성욕이 줄어들었다면, 이 책이 그 이유를 찾는 데 도움이 되었으면 한다.

응이 몸과 머리 모든 면에서 감퇴하고 있다고 말했다. 여자의 성을 형성하는 요인들은 너무 광범위하고 다양해서 그것을 이해하기란 수월하지 않다. 기독교 가정에서 자랐는지, 진솔하고 올바르며 제대로 된 성교육을 받았는지 하는 긍정적인 요인에서부터, 어릴 때 겪은 성학대로 인한 충격 같은 부정적인 요인까지 다양하다. 월경전증후군(Premenstrual Syndrome) 때문에 생기는 호르몬의 변화와 폐경 그리고 임신과 출산은 성적인 흥미와 반응에 커다란 변화를 일으킨다. 여기에다 약물의 과다복용으로 인한 성기능장애를 고려하면, 우리는 모든 여성의 성에 일정한 정도 영향을 미치는 주요 요인들의 목록을 만들 수도 있다.

그러나 남자의 성은 여자에 비해 별거 없다. 바다 속의 물 한 방울 정도라고나 할까!(물론 과장이지만.) 그러나 잊지 말아야 할 것은 남자의 성은 '강하다'는 점이다. 강하고 정력적일 뿐 아니라 때론 위험하고 통제가 어렵다. 일반적으로 남자는 섹스를 억제하고 '통제하는' 일에 여성보다 약하다. 게다가 남자의 경우에는 여자의 성만큼 섹스를 방해하고 귀찮게 만드는 요인들이 많지 않다. 생리도, 호르몬 변화도, 임신에 대한 염려도 없다. 그러나 여자의 성에 대해서는 책 몇 권으로는 하고 싶은 말을 다 쓰지 못할 정도이다.

이러한 복잡성을 보여 주는 예로, 하트 박사가 처음으로 여성연구자들과 함께 작업하면서 겪은 일을 소개하고자 한다. 우리가 처음 만났을 때만 하더라도 하트 박사는 자신이 남자를 연구하면서 사용했던 접근 방법을 이번 연구에도 동일하게 적용해야 한다는 소신을 가지고 있었다. 과거에 하트 박사는 설문지를 만들면서 뉴욕의 전문 컨설턴트에게 자문하였는데, 그 컨설턴트는 남성들이 긴 질문을 싫어하고 우회적이고 복잡하고 세세한 것보다는 짧은 답을 더 좋아하니까 설문지 문항을 가능하면 짧게 만들라고 하였다. 작성하는 데 시간이 꽤 걸린다 싶으면 남성들은 답하지 않기 십상이다.

하트 박사가 여성의 연구도 이런 식으로 하자고 하자, 함께 연구하기로 한 여성들이 모두 여성들은 이야기 안 하면 안 했지 대충 하지는 않을 거라며 반대했다.

"여성들은 하고 싶은 말을 다 할 수 없겠다 싶으면 아예 질문에는 손도 안 댈 것입니다."

이 말을 듣고 하트 박사는 자기 주변에 있는 여성들(딸들과 아내)과 동료들(전문직 종사자들) 등을 대상으로 확인해 보았다. 여성들은 모두 짧은 것보다는 문장 성분이 제대로 갖추어진 긴 질문이 더 낫다고 하였다. 그래서 우리는 가능한 한 설문을 철저하게 구성하는 것을 목표로 삼았다. 하트 박사는 이렇게 미묘한 부분에서도 남자의 성과 여자의 성이 다르다는 점을 이 일을 통해 먼저 배우게 되었다. 아직 본격적인 연구는 시작도 하지 않았지만!

본 연구가 왜 중요한가?

현대사회가 안고 있는 중요한 문제로 섹스와 사랑을 들 수 있다. 지난 30년 동안 일어난 현대의 성혁명은 우리 문화의 성적 행동 양식에 엄청나게 해로운 영향을 끼쳐 왔다. 성도덕의 해이를 부추겨 왔고 혼인관계 중심으로 성적 표현이 이루어져야 한다는 생각을 떨쳐 버리도록 조장해 왔다.

그러나 소위 말하는 이러한 현대의 성혁명은 우리가 사는 세속 사회에만 영향을 미친 것이 아니었다. 기독교 세계도 그 영향에서 벗어나지는 못했다. 21세기가 시작된 지금, 교회가 직면한 가장 중요한 이슈 중에 하나는 성에 관한 전반적인 문제이다. 교회는 우리 문화가 정상적인 인간의 성을 어떻게 묘사하고 있는지 파악해야 한다. 또한 교회 안에서 성을 이야기할 수 있도록 대화의 문을 열어야 한다. 지금 여기서 말하고 있는 것은 성(sexuality)의 문제이지 섹스(sex: 성행위)의 문제가 아니라는 점을 주의할 필요가 있다.

그렇다면 '섹스'라는 좀더 구체적인 주제와 우리의 주된 논의 대상인 '성' 사이의 차이점은 무엇인가? '성'에는 섹스 이상의 의미가 있다. '섹스'라는 말도 남녀라는 성별부터 시작해서 성교(성관계를 갖는 동안 음경을 질 안으로 삽입하는 두 사람의 성적인 결합), 성교 이외의 성적 접촉에 이르기까지 많은 의미를 내포하고 있지만, '성'은 성과 관련된 모든 것을 포함하는 포괄적인 말이다. 이 말에는 우리가 우리 몸과 사람들에 대해 그리고 성교와 성적 만족에 대해 어떠한 감정을 가지고 있는지 하는 문제가 포함되어 있다. 그뿐 아니라 섹스를 좋아하고 바라는가, 아니면 섹스에 대해 거부감을 느끼는가 하는 문제를 비롯한 성에 관한 총체적인 마음가짐과 생각도 포함되어 있다.

사람들이 처해 있는 상황, 즉 문화가 성을 형성한다. 문화는 우리의 성에 대한 관점과 성규범에 막강한 영향력을 행사하기 때문에, 문화가 성을 좌지우지한다고 해도 과언이 아니다. 그러나 대항문화의 영향도 있다는 점을 간과해서는 안 된다. 따라서 이 두 갈래의 영향, 즉 미국의 주류 문화와 기독교라는 대항문화가 합쳐져서 어떻게 상호 충돌하는 하나의 성의식을 형성하는지 살펴보는 것은 우리에게 흥미로운 일이다.

다른 성 관련 연구들

최근까지 여성의 성행동 양상만을 집중적으로 다룬 연구는 거의 없었다. 특별히 크리스천 여성의 경우는 더욱 그러하다. 에이즈의 위험이 그 필요성 때문에 최근 우리 사회의 최고 관심사로 자리 잡았다. 에이즈 연구가 필요하긴 하지만, 거기에 너무 많은 에너지와 자원들을 소진하고 있다는 느낌이 든다. 이에 반해 여자의 성에 관한 연구는 좀처럼 찾아보기 힘들뿐만 아니라, 얼마 되지 않는 여자의 성 연구조차도 성이라는 영역에서의 가치들을 무시하는 일반적인 흐름에 편성해 왔다. 성은 결혼이나 가족간의 헌신과 점점 더 무관한 일종의 오락이 되어 가고 있고, 성 관련 연구들도 이런 흐름을 타고 있다.

세상의 성 연구는 '부부간에 성을 더 즐기는 방법'에서 '여러 성 상대들과 마찰 없이 지내는 방법' 내지는 '책임지지 않는 섹스'로 바뀌어 왔다. 정상적인 이성애자들의 성, 도덕적이고 책임감 있는 여자들의 성은 관심 영역 밖으로 밀려 났다. 결과적으로, 오늘날 '성 지식'이라고 부르는 대부분의 것들은 그리스도인들에게, 그리고 일부일처제를 따르는 대다수의 여성들과는 거의 상관이 없고, 대부분의 성 연구는 그리스도인들의 문화에는 별 도움을 주지 못했다. 우리가 얻은 유익이 있다면 그러한 성 연구가 반(反)종교적이라는 사실을 깨달은 것이다.

이러한 대세와 달리 본 연구에만 있는 한 가지 주된 장점은, 이 연구가 크리스천 여성들의 성을 '내부에서부터' 조명한다는 점이다. 좋든 나쁘든 우리 연구자들은 우리가 연구하고 있는 그룹의 일원이다. 이로 인해 우리는 외부에서 이 대상을 연구하려는 순수 과학자들보다 이 그룹을 더 잘 이해할 수 있는 장점이 있지만, 혹여 우리의 편견이 본 연구를 망칠지도 모르기 때문에 우리는 이를 막기 위해 최선을 다할 것이다.

시카고 대학의 연구팀이 작성한 연구 보고서 《섹스 인 아메리카》를 보면 오늘날 미국의 성에 대해 가장 균형 잡힌 시각을 얻을 수 있다. 그 연구에서 발견한 주된 사실 몇 가지만 살펴보면 다음과 같다. 미국인들을 세 개의 그룹으로 나눈다고 할 때, 3분의 1은 최소한 일 주일에 두 번, 3분의 1은 한 달에 몇 번 그리고 나머지 3분의 1은 1년에 겨우 몇 번 정도 섹스를 한다.[1] 미국인들은 대부분 일부일처이고, 1년에 두 명 이상의 성 상대를 취하는 사람들은 전체의 20퍼센트도 안 된다.[2] 간통은 예외적인 현상이지 보편적인 흐름이 아니다. 연구결과를 보면, 실제 동성애자의 수는 킨제이(Kinsey) 보고서가 제시한 10퍼센트보다 훨씬 적다. 그리고 성인의 약 3퍼센트는 전혀 섹스 경험이 없다고 한다. 대부분의 미국인들은 변태적인 것들에는 별 관심이 없다. 상황이 그리 비관적인 것만은 아니다.

위의 발견들은 사람들에게 자신이 다수에 속한다는 안도감을 주며, 그들 자신에게 아무런 문제가 없다는 점을 확인시켜 주었다. 우리는 위 연구에서 발견한 사실들이 우리 연구결과에서도 동일하게 나오는지 확인하려고 애썼다. 그래야지만 우리 연구의 주된 목표를 달성하고 선택 방법이 유효한지 알아볼 수 있기 때문이다. 만일 우리가 사람들에게 질문을 해서 시카고 연구팀과 동일한 대답을 얻는다면, 우리의 표본집단은 대표성을 띠는 사람들임에 틀림없다.

우리는 돈을 많이 들인 시카고 팀의 연구결과와 우리의 연구결과가 몇 가지 점에서 아주 비슷했기 때문에 한편으로는 놀랐고 다른 한편으로는 반가웠다. 그 팀은 거의 3천5백 명이나 되는 남녀 표본을 추출했고, 우리는 2천 명이 조금 넘는 여성들만을 표본으로 사용했다. 그 연구팀은 개별 면접을 했지만, 우리는 표준 설문지를 사용했다.

그 팀의 연구가 그렇게 좋다면, 굳이 우리가 본 연구를 실행할 필요가 있었겠는가? 간단하게 답하자면, 그 팀은 일반적인 성적 (sexual) 행태들을 연구했지만, 우리는 단순히 '어떻게 섹스할 것인가?' 라는 문제를 넘어서 성(sexuality)의 문제까지 관심을 두었다는 점이다. 또한《섹스 인 아메리카》가 종교가 성에 어떤 영향을 끼치는지에 대한 통찰을 제공해 주기는 했으나, 그 연구가 분류한 종교집단은 정확히 복음주의자들을 의미하지는 않았다. 성경이 삶과 신앙의 모든 문제에서 최고의 권위를 가지고 있다고 믿는 복음주의자들은 독특한 그룹이다. 이들은 꽉 막히고 속 좁은 사람들이라고 오해받는 경우가 많은데, 본 연구를 통해 우리는 그 오해가 어디까지 진실인지 알아보려고, 특별히 그들을 우리의 연구대상으로 삼았다.

《섹스 인 아메리카》가 '이성간의 성'(sexuality)보다는 '이성간의 성적인 행태'(sexual behavior)에 더 집중한다는 점이 우리는 못마땅했다.

따라서 본 연구의 대상은 크리스천 여성의 성(sexuality)이다. 우리는 필요한 경우 다른 그룹의 성에 대해서도 언급하겠지만, 크리스천 여성과 다른 그룹을 서로 비교할 의도는 없었다. 이 점에 본 연구의 독특성이 있다. 본 연구는 이제까지 다른 연구들이 저지른 성에 관한 불균형과 왜곡을 바로잡고자 노력할 것이다.

교회와 그리스도인의 성

이 책을 읽는 독자들을 염두에 둘 때, 우리는 교회가 그리스도인의 성의식 형성과정에서 어떤 역할을 하는지 이야기해야 할 필요를 느꼈다. 왜? 여기 한 여성의 생각을 들어 보라.

교회는 여러 면에서 시대에 뒤떨어져 있어요. 신자들이 건강하고 성경적으로 용인되는 성의식을 형성하도록 교육을 하지 않았거든요. 교회는 성을 수백 년간 '수치스러운 것'으로 이해해 온 해묵은 신학에 반기를 들어야 해요. 제 딸은 저보다 더 건강한 시각으로 성을 바라볼 수 있었으면 좋겠어요.

우리는 여기서 본 연구가 밝힌 가장 중요한 사실 몇 가지를 제시해 보려고 한다. 이것들 모두가 오늘날 가장 논란이 심한 부분은 아니며, 모든 여자들을 성가시게 하는 주제는 아니다. 그러나 통계학적으로 볼 때, 그것들은 가장 눈에 띄는 발견이라고 할 수 있다. 우리는 본문에서 아래의 여러 관계들을 더 상세히 다루겠지만, 당신이 본 연구의 중요성에 대해 감을 잡을 수 있도록 몇 가지 사실들을 미리 적어 보았다.

- 행복한 결혼생활과 만족스러운 섹스 사이에는 매우 밀접한 관련이 있다. ▶8장을 보라
- 성적 만족은 성욕과 밀접한 관련이 있다. ▶4장을 보라
- 성적 만족은 섹스하는 데 지속되는 시간과 밀접한 관련이 있다. 오르가슴은 이 지속 시간과 관련이 있다. 오랫동안, 즉 30분 정도까지 섹스가 지속될수록 오르가슴에 도달하는 가능성이 커진다. ▶5장을 보라
- 성적 만족은 섹스에 대해 얼마나 자주 생각하는가 하는 것과 밀접한 관련이 있다. 이것은 우리 연구가 밝혀낸 사실들 중에서 가장 통계학적으로 의미 있는 발견이 아닌가 싶다. ▶4장을 보라
- 성적 만족은 성교의 횟수와 관련이 있다. ▶8장을 보라
- 결혼한 여자들 가운데 약 45퍼센트가 섹스할 에너지가 부족하다고 말하고 있다. 집에서 아이를 키우는 어머니의 경우가 가장 심하다. ▶6장을 보라
- 여자의 성에 영향을 미치는 가장 주된 관심사로 월경전증후군(PMS)을 드는 사람이 가장 많았다. 그 다음으로는 폐경을 들었다. ▶7장을 보라

정확히 말하자면, 모든 교회와 기독교 단체들이 성의식 형성에 부정적인 영향만을 준 것은 아니다. 교회는 다른 사회 기관들에 비해 성도덕과 가족의 가치를 유지하기 위해 꾸준히 노력해 왔다. 최근 우리 문화 가운데 가족의 가치에 대해 새로운 관심이 다시 일고 있긴 하지만, 교회는 우리 사회가 가족의 중요성이라든가, 아이들의 복지 문제, 책임감 있는 부모의 역할, 10대들의 임신 문제 등에 소원했던 때에도, 이 문제들을 해결하려고 꾸준히 노력해 왔다. 한 아이를 키우려면 '한 동네가 필요하다' 라는 말은 참으로 옳은 말일 뿐 아니라 중요한 지적인지 모른다. 그러나 그 밖에도 신실하고 사랑이 풍성하고 교양 있는 부모와 건강한 교회도 있어야 한다.

하지만 교회가 건강한 것만으로는 부족하다. 의도가 좋다고 하더라도 잘 모르면 오히려 해를 끼칠 수 있기 때문이다. 가끔씩 건강한 교회에서도 말해야 할 것을 말하지 않았기 때문에 해를 끼치는 경우가 있다. 성에 대해 침묵하는 것이 크리스천 가정에 가장 큰 위협으로 작용할 수 있다는 말이다. 크리스천 부모들이 성을 내놓고 이야기하기 힘들어하면, 아이들은 자기 나름의 생각을 키워 가게 된다.

그 결과로 아이들은 왜곡된 성을 배우게 된다. 회수한 설문지에서 여성들이 언급한 내용들을 보면, 다분히 성에 대한 잘못된 사회적 통념과 혼란이 만연해 있음을 알 수 있다. 남자아이이건 여자아이이건 간에 성에 관한 주된 정보원(情報原)은 가정이 아니라 세속적이고 오염되고 비도덕적인 세상이라는 사실은 의심할 여지가 없다.

대부분의 미디어들은 성에 관한 천박한 시각을 드러내고 있는데, 이는 성의 핵심적이고 선한 면보다는 말초적인 행태에만 관심을 기울이는 세상의 연구 경향에 힘입은 바가 크다. 미디어는 종종 종교적인 영향을 폄하하는 방향으로 흘러왔는데, 이러한 흐름은 구속과 간섭 없는 '도덕으로부터 자유로운' 성을 이념으로 삼는 사람들로부터 영향을 받은 것이다. 그런데 이런 상황에서 크리스천 부모들과 교회가 성이라는 주제에 대해 침묵한다면, 그 해악은 우리 자녀뿐 아니라 그 후손에게까지 미칠 것이다.

대부분의 통계자료와 도표는 인간의 성을 창조하신 하나님의 뜻을 무시해 왔다. 성경은 이에 대해 침묵하고 있는가? 우리는 그렇지 않다고 본다. 성경은 시대에 뒤떨어지지도 않았고, 성경이 쓰인 상황과 우리가 처한 상황은 크게 다를 것이 없다.

우리는 연구를 통해 발견한 결과들을 성경적인 시각에서 제시하고자 한다. 풍성히 성을 누리면서도 동시에 영적으로 충만할 수 있는 방법이 그리스도인에게는 있다. 오늘날 이 시대에 균형 잡히고 성경적인 성 모델을 세우는 일이 절대적으로 필요하다. 하나님이 의도하신 것이 무엇인지 반드시 알 필요가 있다. 그렇지 않으면 우리는 길을 잃고 헤매게 될 것이다!

신앙이 성을 왜곡할 수 있는가?

우선 현대 교회에 대해 너무 이상적으로 생각하지 말기로 하자. 종교는 성을 왜곡할 수 있다. 모든 신앙이 그렇다는 것이 아니라,

그 본질이 왜곡된 신앙이 그럴 수 있다는 말이다. 왜곡된 신앙은 '독약'과도 같다. 성경을 자기 마음대로 그리고 부분적으로만 해석하면 이런 결과를 낳는다. 어떤 경우는, 성경을 잘못 해석해서라기보다는 신앙인의 지적인 상태가 건전하지 못해서 성이 왜곡되기도 한다.

이런 점들이 여자의 성과 무슨 관련이 있는가? 독약과 같은 신앙은 성을 해칠 가능성이 있다. 독약과 같은 신앙으로 인해 왜곡된 부정적인 성의식에 남성들은 그리 큰 영향을 받지 않는 것 같다. 《남자도 잘 모르는 남자의 성》에서 하트 박사가 발견한 연구결과들을 보면 이 점을 분명히 알 수 있다. 그러나 여성은 남자의 성이 잘못되었을 때 그 영향까지 함께 받기 때문에 남성보다는 훨씬 더 연약하다.

다음은 본 연구에 참여한 여성들이 한 말이다. 이 내용들을 보면 독약과 같은 신앙이 성에 어떤 영향을 끼치는지를 파악하는 데 도움이 될 것이다.

어쩌다 제게 이런 문제가 생겼는지 모르겠어요. 저는 신앙적으로 엄격한 집에서 자라면서 성적인 것은 모두 부끄러운 것이라고 느끼도록 교육받았죠. 부모님은 그것이 남자애들로부터 저를 보호하는 방법이라고 생각하신 것 같아요. 하지만 성과 관련한 모든 것이 '더럽다'고 하신 건 너무 심하셨죠. 그게 하나님이 의도하신 건 아니잖아요? 어떻게 하면 어릴 때 받은 상처를 극복할 수 있을까요?(남편이 이 질문을 꼭 하라고 하네요.)

어떻게 하면 어릴 적부터 줄곧 가지고 있던 '섹스는 더러운 것이다' 라는 생각을 머릿속에서 지워 버릴 수 있을까요? 섹스를 할 때마다 그 생각이 저를 억눌러요. 마치 제가 창녀 같다는 생각을 들게 하거든요!

관계를 할 때 제 자신을 남편에게 정말로 내어 주고 싶어요. 남편은 친절하고 부드러운 사람이라 저를 잘 참아 준답니다. 하지만 자꾸 제 속의 무언가가 제가 나쁜 짓을 하고 있다고 말하는 거예요. 남편은 우리가 결혼한 사이라는 사실을 계속해서 주지시키지만, 결혼한 지 2년이 지난 지금도 여전히 관계할 때마다 죄를 짓고 있다는 느낌이 들어요.

위의 이야기들은 경직되고 독약과 같은 신앙 배경에서 성장한 것이 어떻게 여성의 성의식을 왜곡시키는지를 잘 보여 준다. 그러나 이런 왜곡 현상이 우리가 조사한 대상들에게만 나타나는 현상이 아니라는 사실에 우리는 숨을 돌릴 수 있었다. 경직되게 사고하는 부모들은 비록 신앙이 없더라도, 성에 대한 태도를 형성하는 데 자녀들에게 똑같은 해악을 끼칠 수 있다. 그러나 응답자의 대부분은 자신들의 신앙적인 부모가 건전한 성의식을 형성하는 데 도움이 되었으며 신앙이 성에 긍정적인 영향을 끼쳤다고 보고 있었다.

건전한 성경적 관점에서 오늘날 크리스천 여성들이 어떠한 상황에 처해 있는지에 대해 정직하게 평가하는 작업은 교회를 위한 귀중한 자료가 될 것이다. 우리가 사랑을 표현하고, 하나가 되며, 즐거움을 누리며 자녀를 생산할 수 있도록 하나님이 허락하신 섹스는, 하나님의 창조 질서 중의 한 부분이다. 이러한 하나님의 의도를 무시하면 성을 왜곡하는 결과를 낳을 수 있다.

우리는 본 연구에서 객관적인 사실들은 냉정하게 다루겠지만, 그렇다고 해서 무엇이 정상적이며 건전한가 하는 문제까지 결정할 수 있다고 생각하지는 않는다. 어떤 행동은 매우 흔하기는 하지만 건전하지는 못한 경우가 있다. 모든 사람이 그 행동을 한다고 그 행동이 도덕적이고 바람직한 행동 기준이 되는 것은 아니다. 옳고 그름은 다른 기준으로 판단해야 한다. 때로는 통계나 객관적인 사실보다 상식을 우선적으로 고려해야 하는 경우도 있기 때문에, 우리는 객관적인 사실에 근거하여 내린 결론을 아주 조심스럽게 해석할 것이다. 성경적인 진실을 찾으려는 우리의 연구과정이 정직하고 냉정하게 이루어질 때 비로소 남성이든 여성이든 성에 관한 균형 있고 건전한 지식을 얻을 수 있을 것이다.

왜 크리스천 여성을 연구하는가?

우리는 사회의 특정 하부 집단, 즉 자신을 그리스도인이라고 부르는 여성들에 초점을 맞추어 연구했다. 우리의 조사에 응한 여성들은 분명히 이 하부 집단에 속하는 사람들이다. 실제로 미국 인구의 96퍼센트가 자신을 그리스도인이라고 여기며, 90퍼센트는 최소한 일 주일에 한 번 교회에 출석한다. 어떤 독자들은 우리가 왜 하필 크리스천 여성들을 연구대상으로 선정했는지 의문을 품을 것이다. 이 여성들에게 뭐 특별한 것이 있는가? 우리는 그렇다고 믿는다.

우선, 이 여성들을 깊이 있게 다룬 연구가 이제까지 없었다. 있다 하더라도 이들의 신앙심과 이들이 받은 종교적인 영향을 종종 왜곡해 왔고 잘못 해석해 왔다. 다음은 좀더 중요한 이유인데, 우리는 이 여성들이 미국사회에 속한 여성들의 주된 흐름을 반영한다고 믿기 때문이다. 크리스천 여성들은 사회적으로 범주화할 수 있는 집단 중 가장 큰 집단이며, 가장 확실한 도덕적 신념을 지닌 사람들이다. 다른 말로 하자면, 미국에서 이상적인 성행동을 하는 집단을 선정할 경우 바로 이 집단이 뽑힐 것이다.

이 여성들 중 많은 사람들이 항상 성적으로 순결한 생활을 했다고 자신 있게 말하지는 못한다 하더라도, 이들은 도덕적인 삶을 살기 원하는 사람들이다. 이들은 교회에 출석하고 결혼과 가정생활에 헌신하는 사람들이다. 상대방에게 헌신하는 어떤 여성들보다도 더 결혼생활에 충실한 그룹이다. 이 여성들이야말로 우리 사회의 대다수의 여성들을 대표한다고 할 수 있다.

이 표본집단에는 상당수의 여성들이 배제되어 있지 않은가? 물론 그렇다. 하지만 《섹스 인 아메리카》처럼 많은 사람들을 대상으로 한 매우 포괄적인 성 연구는 이미 많이 되어 있다.

전통적인 관점에서 볼 때, 이질적인 여성집단, 즉 같은 여성을 성 상대로 삼는 여성집단을 제외하는 것이 연구결과를 왜곡시킬 수 있지 않은가? 그럴 수 있다. 이런 이유로 우리의 연구결과를 모든 사람에게 일반화할 수는 없다. 애초부터 그렇게 할 의도는 없었다. 우리는 의도적으로 특별한 여성집단(레즈비언들)을 연구대상에서 제외시켰는데, 왜냐하면 그 집단이 오늘날 교회의 주된 흐름을 대표할 만한 그룹이 아니기 때문이다. 특정 여성집단의 성의식 연구는 별도로 할 필요가 있으므로 본 연구에서는 동성애를 하는 여성들을 다루지 않을 것이다. 우리는 지금 그 여성집단을 도덕적으로 판단하고 있는 것도 아니고 연구할 가치가 없다고도 생각하지 않는다. 단지 이성을 성 상대로 취하는 여성들을 대상으로 하는 본 연구에 맞지 않을 뿐이다.

이 책은 근본적으로 여성에 대한 과학적인 연구이긴 하지만, 객관적인 사실들과 수치들이 항상 진실을 말해 주지는 않는다. 때로 그 사실들과 수치들을 통해 완전히 잘못된 판단을 내릴 수도 있다. 따라서 우리는 편견으로 인한 오판과 왜곡을 피하기 위해서 사실들을 아주 조심해서 해석할 것이다. 단지 어떤 성적 행동이 지극히 보편적이라고 해서 정상적이라고는 생각하지 않는다. 거듭 강조하건대, 우리는 성경적으로 올바른 성이 무엇인가라는 관점에 비추어서 데이터를 해석하려고 노력할 것이다.

적절한 곳에 도표와 통계 수치를 제시하겠지만, 우리는 좀더 개인적인 이야기들을 전하기 위해 참가자들이 언급한 내용들을 활용할 것이다. 그러나 자신들의 말이 실리는 것을 꺼린 이들의 것은 인용하지 않았다. 혹 자신이 한 말과 아주 유사한 내용을 이 책에서 읽는다고 해도, 그 내용은 다른 사람이 한 말이지 그 사람이 한 것이 아님을 알려 둔다. 또 한 가지, 개인의 신분이 밝혀질 경우에 본인이 당황해할 수도 있기 때문에 누군지 알아보지 못하도록 예화의 내용들을 변형시켰다.

본 연구가 모든 여성에게 중요한 이유

이 책에서 우리는 오늘날 기독교라는 대항문화 속에 존재하는 여자의 성에 관한 이야기를 전반적으로 다루려고 노력했다. 이 책은 테크닉을 다루기는 하지만 단순한 섹스 이상의 더 중요한 것, 즉 '성'에 관한 이야기를 담은 책이다.

또 이 책은 두려움과 욕망, 실망, 격정, 혼돈과 같은 우리의 성적인 행동들을 형성하고 결정짓는 감정들에 대해 이야기한다. 그 감정들은 단순히 성문제 자체가 아니라 성문제의 좀더 깊은 '원인'을 규명해 준다. 우리는 어린 시절에 어떻게 성이 왜곡될 수 있으며, 성장한 후에 무엇이 성을 황폐하게 만드는지 밝히고자 노력할 것이다.

우리가 발견한 모든 연구결과를 이 책에 다 실을 수는 없다. 몇 가지 발견들은 전문 잡지에 게재될 때까지 기다려야 한다. 아무튼 2천 명이 넘는 크리스천 여성들이 말했으므로, 세상은 이들에게 귀를 기울여야 할 것이다. 우리는 특별히 크리스천 여성에게 가장 중요하다고 생각하는 연구결과에 집중할 것이다.

결혼을 했든 안 했든, 본 연구에 참여한 모든 여성이 현재 활발하게 성생활을 하고 있는 것은 아니다. 몇 사람은 성관계가 더 이상 불가능한 상태에 있기도 하며, 몇 사람은 과거에 만족스러운 성생활을 누렸지만 지금은 미망인으로 혼자 살고 있다. 또 이혼한 여성들 중에는, 재결합해서 다시 성관계를 갖기 원하는 이들도 있

고 성적인 의무로부터 벗어나서 기뻐하는 이들도 있다. 그러나 성
생활을 하고 있든 그렇지 않든, 이 여성들의 성은 그대로 남아 있
다. 성욕이 미미하거나 심지어는 아주 없더라도, 이 여성들은 앞
으로도 여전히 성적인 존재로 남아 있을 것이다.

이 점을 강조하는 이유는 본 연구가 활발한 성생활을 하고 있든
그렇지 않든 간에 모든 여성들에게 중요한 의미를 담고 있기 때문
이다. 우리는 이 책이 섹스 테크닉이라는 부수적인 문제로 흐르지
않도록 애썼다. 우리가 관심 있는 부분은 여성의 성적 감정과 반
응의 깊은 근원이 어디인가 하는 점이다. 그런 점에서 본 연구가
독특하다!

본 연구가 결혼생활에 왜 중요한가?

이 책이 테크닉을 다룬 것도 아닌데 결혼한 사람들과 결혼을 계
획하고 있는 사람들에게 무슨 유익이 있을까? 우리는 그저, 좋은
섹스에 그치는 것이 아닌 정말 좋은 성적 관계는, 건전한 성적 발
달에 기반을 두어 결혼생활이 견고해졌을 때 나타나는 결과라고
믿는다. 안 좋은 결혼생활은 결국 불만족스러운 섹스로 이어진다.
우리는 이 책에서 좀더 깊이 있게 이러한 주제들을 다루기 원한다.

우리는 본 연구에서 여성들이 생각하고 느끼는 것과 여성들이
겪는 좌절과 욕구, 필요와 요구, 그리고 섹스에 대한 솔직한 의견
들을 밝힘으로 크리스천 여성의 성을 전반적으로 조망할 수 있는
거울을 교회에 제시하고자 한다.

그러나 이 외에 여성들 자신이 정상임을 깨닫게 하는 데에도 우

리의 목적은 있다. 본 연구를 통해 여성들이 자신들의 성문제가 무엇인지 알게 되면, 온전케 되는 길은 쉽게 발견할 수 있을 것이다. 더불어 우리는 우리 문화에서 유행하고 있는 성에 대한 잘못된 사회적 통념들을 밝혀내기 원한다. 이 연구가 성에 관한 논의들을 좀더 직접적이고 정직하게 토론할 수 있는 장이 되기를 바란다.

마지막으로, 우리는 여성들이 성경적인 성의식을 회복하는 데 도움이 되고 싶다. 남성이든 여성이든 충분히 인간적이고 성적인 동시에 순수하며 깊이 있는 영성을 유지할 수 있다. 회복된 성이란 바로 이런 것이다.

기억할 점

1. 2천 명의 여성들이 용감하게 마음속 깊은 곳에 있는 성적인 감정들과 경험들을 나누었기 때문에, 비로소 크리스천 여성의 성을 현실적으로 논의할 수 있었다.
2. 여자의 성을 형성하는 데는 많은 요인들이 작용하며, 남자의 성보다 더 많은 조건들에 영향을 받는다. 남성들은 이런 복잡성을 좀더 온전하게 이해할 필요가 있다.
3. 성에 대한 잘못된 사회적 통념, 왜곡, 혼란 등은 섹스를 바라보는 우리 문화의 시각과 이러한 문제들에 대해 터부시해 온 교회의 영향이 크다.

2
나는 정상인가?

"내 사랑, 너는 어여쁘고도 어여쁘다!" 아가 4:1

몇 달 전에 첫아들 매튜를 낳은 후부터 사라와 짐은 결혼생활에 문제를 겪고 있다. 그전까지 이들은 서로 매우 만족스러운 성생활을 누리고 있었기 때문에 자신들에게 문제가 생기리라곤 상상도 못했다. 이 부부는 임신 말기부터 아기에게 해가 될까 봐 섹스를 하지 않았다. 그렇지만 사라가 아이를 낳으면 자연히 예전으로 돌아갈 것이라고 생각했다.

그 둘은 서로를 만나기 전까지는 그렇게 열렬하게 데이트를 해본 적이 없기 때문에 서로에게 느끼는 열정만으로도 상대방이 자기 사람이라는 것을 확신했다. 그래서 사라와 짐은 행복한 결혼생활을 꿈꾸며 계속 관계를 진전시켜 갔다. 그들은 헌신된 그리스도인이기 때문에 결혼 전까지는 '서로를 위해 자신들의 몸을 아끼자고' 약속하였다. 결혼하면 섹스에 대해 실망하게 될 거라고 충고하는 친구들도 여럿 있었지만, 그들은 실망은커녕 성적 연합에서 오는 기쁨만이 있었다.

결혼하고 3년 동안 사라와 짐은 점점 더 가까워졌고 한층 더 강한 성적 만족을 느꼈다. 임신 소식을 들었을 때, 둘은 감격에 젖었다. 임신 초기에는 둘의 성생활에 거의 변화가 없었지만, 출산 두 달 전부터는 사라가 남편에게 더 이상 섹스에 열정을 느끼지 못했다. 남편이 애무해도 시큰둥했고 오르가슴에 도달하는 일은 고역이었다. 사라와 짐은 이런 현상이 임신 말기에 당연히 생기는 것이라고 믿고, 때가 되면 자연스럽게 회복되리라고 낙관했다.

그러나 예상과는 달리 출산 이후 사라는 우울증에 빠졌고 섹스에 관심을 잃었다. 몇 달이 지나 우울증이 없어졌는데도, 사라의 섹스에 대한 욕구는 일지 않았다. 앞으로 남은 인생을 성적인 황무지 속에서 살 것을 생각하니 둘은 두려운 마음이 들었다. 결국 두 사람은 도움을 구해야겠다는 마음을 먹었다.

치료사를 찾아가서 간단하게 자기소개를 한 후에 사라가 처음 한 말은 "제가 정상인지 알고 싶어서 왔어요"였다. 성적인 문제를 다루는 치료사들이 가장 흔하게 접하는 고민은 자신의 성욕이 정상이 아니라는 걱정이다. 사라처럼, 자신이 깊고도 열정적인 성적 감정을 느낄 수 있다는 것을 아는 사람은 막상 욕구가 메말랐음을 알게 되었을 때 당황스러워하는 것이다.

우리가 여자의 성에 대해서 무엇이 알고 싶은지 물어보면서 자유롭게 말했을 때에도 계속해서 들어오는 질문은 "제가 정상인가요?"였다. 여성들은 이 질문을 설문지의 비고란에 쓰기도 했고 여백 혹은 별도의 노트에 상세히 써서 우리에게 보냈다.

같은 질문 혹은 "이런 '느낌' 이 정상인가요?" "다른 그리스도인들도 나처럼 '생각' 하나요?"처럼 약간씩 달리 물어보는 경우도 있었다. 그러나 이 질문들 역시 어떤 '행동' 이 용인되는 것인가에 대한 걱정에서 비롯된 것이었다.

사라는 계속되는 치료과정에서 호르몬의 균형이 깨져 잠시 성적 욕구를 잃는 것은 지극히 정상임을 알게 되었다. 사라의 욕구는 다시 살아날 것이다. 그러나 모든 경우가 다 그런 것은 아니다! 아이를 키우는 고생스러운 기간 동안 성적 욕구는 위협을 받을 수 있다. 계속해서 몇 번씩 "내가 정상인가?"라는 의문을 떠올리는 시간이 앞으로도 많을 것이다.

혼란스러운 성의 세계

모든 여성들은 무엇이 '정상' 이고 무엇이 '비정상' 인지에 관심이 있다. 우리 문화를 통해 얻는 성에 관한 이야기들이 매우 혼란스럽기 때문에, 여성들은 다른 사람과의 비교를 통해 자신이 어떤지 알려고 한다. 우리 문화는 열정이란 젊은 사람들이나 느끼는 것이라고 믿게 만들기 때문에, 나이든 여성들은 이제 자신의 왕성한 성생활은 끝난 것이 아닌지 의심하는 반면 젊은 여성들은 매스미디어가 그려 내는 여성들의 모습만큼 자신이 열정적이지 않아서 걱정한다. 많은 사람들이 온갖 종류의 극단적인 것들을 기준 삼는 것이다.

매스 미디어가 성을 왜곡하기 때문에 결과적으로 우리는 우리가 과연 성적으로 정상인지 고민하게 된다. 미디어가 전하는 성 관련 메시지들은 대부분 사람들을 오도하는 잘못된 내용인 경우가 많다. 미디어의 말대로라면, 모든 사람들은 이 사람 저 사람과 자고, 수술을 해서 몸을 '섹시'하게 다듬고, 우리보다 훨씬 자주 성관계를 가져야 한다.

이제까지 도덕적인 사람들을 표본으로 한 성 관련 연구들은 거의 없었다. 그리스도인들을 대상으로 한 연구는 더더욱 그러했다. 우리가 이용할 수 있는 정보라고는 킨제이(Kinsey) · 야누스(Janus) · 하이트(Hite) 보고서 정도에 불과하다. 우리가 성행동에 관해서 이 보고서들의 관점만을 취할 수밖에 없다면 그야말로 '걱정해야' 한다!

왜 크리스천 여성들은 자신이 정상인지 궁금해하는가?

본 연구를 위해 우리는 2천 장의 설문지를 모두 읽고 거기 적힌 질문들을 살펴보았다. 몇 가지 질문들이 계속해서 등장했는데, 그 이유는 그 질문들이 여성들의 특별한 관심사였기 때문이다. 그 질문들은 2장 이후에서 자세하게 살펴볼 것이다. 이 장에서는 크리스천 여성들이 던진 질문 중에 가장 공통적인 것들을 요약해서 제시하고자 한다. 간략하지만 이러한 논의를 통해 자신들에게 무언가 문제가 있다고 생각하는 여성들이 안심할 수 있게 되기를 바란다. 우선 가장 먼저 논의해야 할 것은 무엇이 '정상'인가라는 일반적이고 개괄적인 개념이다. 이것에 대한 분명한 이해가 없으면 당신은 "나는 정상인가?"라는 질문을 떨쳐 버릴 수 없다.

크리스천 여성들이 왜 "내가 정상인가?"라고 묻는가? 모든 사람들이 자신이 남과 비교해서 어떤지에 관심을 두는 데 비해, 크리스천 여성들은 그러한 비교를 넘어서는 문제에 관심을 기울인다. 일반적으로 여성들이 "나는 정상인가?"라고 물을 때, 그 질문은 자신들이 뭔가 부족하지 않은가, 다른 사람들의 기준에 미치지 못하는 것이 아닌가 하는 호기심에서 비롯하지만 크리스천 여성들은 자신의 성적 감정이나 행동이 그리스도인으로서의 자질에 어긋나는 것이 아닌가 하는 걱정에서 비롯한다. 크리스천 여성들은 자신의 행동이나 기본적인 욕구가 도덕적으로나 성경적으로 정상인지 알고 싶어한다. 성생활 역시 완전히 영적이었으면 하는 바람 때문에 걱정을 하는 것이다.

여러 형태를 띤 질문들을 두 개의 주제로 묶으면 다음과 같다. 첫째는 "내가 괜찮은가?" 즉 "나의 행동과 생각이 전형적이고 받아들일 만한가?" 하는 것이고, 두 번째는 "다른 사람과 비교해서 내가 어떤가?" 즉 "다른 크리스천 여성에 비해 내가 많이 다른가?"이다.

첫번째에 해당하는 질문을 던진 한 여성은, 오르가슴에 이르는 과정에서 손으로 자극하는 행위가 정상인지 아니면 자신에게 무슨 문제가 있는 것인지 물었다. 그녀는 오르가슴에 이르기가 왜 그리 어렵고 시간이 걸리는지도 물었다.

또 다른 여성은 남편에 비해 자신의 욕구가 너무 부족하다며 여자가 결혼을 하고 나면 성욕이 줄어드는 것인지, 아니면 자기가 이상한 것인지를 물었다.

두 번째 질문인 "내가 얼마나 다른가?"라는 유형의 질문은 다른 여자들도 남편의 욕구를 이해하고 그에 반응하는 데 어려하는지, 어떻게 하면 남편에게 자신의 필요와 욕구, 남편과는 다른 성적 흥분을 이해시킬 수 있는지였다. 그리고 다른 여자들도 남편의 심기를 불편하게 하지 않으려고 지기처럼 염려하는지와 같은 것이

당신은 여자의 성에 대해 얼마나 잘 알고 있는가?

아래의 퀴즈는 우리 연구가 밝혀낸 사실들을 자세히 알아보기에 앞서 여자의 성에 대한 당신의 지식 수준이 어느 정도인지 테스트하려는 것이다. 남성 독자들은 특별히 이 테스트를 받고 나서 도전을 받을 것이다. 그러나 여성들도 이러한 복잡한 주제에 대해 자신이 얼마나 제대로 알지 못했는지를 보고 놀랄 것이다.

아래의 문장에 대해 맞으면 '예'에 틀리면 '아니요'에 표시하라. 답은 맨 아래에 있다.

1. 성에 대한 여자들의 가장 보편적인 불만은 '성욕의 부족'이다.
   예 _ 아니요
2. 여자들은 대개 로맨틱하고 즐겁고 편안한 분위기에 대해 상상을 하지, 특정한 성적 행위에 대해 상상하는 것은 아니다.
   예 _ 아니요
3. 가장 많이 섹스를 하고 즐기는 여자들은 젊고 매력적인 독신여성이다.
   예 _ 아니요
4. 미국의 결혼한 여자들 가운데 최소 50퍼센트는 바람을 피운 적이 있다.   예 _ 아니요

었다. 한 여성은 성관계를 할 때, 직접적인 성교 자체나 오르가슴 보다 애무와 포옹, 그리고 친근함과 사랑받고 있다는 느낌에 더 만족해하는 여자들이 또 있는지, 남자들에게는 육체적인 행위가 더 중요해 보이고 여자들에게는 정서적인 친근함이 더 중요한 것 같은데, 맞는지 질문했다. 또 어떤 여성은 남편이 유방을 짜고 비 틀고 누르고 무는 것을 싫어하는 여자가 자기 말고도 또 있는지

5. 신앙심은 여자의 성에 해로운 영향을 미친다. 예 _ 아니요
6. 여자들이 좋아하는 섹스는 대화나 계획이나 사전적인 고려 없이 이루 어지는 충동적인 섹스이다. 예 _ 아니요
7. 여자들은 반드시 오르가슴에 이르러야 섹스가 만족스럽다고 느낀다.
   예 _ 아니요
8. 모든 여자들에게는 멀티 오르가슴에 이르는 능력이 있다.
   예 _ 아니요
9. 대부분의 여자들이 손으로 하는 자극 없이 질 안에서의 페니스 운동만 으로 오르가슴에 이를 수 있다. 예 _ 아니요
10. 여자들은 평생 동안에 성병 걸린 적이 남자들보다는 많다.
    예 _ 아니요

답

1. 예. ▸4장을 보라 2. 예. ▸3장을 보라 3. 아니요. ▸8장을 보라 4. 아니요. ▸8 장을 보라 5. 아니요. 6. 아니요. ▸3장을 보라 7. 아니요. ▸5장을 보라 8. 가 능성이 있다. ▸5장을 보라 9. 아니요. ▸5장을 보라 10. 예. ▸9장을 보라

궁금해했다.

이런 질문들에 대한 우리의 대답은 거의 모두 "네, 당신은 정상입니다"이다. 그러나 '무엇이 정상인가?'라는 문제는 좀더 복잡하다. 이에 대해 알아보기로 하자.

무엇이 정상인가?

앞부분에서 우리는 독자들이 무엇이 정상인지 그 개념을 이해하는 것이 중요하다고 했다. "나는 정상인가?"라는 질문과 관련한 문제들 중에 하나는 모든 성적 행동을 유형화하면 '연속선'(continuum)을 구성한다는 것이다. 다시 말해서 어떤 행동이나 경험은 경계선이 불분명해서 서로 겹치게 마련이다. 따라서 정상의 범위를 정확히 찾아낼 수는 없다.

예를 들어, 어떤 여성들은 오르가슴을 상당히 격렬하게 느끼지만 다른 여성들은 어느 정도만 느끼거나 아예 느끼지 못할 수도 있다. 그렇다면, 누가 정상인가? 사실 모두가 정상이다. 이렇게 하나의 범주가 다른 범주와 상호 겹치는 연속선상에 있기 때문에 "이것은 정상이다" "저것은 비정상이다"라고 말할 수 없다. 우리도 정상이 무엇인가라는 개념이 좀더 단순했으면 좋겠지만 사실이 그렇지 않다.

그래서 우리 대부분은 다른 사람과 비교해서 조금만 달라도 비정상이 아닌가 걱정한다. 일례로 당신은 기온이 18도 아래로 떨어지면 추위를 느끼는데 누군가가 덥다며 에어컨 온도를 더 낮추면, 당신은 추워 떨며 불평하게 된다. 또 어떤 사람들은 방 온도가 21

도가 넘으면 더위를 느끼고 땀을 흘리는데 당신은 그 온도가 적당하다고 느낀다. 사람들은 덥다고 불평하는데 당신은 춥다고 불평한다. 누가 정상인가? 당신인가? 그 사람들인가? 양쪽 모두 확실히 정상이다. 다만 당신의 체온이 다른 사람들보다 원래부터 높은 것일 뿐이다. 양쪽 모두 편안함을 느끼는 방 온도는 연속선상에 있다. 성에도 이런 연속선 원리를 적용할 수 있다.

하지만 정상의 범주를 넘는 비정상이라고 간주할 만한 극단이 아주 없는 것은 아니다. 어떤 사람이 섭씨 10도(그 이하)에서 땀을 흘린다면 무언가가 잘못된 것이므로 의학적인 도움을 받아야 한다. 이처럼 연속선에는 한계가 있다. 그러나 그 한계를 벗어나는 사람만을 우리는 비정상이라고 불러야 한다.

우리는 모두 약간씩 다르다. 똑같은 지문이나 똑같은 DNA 코드를 가진 사람은 한 사람도 없는 것처럼, 성의 영역에서도 사람들은 모두 다른 경험과 감정을 보여 준다. 다른 사람과 약간 다르다고 당신 자신을 원망한다면 너무 지나친 행동이다.

그러나 우리는 그렇게 많이 다르지 않다. 어떤 점에서는 차이가 나지만 또 어떤 점에서는 매우 유사하다. 이는 심리치료사들이 발견한 가장 놀랄 만한 사실이기도 하다. 인간의 뇌와 몸은 어디를 가나 놀라울 만큼 똑같다. 모든 사람은 사랑에 굶주려 있고 존경받기를 원한다. 모두가 같은 것을 열망하며, 예외는 소수에 불과하다. 중앙아시아에서나 중앙아메리카에서나 로스앤젤레스에서나 뉴욕에서나 섹스 호르몬은 동일하게 작용한다.

그렇다면, 우리는 어떻게 정상에 대한 개념을 규정하고 경계를 확정 지을 수 있을까? 일반적으로는 통계를 이용한다. 우리는 이러저러한 행동을 하는 사람들의 수를 센 다음 평균치를 내서, 해당 집단의 '평균'에 근접해 있는 사람을 정상으로 볼 수 있다. 대다수의 사람이 하느냐 그렇지 않느냐가 정상의 개념을 규정하는 것이다.

그러나 기독교적인 입장에서 볼 때, 위와 같은 방법으로 정상을 정의하는 데에는 문제가 있다. 모든 사람이 어떤 일을 한다면, 그 행동은 보편적이지만 반드시 건전하다거나 바람직한 것은 아니다. 이 점이 바로 우리가 크리스천 여성들을 대상으로 연구한 이유이다. 당신이 자신을 판단하려거든(그렇게 하지 않기를 바라지만), 최소한 다른 크리스천 여성들과 자신을 비교하고 판단하라.

정확한 정보가 없을 때는 위험이 뒤따른다. 당신은 잘못된 정보에 근거해서 자신을 판단하면서, 모든 사람이 당신은 하지 않는 어떤 것을 하거나 느끼고 있다고 생각하기 쉽다. 우리의 조사에 응답한 사람 중에 다음과 같은 경우가 있었다.

> 저는 우울해질 때가 많아요. 주위를 보면, 다른 사람들은 모두 저보다 성적인 만족을 더 누리고 있는 것 같거든요. 진짜 문제는 실제로 그런지는 잘 모른다는 거예요. 아무도 제게 그런 얘기는 하지 않기 때문에 저는 계속 혼란스러울 수밖에 없죠.

우리는 이 여성이 혼란스러워하는 것을 이해할 수 있었다. 그녀는 자신이 기준으로 삼을 만한 정확한 정보가 없을 뿐 아니라, 자신이 느끼는 것들을 이야기할 만한 상대가 없기 때문에 '상황 점검'을 해 볼 수 없다. 많은 크리스천 여성들이 이런 딜레마를 고백한다.

여기서 우리는 매우 중요한 점을 짚고 넘어가야 한다. 무엇이 평균이고 보편적인지를 아는 것은 인간의 성을 공부하는 데 있어 좋은 출발점이다. 그러나 우리는 이 단계를 넘어서 그것이 건전한지, 하나님이 우리에게 원하시는 것인지 질문해 보아야 한다.

따라서 우리 그리스도인들에게 "정상인가?"라는 질문은 어떤 행동이나 감정이 얼마나 보편적인가 하는 문제를 넘어서야 한다. 모든 사람이 하는 행동이라고 해서 반드시 옳거나 건전하지는 않다. 우리는 계속해서 "그것이 옳은가?" "건전한가?"를 물어야 한다. 성이 성경적인 도덕 기준에 맞아야 한다는 우리의 주장에는 주저함이 없다.

종 모양 곡선

"무엇이 정상인가?"에 대한 전반적인 논의를 하기 위해서는 좀 더 깊은 통계학적 지식이 중요하다. 통계적 지식이 없으면 우리가 같으면서도 다르다는 명백한 모순을 결코 해결할 수 없다. 당신이 키나 몸무게, 지능 등과 같은 사람들의 특징이 어떤 분포를 이루고 있는지를 알아보기 위해 도표를 그린다면, 언제나 종 모양의 곡선이 나온다는 사실을 알 수 있다.

키를 예로 들어보자. 사람들의 키를 연속선으로 그려 볼 때, 곡선의 왼쪽에는 소수의 작은 사람들이 위치한다. 그리고 중앙에는 평균치에 속하는 대다수의 사람들이 위치하며, 오른쪽에는 몇 안 되는 굉장히 큰 사람들이 위치한다. "내 키가 정상인가요?"라고 누가 묻는다면, 이 종 모양 곡선 상에 위치하는지 보면 된다. 만약 그렇다면 그 사람은 정상이다. 키 큰 사람 쪽에 속할 수도, 대다수 사람들이 위치해 있는 중앙에 속할 수도, 아니면 작은 사람들이 위치해 있는 왼쪽에 속할 수도 있다. 하지만 어찌됐든 종 모양 곡선 위에 있지 않은가?

그렇다면 모든 사람이 정상이라는 말인가? 그렇지는 않다. 어떤 사람은 너무 크거나 작아서 종 모양 곡선 밖으로 나가는 경우도 있는데, 이 경우는 비정상이다. 성에 관해서도 아동 성욕자나 강간범들은 곡선에 속하지 않을 뿐 아니라 우리의 관심대상도 아니다. 우리는 여성들이 자신을 문제 있는 사람이라고 느끼게 하는 정상적인 범위의 광범위한 변형들에 관심이 있다.

요약하자면, 자신이 정상인지를 걱정하는 크리스천 여성들이 정말 궁금해하는 것은 자신들이 정상의 정도를 나타내는 종 모양 곡선의 어디쯤에 속하는가이다. 자신이 비정상이라고 느끼는 대부분의 여성들이 사실은 곡선의 중앙에 속할지도 모른다. 소수의 사람들은 자신이 곡선의 왼쪽이나 오른쪽에 속해 있다는 것 때문에 불편해하고, 어떤 이들은 자신이 어디에 속하는지 몰라서 걱정한다. 크리스천 여성의 성에 관한 본 연구를 마치기 전까지는 솔직히 우리도 우리 자신을 비교할 만한 기준이 없었다.

곡선의 왼쪽에 있다고 '덜' 정상적이라든가, 오른쪽에 있다고 '더' 정상적이라는 의미는 아니다. 당신이 만일 왼쪽이나 오른쪽에 속한다면, 그것은 단지 당신 같은 사람이 소수라는 것을 의미할 뿐이다. 이런 독특성은 당신이 받아들이기에 따라, 축복이 될 수도 저주가 될 수도 있다.

그러면 정상적인 성경험 곡선에서 당신이 어디에 속해 있는지, 당신의 성이 정상인지 어떻게 알 수 있는가? 다음은 여성들이 가장 흔히 하는 질문들이다. 당신이 어디에 속하는지 알 수 있기를 바란다.

1. 여성의 성욕은 어느 정도가 정상인가요? 보통 여성은 남성보다 섹스에 대한 욕구가 적다는데?

여성들이 가장 많이 하는 질문은 어느 정도의 성욕이 정상인가 하는 것이다. 특히 강한 성욕을 느낀 적이 있는 경우, 여성들은 성욕이 줄어든 것에 대해 염려하면서 자신의 성욕이 상대방과 얼마나 다른지 비교하는 경우가 많다.

4장에서 언급했듯이 남자와 여자의 성욕은 대단히 다르다. 하트 박사의 책 《남자도 잘 모르는 남자의 성》을 보면, 남성들은 대다수가 강한 성욕을 느낀다고 했고, 보통이라고 말한 사람이 그 다음으로 많았다. 대부분의 남성은 일반적으로 여성보다 섹스의 필요를 훨씬 강하게 느낀다.

성욕에 대해 크리스천 남성들에게 했던 질문을 여성들에게 했을 때, 어떤 응답이 나왔을까? 대다수의 여성이 보통 정도의 성욕을 느낀다고 했고, 그 다음으로는 성욕을 약하게 느낀다고 했고, 강한 정도로 느낀다는 대답은 마지막이었다.

남녀간의 성욕의 차이가 가장 명확하게 드러나는 부분은 스펙

트럼의 아래쪽이다. 여성의 26퍼센트(약 1/4)가 약하게 성욕을 느낀다고 한 반면, 남성의 경우는 단지 3퍼센트(약 1/33)만이 그런 대답을 했다.

이런 차이는 또한 남녀가 얼마나 자주 섹스에 대해 생각하는지를 보여 준다. 남성은 여성보다 훨씬 자주(최소한 하루에 한 번) 섹스를 생각하지만 여성은 대략 일주일에 한 번 정도 섹스를 생각한다. 남성의 절반 정도의 여성만이 매일 섹스를 생각한다고 응답하였다. 여성이 섹스를 떠올리는 빈도는 얼마나 자주 섹스를 하느냐와 실제적인 관련이 있다. 섹스를 자주 떠올리는 사람일수록 성적으로 만족하는 것 같다.

4장에서 보겠지만, 나이, 인생의 단계, 결혼생활의 행복도, 건강 등의 요인들이 모두 부분적으로 성욕에 영향을 미친다.

2. 다른 크리스천 여성들(부부들)은 아이를 키우면서 얼마나 자주 섹스를 하나요? 남편들은 무얼 기대하나요?

아이를 키우는 일과, 이 일 때문에 소모되는 성적 에너지를 고려한다면, 아내와 남편 모두에게 "나는 정상인가?"라는 질문에 대해 새롭게 답해야 한다.

가장 보편적인 섹스 빈도는 일주일에 한 번이다. 그러나 (우리가 중요한 개념이라고 한) 종 모양 곡선에서 보면, 섹스 빈도는 하루 한 번에서 1년에 한 번까지 광범위하게 나타나기 때문에 일주일에 한 번이라는 횟수가 그렇게 결정적이지는 않다. 본 연구에 참여한 여성들 중 53퍼센트는 현재의 섹스 횟수에 만족한다고 했으며, 불만을 느끼는 여성의 경우는 섹스를 좀더 자주 또는 덜 했으면 하는 사람에 이르기까지 다양하다.

많은 여성들은 상대방이 좀더 자주 섹스하기를 원한다고 믿고 있었는데, 대부분의 결혼생활에서도 그러하긴 하다. 그러나 이 사실이 행복한 결혼생활의 심각한 장애가 되지는 않는다.

섹스하는 횟수는 나이가 들어도 거의 변함없이 유지된다. 20대부터 10년 단위로 각 연령대를 살펴보면, 결혼한 여성들의 섹스 횟수는 대부분 일주일에 1-3회이고, 나이가 들면 약간 줄어드는 정도이다. 대부분의 부부는 자신들에게 편한 횟수를 정해 놓는 것 같다.

그러나 아이를 키우는 일은 섹스할 시간과 에너지를 확보하는 데에 상당히 복잡한 요소로 작용한다. 그러나 아이가 있는 부부와 그렇지 않은 부부를 비교했을 때, 두 부류의 빈도는 큰 차이가 없었다. 여성들이 비록 아이를 키우느라 여력이 없다지만 어떻게든 방법을 찾는 것 같다.

하루의 반 정도를 아이를 키우면서 보내는 여성들 중 38퍼센트는 일주일에 한 번 정도 섹스를 한다고 말했고, 32퍼센트 정도는 여전히 일주일에 2-3회 정도의 빈도를 유지한다고 응답했다. 아이가 없는 여성의 경우, 35퍼센트가 일주일에 한 번 섹스를 한다고 말했고, 2-3회를 유지한다고 한 사람은 24퍼센트였다. 물론 이 횟수가 여성의 성욕 수준이 아닌 남편의 필요에 따라 유지된 것일 수도 있다.

그렇기 때문에 이 수치들이 섹스를 할 에너지가 부족하다고 말한 여성들의 어려움을 적절히 반영한 것 같지는 않다. 하여튼 아이 키우는 일은 분명히 여성의 인생에 큰 도전이다. 우리는 이 주제를 6장에서 깊이 있게 다룰 것이다.

3. 나이가 들어서, 특히 폐경 이후에 어떤 성적인 변화가 일어나는 것이 정상인가요?

우리 몸이 아이를 낳을 수 있는 능력은 일정 기간에만 가능하지만, 섹스는 전 생애에 걸쳐 누릴 수 있다. 나이에 따라 우리 몸이 변하긴 하지만 그러한 변화들이 꼭 성적인 충족을 방해하는 것은 아니다. 나이가 들면서 여성들은 이전과는 다른 성적 반응을 보이는데, 이런 반응의 변화는 나이에 따라 여러 단계를 거친다(5장을 참조하라). 폐경은 임신할 위험에서 벗어나게 하기 때문에 도리어 마음대로 섹스를 즐길 수 있는 자유를 준다. 우리가 몸을 귀하게 여기고 존중한다면 성은 전 생애에 걸쳐 긍정적인 힘으로 작용할 수 있다.

그러나 만일 당신이 몸을 일찍부터 혹사시킨다면 미래를 낙관할 수 없다. 예를 들어, 과도한 긴장이나 흡연, 과음과 비만, 일정한 약물 복용은 당신의 몸에 영향을 미쳐 성이 제대로 기능하지 못하게 할 수 있다. 건강한 혈액 순환은 섹스와 관련된 몸의 조직들에게 필수적이기 때문에 혈액 순환을 방해하는 질병이나 약물 복용은 나이가 들면 들수록 성기능에 해로운 영향을 미친다. .

에스트로겐의 감소를 동반하는 폐경은 음문 조직과 질벽을 얇고 약하게 만들 수 있다. 많은 여성들이 폐경 이후에 실제로 성을 더 즐기고 있다고 하지만, 질 윤활액 감소와 피부 조직의 탄력성 저하는 성교를 고통스럽게 할 수 있다. 특별한 윤활제와 국소에 바르는 에스트로겐 크림, 에스트로겐 수치를 높이는 치료 등은 이런 문제를 해결해 줄 수 있다.

어떤 여성은 폐경기가 가까워 오면서 성욕이 감소했다고 말하는데 이런 현상이 폐경 자체 때문인지 확실치는 않지만, 폐경기의 여러 변화로 인해 성교할 때 고통을 느끼면 성욕이 감소한다. 폐경기를 전후해서 정기적으로 성관계를 하는 여성들은 그렇지 않은 여성들보다 질의 탄력성 저하가 낮고 성적 반응 감소 정도도 덜하다.

어떻게 당신은 나이에 따른 이러한 자연스러운 변화들에 적응할 것인가? 남녀 모두 나이가 들면 성적인 최고조에 이르는 데에 시간이 많이 걸리므로 성행위를 하는 데 더 많은 시간을 할애해야 한다. 다음은 나이든 사람들을 위한 몇 가지 제안이다.

- 서두르지 마라. 하루 중 섹스하기에 가장 좋은 시간(이른 아침이나 점심 시간, 초저녁이나 낮잠을 잔 후)을 찾아 그 시간을 둘이서 최대한 활용하라. 예를 들어, 발기에 문제가 있는 사람은 자연적으로 발기가 일어나는 시간에(나이 든 남성들도 대부분 이른 아침에는 발기가 일어난다.) 관계를 함으로써 문제를 극복할 수 있다. 나이 든 부부들이 성관계하기에는 이 시간이 가장 안 좋으며, 늦은 저녁 시간이 가장 안 좋은 시간이다.
- 운동을 하라. 잘 다듬어진 몸은 보기에 좋고 기분을 좋게 할 뿐

아니라 성기능을 증진시키는 데 중요하다. 에어로빅이나 아령 운동은 근육과 정맥, 동맥을 건강하게 하고 에너지를 증가시킨다.

- 무슨 약을 처방해 주는지 확인하라. 의사에게 당신이 먹고 있는 약이 성기능 면에서 어떤 부작용을 일으킬 수 있는지 망설이지 말고 물어보라. 성은 몸의 중요한 부분이므로 당신은 알 권리와 책임이 있다. 제대로 된 대답을 줄 때까지 계속 물어보라.

- 우울증을 잘 다스려라. 나이 든 사람들 사이에서 우울증은 흔한 질병이다. 어떤 노인학자는 우울증을 잘못 진단해서 치매, 노쇠증, 초기 알츠하이머병으로 오진한 경우가 전체 환자의 30-50 퍼센트 정도 된다고 추정했다. 잠이 늘고, 생각하거나 집중하기 어려우며, 섹스에 관심이 사라진다면, 나이가 들면서 생기는 심각한 문제들 중에 하나라고도 볼 수 있지만, 우울증이 아닌지 의심해 봐야 한다. 그러나 우울증은 '치료 가능하다'.

- '섹스 방해꾼'을 경계하라. 알코올이나 스트레스, 걱정, 피로 등은 나이가 들면 젊었을 때보다 더 당신을 망가뜨린다. 긴장 푸는 법을 배우라. 걱정을 주님께 맡기고, 배우자나 친구와 근심을 나누거나 좋은 상담자를 찾으라. 몸을 지치게 하거나 한계 이상으로 자신을 내몰고 나서 좋은 섹스를 기대하지 마라. 몸이 어떻게 기능하는지 알아서 그 지식을 잘 활용하라!

4. 다른 여성들도 아내와 엄마 역할을 균형 있게 하기가 힘드나요? 두 역할을 충분히 감당할 에너지를 어디서 얻을 수 있을까요?

그렇다. 모든 여성들이 자신의 여러 역할들에 드는 에너지와 시간을 충분히 확보하지 못해 고전한다. 누군가가 해롭지 않은 에너지 알약을 개발하려고 한다면, 엄마와 아내라는 광범위한 시장을 이미 확보한 셈이다!

우리는 여러 항목을 제시하고 거기에서 섹스하기 가장 어려운 이유가 무엇인지를 물었다. 가장 많은 이들이 섹스할 에너지가 부족하다는 항목에 응답했다. 아이를 키우는 여성들은 55퍼센트 가량이, 아이가 없는 사람은 33퍼센트 정도가 그런 응답을 했다.

에너지의 문제는 단지 젊은 사람들에게만 해당되는 것이 아니라 모든 연령대가 호소하는 문제였다. 30-49세의 여성 중에 42퍼센트가 이 문제를 지적했으며, 아이들을 다 키운 45-49세의 여성들도 절반 가량이 여전히 '에너지 부족'을 문제로 꼽았다.

이는 밖에서 일하고 아이를 키우면서 아내의 역할에 충실하려는 여성들이 직면한 문제이다. 여성들은 몸이 지치고, 좌절하고, 자신을 잡아끄는 복잡한 필요들 때문에 절망한다고 하였다. 많은 여성들이 남편은 자신이 왜 여러 가지 역할을 균형 있게 해 내려고 힘겨워하는지 이해하지 못한다고 불평한다.

이러한 이유 외에도 피로의 주된 요인 중 한 가지로서 부족한 잠을 들 수 있다. 대부분의 사람들은 7-9시간 수면을 취해야 한다. 7시간을 자도 자주 깨면 계속해서 피곤을 느낄 수 있다. 미국인 세 명 중 한 명이 불면증으로 고생하고 있고, 열 명 중에 한 명

은 만성적인 불면증에 시달린다.[1]

에너지 부족의 다른 요인은 해결되지 않은 슬픔이다. 우리는 살아가면서 한 번쯤 이혼이나 실직, 질병, 부모의 죽음, 배우자의 죽음, 자녀의 죽음, 좋은 친구가 멀리 이사 간 것 등과 같은 큰 상실감을 경험한다. 이런 대부분의 경우 그 슬픔에 잠겨 있게 되는 시간은 우리의 생각보다 길다. 어떤 슬픔은 1~5년이 걸리기도 하고, 또 어떤 경우는 매해 그날이 돌아오면 다시 피로 같은 전형적인 증세들이 나타난다.

피로는 우울증에 의해서도 나타날 수 있는 매우 흔한 질병으로, 여성의 24퍼센트, 남성의 15퍼센트가 우울증 때문에 치료를 받은 경험이 있다.[2] 우울증에 빠진 여성은 수면 장애를 겪는 경향이 있으며 집중력과 기억력에 문제가 생기며 결정력이 떨어진다. 그런 여성들이 모두 에너지 저하를 경험한다!

진단을 받지는 않아 무엇인지는 모르는 질병, 갑상선에 생긴 문제, 수술 후 회복 기간 동안 겪는 어려움, 수면무호흡증, 만성피로증후군, 빈혈 등이 피로를 가져온다. 그러나 대부분의 경우 빡빡한 스케줄과 우리가 하루나 일주일에 실제로 성취할 수 있는 수준 이상으로 기대하며 살기 때문에 피로를 느낀다. 수면 시간을 우선순위의 제일 밑에 놓는 경향이 있다. 그렇게 지내다가 어느 날 몸이 무겁고 나른하게 느껴지고, 섹스를 할 힘도 흥미도 없다는 사실을 발견할 때 비로소 놀란다.

5. 오르가슴에 도달하기 위해서 손으로 자극해 주기를 원하는 것은 정상인가요? 내가 뭐 잘못된 건가요?

여성들이 오르가슴에 도달하려면 대부분 음핵(여자의 외음부 위쪽 끝에 있는 작고 예민한 기관으로서 남자의 음경처럼 발기한다)을 직접적으로 자극하는 행위가 필요하다. 이 연구에 참여한 59퍼센트의 여성들은 삽입만으로 오르가슴에 이를 수 없다고 말했는데, 다른 연구자들도 여성의 66퍼센트(여성 세 명 중에 두 명)가 삽입만으로는 오르가슴을 느끼지 못한다고 파악했다. 이렇게 볼 때, 우리의 연구결과가 타 연구의 발견과 거의 유사함을 알 수 있다.

남성들이 음경의 자극을 필요로 하듯이 물리적으로 남성의 음경과 유사한 여성들의 음핵도 자극이 필요하다. 음핵은 여성이 오르가슴을 느끼는 데에 '방아쇠' 역할을 한다. 여성이 성적으로 흥분하면 말초 신경이 예민해지고 피가 몰린다. 어떤 체위에서는 위치상 여성의 음핵이 삽입과정에서 직접 자극을 받지 않는 경우도 있는데, 이 경우에는 오르가슴에 도달할 수 없다. 오르가슴에 이르려면 성교 전, 중간, 후에 손으로 음핵을 자극하는 행위가 있어야 한다.

우리 연구에 따르면, 최소한 15분 정도 자극을 주어야 여성들이 오르가슴을 느낄 확률이 높은 것으로 나타났다. 그러나 많은 여성들이 그렇게 하는 것을 자위행위와 똑같이 여겨 이를 거부한다는 사실을 발견했다. 이 여성들은 자위행위에 대해 부정적이어서 오로지 성기의 삽입 외에는 어떤 것도 하지 않으려고 한다. 이는 용어를 잘못 이해한 데서 생겨난 결과이다. 우리는 성교 시 손으로 자극하는 행위가 섹스의 일부로서 완벽하게 정상적이며 얼마든지 할 수 있는 행위이지 일반적인 자위행위와 동일하다고 생각하지 '않는다'.

자신이 상대방의 성기를 만지거나 상대방이 만지는 것을 싫어하는 사람들은 성기가 더럽다고 생각하기 때문에 그렇다. 그러나 우리의 성 기관은 청결히 하기만 하면, 더러울 것이 하나도 없다. 성기도 손, 목, 겨드랑이 같은 다른 신체 부위처럼 씻어야 하는 것은 당연하다. 당연히 성교 전에 샤워를 해서 몸을 깨끗이 해야 한다. 청결하게만 한다면 거의 모든 신체 부분을 애무하거나 키스하는 행동은 위생학적으로 아무런 문제가 없다. 사람의 몸에서 정말로 유일하게 '더러운' 부분은 항문이다. 항문은 몸속의 쓰레기를 밖으로 내보내는 기관이므로 박테리아가 득실거린다. 건강에 대한 전문가들은 대부분 항문을 만지거나 특히 키스를 한다든가 성기를 삽입하는 행위를 하지 말라고 충고한다. 도덕적인 문제 이전에 건강상 좋지 않다.[3]

6. 여자가 자위행위를 하는 것은 비정상적인 건가요? 제가 10대였을 때는 전혀 자위행위에 대해 들어본 일이 없어요. 어른이 된 지금도 전혀 해 본 일이 없고요. 제가 오히려 이상한 건가요?

자위행위는 그냥 무시한다고 해서 없어지는 성격의 것이 아닌 엄연한 사실이다. 많은 여성들이 자위행위로 인해 엄청난 수치심을 느끼는데, 특히 자위행위가 건전한지, 영적으로 균형 잡힌 삶에 어울리는 것인지 혼란스러워한다.

자위행위는 논란의 여지가 많은 주제일 뿐 아니라 크리스천 지도자들마다 각기 다른 의견을 표명한다. 우리는 우리 중 어느 누가 딱히 진리를 독점하고 있다고 생각하지 않기 때문에 이런 여러 가지 다양한 의견을 존중하고자 한다. 제임스 돕슨이 10대 청소년과 자위행위의 관계에 대해 쓴《확실한 대답》이라는 책이 매우 유용하다.[4]

자위행위가 얼마나 흔한 행동일까?《섹스 인 아메리카》보고서에서 아주 놀랄 만한 내용 중 한 가지가 바로 많은 사람들이 섹스할 대상이 없을 경우에 자위를 한다는 사실이다.《섹스 인 아메리카》를 보면, 자위행위를 많이 하는 사람일수록 섹스를 많이 하는 것으로 나와 있다. 또 한 가지 그 보고서에 따르면 미국 여성의 60퍼센트 정도는 자위행위를 하지 않는다고 한다.

위의 조사결과를 크리스천 여성을 대상으로 하는 본 연구에 어떻게 적용할 것인가? 적용하기 어렵다. 우리의 조사에 응한 여성들 중 43퍼센트 이상이 자위행위에 관한 질문에 답하지 않았다. 응답한 사람들만 보면, 최근에 결혼한 사람들 중 20퍼센트는 한 달에 한 번 정도 자위를 하고, 결혼한 지 한참 지난 사람들도 그 정도로 자위를 하며, 결혼한 적이 없는 사람들도 같은 빈도를 나타냈다. 자위행위를 하는 빈도는 한 달에 1-45회까지 넓게 걸쳐 있다. 가장 많이 나타나는 빈도는 한 달에 한 번이나 그 이하였다.

결혼한 여성들이 자위행위를 제일 안 하는 편인데, 결혼한 남성들과는 비교도 안 될 만한 수치이다. 결혼한 남성들은 61퍼센트가 어느 정도 자위행위를 한다고 했고, 이 중에 81퍼센트가 최소한

한 달에 5회 정도 한다고 답했다.

왜 이렇게 사람들이 자위행위를 하는지 물었을 때, '단순히 즐겨서'라거나 성적인 충동을 '배출할 곳이 없어서'라는 답변이 가장 많이 나왔다. 여성들 중에 7퍼센트가 '강한 성욕 때문에'라고 답했고, 6퍼센트는 '남편이 섹스에 관심을 보이지 않아서'라고 답했다. 남성의 경우 23퍼센트가 강한 성욕을 느껴서 자위행위를 한다고 했고, 22퍼센트는 그것을 즐겨서 한다고 했으며, 21퍼센트는 섹스할 상대가 없어서 한다고 했다.[5] 그러나 섹스할 수 있는 상황에서도 자위행위를 계속하는 남성들도 많다. 이런 사람들은 자위행위에 중독된 경우인데, 이런 습관은 포르노와 연관이 있는 경우가 많다. 여성들의 경우는 증거를 발견하지 못했다.

우리는 자위행위가 문제될 것이 없다고 생각하고 있다. 하지만 그렇다고 무분별한 자위행위까지 수용하는 것은 아니다. 배우자에 대한 성적 책임감과 섹스 중독의 위험 그리고 자위행위와 같은 은밀한 행동으로 인한 왜곡 등을 포함한 여러 가지 요인들을 고려해 봐야 한다. 때때로 자위행위는 문제가 있는 성적인 환상이나 포르노와 관련을 맺고 있다. 예를 들어, 성적 친근감을 일부러 피하거나 배우자를 원망하는 마음에서 그를 벌주려고 자위행위를 해서 스스로 만족을 얻는 경우나 중독성 때문에 생기는 욕구를 충족시키려고 하는 경우, 혹은 배우자 이외의 다른 사람에 대해 정욕이나 욕망을 품고 하는 경우는 자위행위가 해가 되는 바람직하지 못한 상황이다.

7. 어린 시절에 성학대를 받은 사실이 성에 어떤 영향을 미치나요? 다른 여성들도 성학대를 받은 경우에 섹스를 즐기는 걸 배우는 데 힘들어하나요?

성학대는 성에 파괴적인 영향을 미칠 수 있다. 성학대를 받은 경험이 있는 여성들은 난잡한 성생활을 하거나 성적 접촉에 대한 기피나 강한 거부감(역겨움, 분노, 죄책감)을 나타내거나, 성적으로 잘 흥분되지 않거나 성교 시 고통스러워한다. 또 성적인 상상을 주체하지 못하거나 섹스하는 동안 멍하게 있거나 '도중에 그만두려' 는 등의 다양한 징후를 보인다. 성학대로 인한 이러한 결과들은 보통 스스로 치료하기 힘들기 때문에 피해자들은 도움이 필요하다.

우리는 연구결과, 과거에 성학대를 당한 여성들이 대부분 섹스를 즐기는 데 한 번 이상 어려움을 겪었다는 것을 확인했다. 그들에게 섹스는 고통이나 정신적인 외상(外傷)과 연결되어 있어 그 고리를 끊기가 쉽지 않다.

어떤 여성들은 겉보기에 한동안 '정상적인' 성기능을 발휘하다가도 서서히, 혹은 갑자기 위에서 말한 징후를 나타내기도 하고 또 어떤 여성들은 청소년기를 거쳐 어른에 이르는 기간 내내 이런 문제들로 힘들어한다. 아주 소수만이 부정적인 부작용 없이 성학대의 후유증을 극복한다. 그러므로 당신이 만약 성적으로 학대를 받았고 그 때문에 섹스를 즐기는 것이 힘들다면 당신은 정상이며, 회복의 여정에 동참할 동료들이 많다는 점을 기억하라.

우리는 성학대를 치료할 방법이 있다는 점을 분명히 하고 싶다. 많은 피해자들이 성생활에서 예수 그리스도의 치유의 힘을 경험했다고 고백하고 있다. 우리의 연구에 협조해 준 여성들 중에 한 명은, 자신이 어릴 때 의붓아버지로부터 받은 성학대로 인한 상처를 예수님께서 치유해 주셨다고 믿는다고 했다. 그녀는 성경을 읽고 예수님을 알아 가면서 열두세 살 때부터 치유를 경험했을 뿐 아니라 하나님의 은혜로 혼전 섹스의 유혹에서 자신을 지킬 수 있었다고 고백했다. 그리고 지금은 섹스에 대해 바른 시각을 가지고 있으며, 때가 되면 섹스를 아주 잘 즐길 수 있을 거라고 믿는다고 했다.

성학대의 후유증에서 벗어난 여성들과 상담치료사들은 고생스럽기는 하지만 치유될 희망이 있다는 사실을 확인해 주었다. 치유를 받은 여성들은 상처를 극복하고 더 성장했으며, 자신의 인생과 성을 풍성히 누릴 수 있었다.

8. 그리스도인이 된다는 것은 세상 사람들과 달리 섹스를 바라봐야 한다는 것을 의미하나요? 무엇이 정상이죠? 신실한 그리스도인으로서 여성들은 어떻게 성을 즐기고(celebrate) 있나요?

그렇다. 그리스도인들은 세상 사람들과는 다르게 섹스를 바라봐야 한다. 섹스는 단순히 진화의 산물이 아닌 하나님이 우리를 위해 만드신 것이다. 하나님은 우리더러 즐기라고 섹스를 주셨다. 그러나 하나님은 분명한 경계를 정하셨고 우리는 이 점에서 세상과 구분이 된다.

우리가 섹스를 즐기도록 의도하셨다는 사실은 성경 중 뛰어난 책 중에 하나인 아가서에 묘사된 열정, 기쁨, 칭송 등을 읽어 보면 알 수 있다. 당신은 우리가 각 장을 시작하는 첫머리에 아가서를 인용한 사실을 알 것이다. 배우자와 함께 아가서 전체를 읽는다면 (8장 밖에 안 된다), 그 책이 얼마나 탁월한지 알게 될 것이다.

'즐기다'(celebrate)의 사전적인 의미는 '찬양하거나 존경하다, 잔치를 벌여 축하하다, 즐거운 시간을 가지다'이다. 따라서 성을 칭송하는 것은 즐거움, 갈채, 찬양, 감사를 포함한다. 이는 우리가 섹스를 이야기하거나 생각할 때, 실제로 섹스를 할 때, 하나님께서 우리에게 선물로 주신 뜻을 기리면서 소중하게 여겨야 함을 말한다.

하나님은 우리가 여러 방법으로 섹스를 즐기기를 원하신다. 섹스를 진지하게 혹은 재미있게 할 수도 있으며, 길게도 짧게도 할 수 있고, 즉흥적으로나 계획적으로도 할 수 있다. 종종 부부들이 섹스는 항상 똑같아야 하고, 정해진 규칙에서 벗어나면 안 된다고 생각하는 경우가 있다. 아니면 너무 급하게 서둘러서 섹스를 즐길 만한 분위기를 만드는 데 시간을 투자하지 않는 경우도 있다. 그렇게 하지 말고, 섹스하는 데 시간을 투자하고, 여러 가지 다양한 시도들을 해 보고, 하나님께서 우리에게 주신 이 놀라운 선물을 즐겨라!

섹스에 이처럼 놀라운 힘이 있기 때문에 곧잘 잘못 사용되는 경우가 있다. 예를 들어, 배우자의 마음을 상하게 하기 위해서 잠자리를 거부하거나 이기적인 필요에서 섹스를 요구할 수 있다. 그러나 이런 행동은 성을 아름다운 선물로 주신 하나님의 의도를 거스르는 것이다. '절대' 배우자를 벌주거나 이용하기 위해 섹스를 사용하지 마라.

결론

앞에서 살펴본 여덟 가지 질문은 우리의 연구에 협조한 여성들이 이러저러한 형태로 한 질문들 중에 가장 많이 나온 것들이다. 이 장에서는 질문들을 간략하게 다루었는데, 앞으로 여러 장에 걸쳐 깊이 있게 다룰 것이다.

혹시 아직도 당신이 정상인지 궁금하다면 계속 이 책을 읽기 바란다. 이 책을 통해 다른 여성들의 말을 듣다 보면, 당신 자신의 성을 좀더 잘 받아들이고 즐길 수 있게 될 것이다. 이 책을 읽어가다가 어느 부분에서는 당신이 남과 '좀 다르다'는 사실을 발견한다면, 자신이 독특하다는 사실에 기뻐하고 성장과 변화의 계기로 삼기를 바란다.

기억할 점

1. 대부분의 크리스천 여성들은 '나는 정상인가?'라는 문제로 고민한다. 남들과 비교해서 어떤지 알고 싶어하는 여성들도 있고, 자신들이 괜찮은지 알고 싶어하는 여성들도 있다.
2. 무엇이 정상인지 규정하는 것은 생각만큼 쉽지 않다. 단순히 가장 흔한 행동이라고 해서 정상이라고 정의할 수는 없다. 그리스도인은 건전하고 도덕적으로 행동해야 한다.
3. 사람들은 대부분 종 모양 곡선의 연속선 위에 속한다. 오른쪽에 속하는 사람도 있고, 왼쪽에 속하는 사람도 있지만, 곡선을 벗어나지만 않으면 정상이라고 할 수 있다.

4. 정상의 범위에 들어가는지 독자들이 확인해 볼 수 있도록 여자의 성과 관련해서 가장 많이 나오는 질문 여덟 가지를 살펴보았다.

3
여자가 섹스에서 정말 원하는 것

"임은 나를 이끌고 잔칫집으로 갔어요. 임의 사랑이 내 위에 깃발처럼 펄럭이어요. '건포도 과자를 주세요. 힘을 좀 내게요. 사과 좀 주세요. 기운 좀 차리게요. 사랑하다가, 나는 그만 병들었다오.'" 아가 2:4-5, 표준새번역

여자들이 섹스에서 정말 원하는 것은 무엇인가? 기본적인 질문 같지만 여자들의 본심을 알아야 답할 수 있다. 여성들은 자신들의 욕구가 제대로 인정받고 있다고 생각하지 않는다. 남성들의 성이 문화 전반을 지배하고 있기 때문에 여성들의 성은 설 자리가 없다. 다음의 여성들이 밝힌 견해는 이 장의 주제를 끄집어내는 발판이 될 것이다.

성교는 우선순위에서 가장 아래예요. 첫째가 대화, 둘째가 포옹, 셋째가 삶을 나누는 것, 그 다음이 성행위죠.

남편이랑 붙어 앉아서 꼭 껴안고 싶어요. 대부분은 그거면 충

분하죠.

섹스는 남편을 온전히 소유할 수 있는 순간이기 때문에 제게는
아주 소중한 시간이에요.

여성들은 남녀의 성욕에는 큰 차이기 있기 때문에 남성들이 여
성들의 마음속 깊은 곳의 필요를 제대로 알지 못할 뿐 아니라 성
에 대해 무리한 기대를 함으로써 아주 달갑지 않은 결과를 낳는다
고 불평한다.

우리는 이 장을 통해 남녀가 모두 상대방의 성을 잘 이해하고
존중할 수 있도록 도울 생각이다. 우리는 남성들이 여자의 성을
더 잘 이해할 수 있도록 배우자의 신발을 신고 1킬로미터만 가 볼
것을 권한다. 이 장은 여성들보다는 남성들에게 더 많은 정보를
제공해 줄지도 모른다. 그러나 우리가 관찰해 본 결과, 여성들도
자신의 필요를 확신 있게 주장하지 못하는 경향이 있다. 많은 여
성들은 자신의 욕망이 다른 '정상적인' 여성의 범위에 속하지 않
는다고 느낀다. 그렇기 때문에 "나는 정상인가?"라는 질문이 많은
것이다. 우리는 이 장을 통해서 남성들은 여성들의 진정한 필요를
잘 이해하도록 돕고 여성들은 자신들의 독특성을 긍정적으로 받
아들이도록 돕고자 한다.

우리는 남편의 성을 기준으로 자신의 성을 판단하는 오류를 범
하는 여성들을 상당수 만났다. 그들은 왜 자신은 남편처럼 자주
섹스를 할 준비가 되어 있지 않은지 물었다. 그러나 이런 비교는

남녀를 다르게 만드신 하나님의 의도에서 벗어난다. 물론 하나님은 그런 비교 이면에 숨겨진 좌절을 이해하시겠지만, 우리는 하나님께서 남성과 여성을 그렇게 만드셨다는 사실도 인정해야 한다! 만일 당신이 남편과 다르다면 그것은 하나님이 의도하신 바다. 그런데도 당신이 다르다는 사실에 집착하다 보면 심하게 좌절하게 된다. 이 장을 읽으면서 다른 여성의 경험에 자신을 견주어 보고, 하나님의 놀라운 창조 신비를 누리기를 바란다.

여성들이 섹스에서 원하는 7가지

섹스에서 여성들이 정말 무엇을 원하는지 알아내고자 우리는 이 주제에 초점을 맞춘 질문에 대한 응답뿐 아니라 응답자들이 자유롭게 이야기한 견해들도 주의 깊게 살펴보았다. 표 3.1을 보라. 여성들이 섹스에서 원하는 일곱 가지 항목을 살펴보면 다음과 같다.

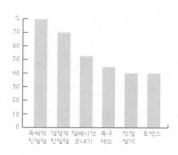

기혼여성이 섹스에서 가장 원하는 것
(표 3.1)

친밀함

응답한 여성들 가운데 친밀함을 원하는 사람은 놀라울 만큼 많았다. 90퍼센트가 섹스를 할 때 육체적이거나 감정적인 친밀함이 가장 좋다고 했다.

한 여성은 섹스가 자신에게 중요한 이유는 그것이 사랑의 표현이며 섹스는 남편을 좀더 가깝게 느끼게 해 주기 때문이라고 했다.

또 다른 여성은 육체적인 친밀함이 좋다고 했다.

그렇다면 이렇게 친밀함을 원하는 여성들은 '배우자에게' 어떻게 사랑을 표현할까? 그에 따른 질문에 가장 많이 나온 응답은 '포옹한다'(71%)였다. 그리고 그 다음은 포옹과 유사한 '남편을 팔로 감싸고 눕는다'(37%)였다.

이런 조사결과는 여성들에게는 당연한 것일지 모른다. 하지만 우리가 이 내용을 몇몇 남성들에게 말했을 때, 그들은 상당히 놀랐다. 육체적이고 감정적인 친밀함이 뭐 그리 특별하다는 말인가? 이러한 친밀함의 문제는 우리가 앞으로 계속 다룰 여성들이 섹스에서 원하는 다른 것들과도 관련이 있다. 친밀감은 여성에게 성욕의 촉매제로서도 역할을 한다.

친밀감은 남성과 여성이 결정적으로 다른 부분 중에 하나이다. "여성에게 친밀감은 육체의 연결이라기보다는 마음의 연결이다."[1] 그러나 대부분의 남성에게 친밀감은 육체의 연결을 의미한다. 남성들은 대개 사랑과 애정 같은 감정을 표현하거나 느끼기 위한 수단으로 섹스를 이용한다. 슬프게도 그들은 섹스가 없으면 친밀감을 느끼고 싶어도 친밀감에 이르는 능력을 발휘하기가 힘들어질 수 있다. 반면, 여성들은 이야기하고 만지고 사랑을 느낀 후에야 섹스를 통해서 사랑을 표현하고 싶어한다.

이러한 차이는 여성들이 배우자에게 사랑을 표현할 때 선호하는 방법 중에서 '성행위'(섹스)가 차지하는 순위가 얼마나 낮은지를 보면 확실히 드러난다. 3분의 1이 약간 못 되는 28퍼센트의 여성들만이 '성행위'를 선택했고, 22퍼센트는 '로맨틱한 저녁 시간

보내기'를 선택했는데, 여기서 기억할 점은 여성들이 로맨틱한 저
녁 시간이라고 할 때, 이는 섹스를 포함할 수도 그렇지 않을 수도
있다는 것이다.

남편과 함께하는 시간

정말 원하는 것이 무엇인가 하는 질문에 대해 두 번째로 많이
나온 대답이 남편과 함께 시간을 보내는 것이었다.

시간을 함께한다는 것은 물론 여러 가지를 의미할 수 있는데 대
부분의 여성들이 언급한 것들은 다음과 같다. 로맨틱한 저녁 식
사, 남편과 단 둘이 보내는 휴가, 단지 둘이 함께 있다는 사실만으
로 행복해하면서 시간 보내기, 함께 걸으면서 이야기하기, 함께
운동하기, 함께 자전거 타기, 함께 거품 목욕하기, 함께 자쿠지
(Jacuzzi, 바닥에서 물거품이 올라와서 마사지해 주는 욕조-옮긴이)에
앉아 있기, 춤추기, 수영하기, 대화를 많이 나누기.

아주 다양한 목록들은 여성들의 돋보이는 아이디어를 보여 주
는 동시에 무엇을 하면서 함께 있느냐보다는 함께 있다는 것을 더
중요시한다는 사실을 알려 주었다. 그러나 함께하면서 '둘 다' 즐
길 수 있는 일을 할 수 있다면 훨씬 의미 있는 시간이 될 수 있을
것이다.

대화

대화가 얼마나 중요한가? 응답한 여성 중 15퍼센트가 대화는
'이상적인 성경험'의 일부라고 특별히 언급했다. 남성들이여, 상

상해 보라. 여성들은 성경험의 일부로 대화를 원한다.

이상적인 성경험에 대해 언급하면서, 65세의 한 여성이 아주 근사한 말을 남겼다.

> 우리는 서로 친구들 이야기를 하면서 즐거운 시간을 보냅니다……. 가능하면 나가서 아주 로맨틱한 저녁 식사를 하죠……. 단둘이서. 남편은 저한테 무슨 이야기든 다 합니다. 과거 일이든, 현재 일이든, 미래 일이든 간에. 단지 섹스할 때만이 아니더라도 그이는 저를 자기 인생에 꼭 필요한 사람이라고 느끼게 하죠.

다른 여성은 우리에게 이렇게 말했다.

> 이야기 나누면서 친밀감을 느끼는 것, 이것이 제가 아쉬워하는 부분이면서 동시에 더 누리고 싶은 부분입니다.

홀리 필립스(Holly Philips)는 《도대체 그 여자가 나한테 원하는 게 뭐야?》(*What Does She WANT from Me, Anyway?*)라는 책에서, "내가 아는 대부분의 남성들은 얘기하기보다는 뭔가 보여 주는 걸 편안해했다. 둘 중에서 선택하라고 하면, 말하는 것보다는 행동하는 것을 택한다. 그 남성들은 대부분 뭔가에 대해서 이야기하기보다는 뭔가를 하는 것을 좋아하는 사람들이다"라고 썼다.[2]

여성들은 이야기함과 '동시에' 듣기를 원한다. 섹스를 차치한다

하더라도, 여성들이 인간관계에서 가장 필요로 하는 것은 대화이다. 49세인 한 여성이 자신이 이상적으로 여기는 성경험에 대해서 적은 내용을 보기로 하자.

> 남편은 저에게 정말로 관심을 보이면서 제 감정에 대해서 이야기합니다. 저는 때론 웃기도 하고 때론 울기도 하죠. 남편은 저에 대해 느끼는 감정들은 나누어요. 그이는 저를 편안하게 해 줍니다…….

우리는 부부간의 관계를 연구하면서 부부가 다음과 같이 불평하는 것을 여러 번 듣는다. "우리는 이야기를 전혀 안 하고 있어." "당신은 내 얘기를 듣지 않아." "당신은 나한테 전혀 말을 안 하는군." 의사소통을 하고자 하는 이러한 욕구는 부부의 일반적인 관계 '뿐 아니라' 성관계에도 상당한 영향을 끼친다. 본 연구에 참여한 많은 여성들이 섹스 전이나 섹스 중에 원하는 것으로 일체감, 즐거운 이야기, 기분을 북돋아 주는 말과 대화를 들었다.

부부간의 의사소통 문제는 이 책의 범위를 벗어나는 주제이지만, 여기에 대화를 향상시킬 수 있는 몇 가지 방법을 제안하고자 한다.

● 다양한 언어로 소통하라. 중국 속담에 "결혼한 부부는 직접 말로 하지 않고도 수천 가지 이야기를 한다"라는 말이 있다. 이 속담은 의사소통이 단순한 말 '이상'의 무엇임을 의미한다. 인간

이 주고받는 의사소통의 절반 이상이 비언어적인 형태이다. 예를 들어, 공적인 모임에서 방 저쪽에 있는 배우자를 향해 웃음 짓는 일이나 택시를 기다리느라 지친 배우자의 손을 잡는 일, 자러 갈 때 손을 잡는 일, 부드러운 눈길을 한참 주고받거나 예기치 않은 편지를 보내는 일, 일이 잘 풀리지 않는 오전 근무 시간에 우연히 발견할 수 있도록 남편(이나 아내)의 서류 가방에 사랑이 담긴 메모지를 슬쩍 넣는 일 등이다. 혹은 예전부터 좋아하던 물건이나 꽃을 준비할 수도 있다(남편을 위해서도 마찬가지다). 입으로는 한 마디 말도 안 했지만, 이런 것들을 통해 당신은 수만 마디의 말을 한 셈이다. 당신의 창의력을 맘껏 발휘해 보라.

- 문제 해결의 시간을 마련하라. 문제나 갈등을 풀기 위한 시간은 따로 떼어 놓아서, 부부만의 친밀한 대화가 방해받지 않도록 하라. 남성들은 일부러 그러는 것도 아닌데 불행히도 대화를 문제 해결과 동일시하여(똑같이) 생각하는 잘못을 자주 범한다. 이런 경우 재교육을 통해 상당한 도움을 얻을 수 있다. 예를 들어, 부부만의 개인적인 시간에는 아이들이나 직장일, 고장 난 식기세척기, 아이들을 학교에 데려다 주다가 발생한 접촉 사고, 어머니께 받은 편지 등에 대해서 이야기하지 않으려고 애써 보라. 이런 것들을 이야기할 시간은 따로 만들어 놓아라. 즉 언제 어떤 이야기를 해야 할지 확실히 해 두어라.

- 배우자에게 모범을 보여라. 어떻게 해야 잘 듣는 사람이 될지 배워 배우자에게 모범을 보여라. 잘 듣는 것이란 다름 아니라 상대의 말을 잘 들어 주고 상대방 자신이 인정받고 있다고 느끼게 하

는 것이다. 이러한 자세는 일종의 은사이며 금보다 귀한 가치가
있다. 일단 주의를 기울여 들은 후에 자신이 제대로 들었는지 확
인해 보라. 상대방의 감정까지 읽어 내고, 일단 그 감정을 인정
해 주라. 상대가 화낼 만하다고 말한다고 해서, 이 말이 둘 사이
에 일어난 일이 당연히 화낼 만한 일이라는 의미는 아니다. 다만
'만일 상황이 그렇다면', 화내는 것이 적절하다고 평가해 주는
것일 뿐이다. 반드시 그런 반응을 한 후에, 사실이 실제로 그러
한지, 상대방이 그 사실들을 제대로 해석했는지 따져 보라.

- 말하기보다는 들으라. 이야기하는 것보다 듣는 것을 더 값지게
여기라. 이 말은 당신의 감정을 표현하는 데에 우선순위를 두지
말라는 의미가 아니다. 이 말은 당신 자신이 말하기보다는 듣는
편에 속한다고 느낄 때, 겨우 균형을 이루고 있다는 것을 의미한
다. 그러므로 당신이 실제로 말하기보다는 듣기를 더 많이 하는
사람일지라도 듣는 것에 더 치중하라. 우리는 자신의 배우자가
너무 얘기를 잘 들어 줘서 탈이라고 불평하는 사람을 한 번도 본
적이 없다. 오히려 "남편(아내)이 말을 좀 그만하고, 내 얘기를
들어 주면 좋겠어요" 하는 말은 많이 들었다.

로맨스

로맨스는 사람에 따라 다 다르게 느끼기 때문에 정의하기가 어
렵다. 우리 문화에서는 꽃이나 초콜릿, 풍선, 양초, 사랑의 노래
등이 로맨스를 상징하지만 어떤 문화에서는 소, 염소, 구슬 목걸
이가 로맨스를 대표하기도 한다. 이 문화권의 사람들에게는 양초

가 단순히 불을 밝히는 도구일 뿐이다.

그러나 로맨틱 소설은 실제로 아무 도움이 되지 않는다. 이런 소설들은 너무 이상적이어서 소설처럼 평생을 산다는 것은 거의 불가능하다. 로맨스의 사전적인 정의를 살펴보면, 로맨틱한 요구를 채운다는 개념 자체가 얼마나 알쏭달쏭한 것인지 알 수 있다.

로맨틱: 사실에 근거하지 않은, 상상적인, 개념이나 계획상 비실제적인, 공상적이고 영웅적이고 모험적이며 요원하고 신비하거나 이상적인 것에 대한 감정적이고 정신적인 호소가 특징인, 열기에 들뜬, 열렬한, 열정적인 사랑으로 이끌거나 그런 사랑이 특징.[3]

이처럼 우리가 원하는 것은 너무 이상적이고, 비실제적이며 주관적이어서 실제 삶에서 계속해서 누릴 수는 없다. 더군다나 장기간 동안은 더더욱 불가능하다!

그렇다면 결혼한 여성들은 자신들의 로맨틱한 요구를 어떻게 충족시키며 살까? 표 3.2를 보자.

결혼한 여성들 대부분이 배우자를 통해서 로맨틱한 요구를 충

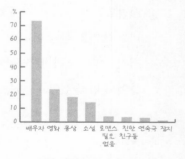

기혼여성의 로맨틱 요구 충족 방법
(표 3.2)

족시킨다고 했으며, 20퍼센트가 영화나 소설, 몽상 등을 통해 충족시킨다고 했다. 4퍼센트만 로맨스가 필요 없다고 말했다(미혼여

성은 6퍼센트).

성적으로 만족하며 행복한 결혼생활을 하고 있다고 답한 여성들은 자신의 배우자가 로맨틱한 요구를 채워 준다고 말한 반면, 성적으로 불만족하여 불행한 결혼생활을 하고 있는 여성들은 연속극이나 친한 친구들을 통해서 그러한 요구를 채운다는 경우가 많았다.

여성들은 이상적인 성경험을 묘사해 보라는 요구에 양초, 음악, 편지를 보내는 것, 근사한 저녁 식사를 하러 나가는 것, 와인이나 샴페인, 벽난로, 휴가, 깨끗한 침대보, 배우자하고만 단 둘이서 시간 보내기, 친밀한 대화, 꼭 껴안기, 배우자와 춤추기, 해변 혹은 호텔에 머물기, 룸서비스, 등산, 감정을 나누는 일, 깜짝 선물 등과 같은 로맨틱한 분위기와 상황을 자주 들곤 했다.

우리는 여성들이 남성들보다 로맨틱하다는 사실을 익히 알고 있다. 거기다 남녀가 로맨틱하다고 느끼는 말들이 얼마나 다른지를 보면 그 사실을 잘 알 수 있다. 남성에게 로맨스는 섹스의 일부가 될 수 없다. 그러나 여성은 정말 로맨스를 즐기고, 그로 인해 성경험이 증가된다.

'이상적인 성경험'에 있어 22퍼센트의 여성들은 로맨스를 중요한 요소로 꼽았으며, 로맨틱한 분위기를 언급한 여성들도 있었다. 그러나 우리가 섹스와 관련해서 가장 좋아하는 것이 무엇이냐고 물었을 때, '로맨스'는 육체적이거나 감정적인 친밀함, 시간을 같이 보내기, 상대방을 북돋워 주는 일, 육체적인 이완보다는 순위가 뒤였다. 이는 아마도 조사에 응한 여성들이 최근 자신들의 성생활에서 로맨스를 느끼지 못했기 때문이거나 로맨스를 섹스 자체가 아니라 그것의 전 단계로서 필요한 요소로 보기 때문일 수도 있다.

'NO' 라고 말하기

여성들은 또한 배우자에게 "지금은 별로 원하지 않아"라고 말할 수 있기를 원한다. 많은 여성들은 자신이 이상적이라고 생각하는

로맨틱하지 않은 배우자를 돕기 위한 방법

로맨틱하지 않은 남자들은 정말이지 사랑과 섹스에 대한 흥을 깨 버린다. 남편 (또는 아내)이 좀더 로맨틱한 사람이 될 수 있도록 도움을 주라.

- 상대방이 로맨틱한 분위기를 연출하기 위해 아주 작은 시도라도 하려고 하면, 얼마나 당신이 그것을 좋아하는지를 늘 표현하라. 그렇게 북돋아 주면 줄수록 상대방은 더 신이 나서 행할 것이다. 기분을 북돋는 가장 좋은 방법은 상대방의 행동에 고마워하고 좋다고 표현하는 것이다(좋다고 야단법석을 떨어라). 당신이 기대하는 수준에는 전혀 미치지 못할지라도, 상대방이 행한 아주 작은 배려에도 즐거워하라. 그렇게 하는 것으로부터 시작하라.

- 로맨틱한 시도를 절대 거부하지 마라. 당신이 거부하면 로맨틱한 행동을 하려는 상대방의 동기는 말라 버린다. 사랑하는 마음 그대로를 감사히 받아들여라.

- 배우자를 로맨틱하지 않다거나 그런 행동을 할 줄 모른다고 절대 비난하지 마라. 잔소리는 도움이 되지 않는다. 강요받고 있다는 생각이 들기 때문이다.

성경험은 아이들을 돌봐 주는 사람에게 데려다 줄 걱정이나 바쁜 일에 쫓기지 않고 긴장을 풀 수 있는 시간까지를 포함한다고 했다.

또 다른 사람은 이제 너무 지쳐서 슈퍼맘(supermom)인 동시에 잠자리에서도 끝내주는 여자가 되는 것에 대해서 다른 여자들이 어떻게 느끼는지 알고 싶어했다.

앞으로 더 자세히 언급할 예정이지만, 이 점에 대해 몇 가지 요점만 여기에서 말하고자 한다. 거의 반 수 이상의 여자들이 섹스

- 로맨스가 로맨스를 낳는다. 무엇을 얻으려면, 당신이 먼저 기꺼이 그리고 관대하게 주어야 한다. 배우자가 로맨틱하다고 여기는 것이 무엇인지 알아내서 그 사람이 당신으로부터 받기 원하는 것을 주라. 그리고 당신이 로맨틱하다고 여기는 것을 알려 주어라.

- 로맨틱한 행동을 요구하는 것을 주저하지 마라. 이 말은 비난하거나 잔소리를 하라는 것이 아니다. "여보, 할 말이 있는데, 오늘밤은 집에서 식사하지 말고 우리 둘만 밖에 나가 먹었으면 좋겠는데"라고 솔직히 말해 보라. 당신의 배우자는 독심술이 없다. 강요하지 않으면서도 마음속에 있는 것을 진솔하게 말하는 것은 부부 모두에게 유익하다.

- 모든 로맨틱한 시도에 대해 '절대' 그냥 넘어가지 말고 고마움을 표시하라. 계속하면 열매를 맺을 것이다!

를 할 에너지를 확보하기 어렵다고 말했다. 그들의 10퍼센트가 특별히 자신들은 쉴 시간과 긴장을 풀 시간이 필요하다고 적었다. 어떤 여성들은 낮에 잠깐 눈을 붙이거나 밤잠을 잘 자는 것을 좋은 섹스와 결부시키기까지 했다.

부부가 섹스하는 시간을 결정하는 문제는 에너지 저하 문제보다 더 중요하다. 많은 남성들이 아내가 섹스에 대해 열정을 잃은 것을 자신에 대한 거부로 받아들인다. 그래서 이런 남성들은 이런 경우 대부분 자신의 아내가 당신이나 섹스 '자체'에 무관심해진 것이 아니라, 단지 '그 당시'에 섹스할 마음이 없다는 사실을 알아야 한다.

이런 종류의 무관심에는 여러 가지 이유가 있겠지만 우리가 발견한 가장 흔한 이유는 여성들이 떠맡고 있는 과중한 일 때문이었다. 바쁜 일과와 아이들 키우는 일이 있는데, 어떻게 근사한 성경험을 하겠냐며 반문했다.

복잡하고 과중한 일의 부담으로 정신이 여기저기 팔려서 살아가는 사람들에게는 부부의 친밀감을 느낄 수 있는 분위기가 조성되기 힘들다. 이런 삶은 시간을 도둑질해 가고 섹스할 에너지를 빼앗아 간다.

또 어떤 여성은 남녀가 완전히 다르다는 사실과 자신은 열정적인 남편만큼 '섹스'를 필요로 하지 않는다는 사실을 드디어 이해하게 되었다고 했다. 남편도 이를 이해한다고 했다. 그녀는 서로의 성욕과 신체를 다르게 만드신 것을 감사하게 여긴다고 했다.

얼마나 바람직하고 현명한 결론인가! 우리는 더 많은 부부들이 자신들이 서로 다르게 만들어졌다는 사실을 이해하고 받아들이기를 바란다.

그러나 정반대로 아내는 성욕이 강한데 남편은 별 관심이 없는 경우는 어떠한가? 한 여성은 자신이 느끼는 성적 필요를 다음과 같이 묘사했다.

> 섹스는 저에게 아주 중요해요. 섹스를 통해서 서로를 받아들이고 친밀함을 느끼고 싶어요. 저는 섹스를 중시하는 사람이에요. 남편이 저를 관능적이고 욕구에 찬 눈으로 바라보지 않으면 저는 왠지 거부당했다는 느낌이 들거든요.

부인의 성욕이 남편의 성욕을 앞지르는 경우가 얼마나 많이 있을까?《섹스 인 아메리카》는 대략 여섯 명 중에 한 명의 남성이 최소한 지난 1년 동안 섹스에 별 관심이 없었다는 사실을 발견했다. 여성은 세 명 중에 한 명 꼴로 이런 현상이 일어났다.[4]

다음 장에서 다루겠지만, 여기에서 중요한 한 가지는 서로의 성적 관심을 맞추고 유지하는 데는 오랜 기간의 실제적인 노력과 이해가 필요하다는 것이다. 오랜 결혼생활을 하다 보면, 아내와 남편 모두 일정 기간 동안 서로에 대한 성욕이 줄어드는 것을 경험할 것이다. 그렇다면 바로 이때가 당신이 상호 의사소통과 친밀함, 부부 사이의 견고한 우정에 투자를 아끼지 말아야 할 때이다.

인정

인간의 마음속 깊은 곳에서 우러나는 소원 중의 한 가지는 자신이 존재 자체로 인정받는 것이다. 오로지 성적 자질들로만 가치를 인정받는다고 느낄 때 가장 비참하다. 본 연구에 협조해 준 한 여성은 "여성이 육체적인 친밀함을 더 자주 원하게 하려면 감정적인 친밀감을 느끼는 시간이 더 많이 필요하다는 점을 남성들이 이해해 줬으면 좋겠어요. 그렇게 된다면, 우리 여성들은 남성들이 우리를 욕구의 분출구로서가 아니라 존재 자체 때문에 원하고 있다는 것을 알게 될 거예요!"라고 말했다. 또 어떤 여성은 자신의 배우자가 될 사람은 자신의 몸과 섹스에만 관심이 있는 사람이 아니라, 자기의 말에 귀를 기울여 주는 그런 사람이었으면 좋겠다고 했다.

이처럼 여성들은 섹스라는 영역 밖에서 가치를 인정받고 평가받기를 원하고, 자신들이 소중하고 가치 있는 존재라는 말을 듣고 싶어한다. 어떻게 남편들이 이 점을 감안해서 행동할 것인가?

- 섹스 이외의 시간에 더 관심을 기울여라. 특별히 그렇게 하는 동기를 상대방이 의심하지 않도록 섹스 직후에 상대방을 배려하고 주의를 기울여라.
- 부부간의 관계에서 받기보다는 주는 데에 초점을 맞추라. 주는 데에 초점을 맞추게 되면, 상대방에게 다음과 같은 확실한 메시지를 전할 수 있다. "당신은 나에게 아주 소중합니다."
- 당신이 섹스를 염두에 두고 있지 않을 때는 이 점을 아내가 확실

히 알도록 하라. 대부분의 여성들은 애정을 표현하는 모든 몸짓을 오로지 한 가지 의미로 해석하는 경향이 있다!

- 어떤 몸짓으로 표현했을 때, 어떤 선물을 했을 때, 어떤 말을 했을 때, 아내가 특별히 기뻐했는지 잘 적어 두라. 이런 것들로 아내를 좀더 자주 놀라게 해 주도록 하라.
- 다음의 생물학적 사실을 기억해 두면 유용하다. 섹스로 바로 들어가지 않고 애정을 표현하는 데에 시간을 들이면 결국 호르몬 작용으로 여성의 성욕이 증가한다. 섹스 전에 하는 키스나 진한 포옹은 이제까지 발견한(앞으로 발견할) 어떤 최음제보다 더 부부간의 성관계를 증진시킨다. 이러한 두뇌의 작용으로 당신은 최대의 만족을 얻을 수 있다.

남편의 성적 만족

본 연구를 통해서 발견한 여러 가지 놀라운 일들 중에 한 가지는, 많은 여성들이 자기 남편을 즐겁게 해 주려고 섹스를 한다는 사실이다. 다시 말해, 여성들이 자기 자신이나 자신의 요구 때문이 아니라 단지 남편이 성적으로 만족해하는 모습이 보기 좋아서 섹스를 하는 경우가 잦다는 사실이다.

이 점은 잘 이해하기 힘든 독특한 여자의 성의 특성인 것 같지만, 바로 이 점이 부부간의 연합, 즉 하나 됨의 본질로 나아가는 길이다. 자신의 행복보다 상대방의 행복에 더 큰 관심을 기울이는 그와 같은 태도, 그런 정신이 바로 사랑이다. 누구를 사랑한다는 것은 그 사람을 향해 이타심이 넘쳐 흐른다는 말이다.

그리고 그런 정신에서는 남성도 예외가 될 수 없다. 여성에게는 하나님이 주신 이타심이 많아서 꼭 섹스에서뿐 아니라 다른 경우에도 기쁨을 주는 것을 통해 자신이 기쁨을 누리는 신비스러운 능력이 있는 것 같다. 그러나 성적 관계에서는 부부가 모두 이런 이타적인 정신을 가지고 있어야 가장 깊은 만족을 누릴 수 있다.

달리 말해, 상대방의 행복을 추구하는 길이 진정한 우정으로 가는 길이다. 궁극적으로 보자면, 최고의 열정, 즉 평생을 가는 열정은 부부가 연인뿐 아니라 친구가 될 때 찾아온다. 섹스 이외의 영역에서 서로 깊은 만족을 누리는 부부는 높은 수준으로 섹스를 즐길 뿐 아니라 결혼생활 자체에서도 상당한 만족을 얻을 수 있다.

여성들이 섹스에서 가장 원하지 않는 것

대부분의 사람들은 누군가가 섹스를 좋아한다면 섹스의 모든 면을 다 좋아할 것이라고 가정한다. 하지만 사실은 그렇지 않다.

그렇다면 여성들이 섹스에서 좋아하지 않는 것들은 무엇일까?

표 3.3을 보면 가장 많이 나온 응답 (결혼한 여성의 30퍼센트)이 섹스로 인해 생기는 분비물이다. 많은 여성들이 피임 젤리 같은 끈끈한 액체가 싫다고 했고, 어떤 여성들은 자신이나 배우자의 체액이 불쾌하다고 말했다. 질 윤활액이 너무 많아 비정상이 아닌지 궁금해하는 여

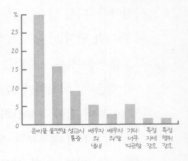

기혼여성이 섹스에서
가장 원하지 않는 것(표 3.3)

성들도 있었다. 또 8퍼센트 가량의 여성들은 성교 시에 생기는 통증이 싫다고 했으며, 6퍼센트 정도의 여자들은 특별히 피곤을 이유로 들었다. 그 중에 가장 눈길을 끈 내용은, "우리는 섹스를 하려고 아주 늦은 밤까지 기다려요. 그러다 보면 저는 너무 피곤해서 죽을 것만 같죠"였다. 배우자의 냄새가 싫다는 여자들도 6퍼센트나 되었다. 이 여성들의 말을 들어 보면, 성생활을 향상시키기 위해서 상당수의 남성들은 위생 상태를 개선해야 할 것 같다. 배우자가 하는 말(음란한 말이나 제안)이 싫다는 여성도 3퍼센트 정도 있었다.

많은 여성들이 섹스할 때 이러저러한 점이 싫다고 이야기했지만, 그 중에 그런 점들이 성생활을 방해하는 주 요인이라고 말한 사람은 거의 없었다.

기억할 점

1. 여성들이 섹스에서 원하는 것은 남성들이 원하는 것과 다르다. 무엇보다도 여성은 육체적, 감정적 친근함을 원한다. 여성에게 친밀함은 육체가 아니라 마음의 연결을 의미한다.
2. 여성들은 의사소통을 원한다. 이때 의사소통이란 대화, 포옹, 손잡기, 상대방을 인정하고 존경심을 표하는 것 등을 포함한다.
3. 너무 이상화된 면이 많기는 하지만, 여성들은 로맨틱한 몸짓을 바라고, 또한 그것에 반응한다.

4. 여성들은 섹스 이외의 다른 것으로 인정받고 싶어한다. 여성들
   은 남편들이 자신들에게 소중하다고 말하거나 표현하는 것을
   보고 싶어한다.

4
종잡을 수 없는 성욕

"이 몸은 임의 것, 임께서 나를 그토록 그리시니" 아가 7:10, 공동번역

대부분의 여성들이 성욕의 기복 때문에 혼란스럽다고 하는 말은 과장이 아니다. 성적으로 따뜻하고 부드럽고 예민한 감정을 갖다가도 한순간 정체를 알 수 없는 원인으로 인해 욕망의 불꽃은 꺼져 버리고 성욕은 사라진다. 성욕은 마치 하늘의 구름과 같아서 마음만 먹으면 쉽게 형성됐다가도 바람만 살짝 불어도 사라지거나 사라진 것처럼 보이니까 말이다. 성욕은 일관성도 없고 예측할 수도 없다. 상식이나 논리에 따라 움직이는 것도 아니다. 많은 사람들이 성적인 반응은 날씨처럼 예측 불가능하다고 한다.

여성들이 한 말을 들어 보라.

남편이 저에게 하는 부드러운 말이나 손길만으로 금방 성적으

로 흥분이 되는 때도 있지만, 어떨 때는 성적 흥분 상태에 이르기까지 아주 많은 시간이 걸립니다.

저의 성욕이 왜 그렇게 오르락내리락(내려가 있는 시간이 더 많지만) 하는지 이제야 알 것 같아요. 함께 있을 때면, 그이는 자기의 성욕이 소진될 때까지 제게 끊임없이 요구합니다. 그이의 욕구에 문제가 있다는 걸 알기 때문에 거부하지만 어떻게 처신해야 할지는 잘 모르겠습니다. 그 사람이 화나지 않을 선에서 양보를 하지만 이러한 상황은 우리가 데이트를 하는 동안 줄곧 지속되어 왔고 지금까지도 그렇습니다. 어떻게 해야 할지 모르겠어요.

현재는 섹스가 제 우선순위에서 가장 밑에 있습니다. 다른 일들이 더 중요하죠. 저의 주기가 성욕에 영향을 주기도 하지만, 더욱 중요한 것은 부부 사이에 일어나는 일들이에요.

때때로 성욕은 강하게 찾아와서 오랫동안 머물기도 하지만 때로는 사라져 버려서 다시는 되돌아올 것 같지 않은 경우도 있다. 우리는 성욕이 예측 불가능한 이유에 대해 이 장과 성에 미치는 호르몬의 영향을 다룬 7장에서 논의할 것이다.

호르몬과 생활 여건과 인생의 단계와 주위 환경이 여성의 성욕 리듬을 형성한다. 다른 말로 하면, 전화가 올 염려가 없고, 신경 쓰지 않아도 될 정도로 아이들은 멀리 떨어져 있으며, 오로지 당신에게만 집중하면서 다정한 말을 건네는 남편과 함께 촛불을 켜놓은 저녁 식탁에 앉아 있는 것이야말로 가장 강력한 최음제!

무엇이 성욕에 영향을 주는가? 여성들이 자신의 성욕을 증진시키기 위해서 할 수 있는 일이 있는가?

성욕의 중요성

저도 남편처럼 섹스를 더 갈망하고 성적이었으면 좋겠어요. 저는 남편이 원하는 만큼 자주 성행위를 하지 못해요. 사실 섹스가 싫습니다. 고역이 될 때도 있어요. 남편은 이런 것 때문에 기분을 상하기 때문에 우리 둘 사이가 아주 힘들어져요. 섹스 외에 남성들이 성적인 만족을 얻을 수 있는 방법은 없나요? 섹스가 그렇게 자연스러운 것이라면 왜 이렇게 힘든 거죠?

단지 성욕이 더 이상 일어나지 않는다는 것뿐이에요. 남편을 매우 사랑하지만, 섹스는 말 그대로 억지로 하거나 계속 졸라대기 때문에 하는 편이죠. 그러나 전희를 시작하고 나면 성적인 흥분을 느낍니다. 섹스하고 싶은 마음이 좀더 자주 생겼으면 좋겠어요. 남편은 언제든 성행위를 할 준비가 되어 있거든요.

10분에서 15분 전희를 하고 나면 섹스를 즐기게 됩니다. 그러고는 제 자신에게 이렇게 말하죠. '와, 좀더 자주 할걸!' 그러나 주말이 지나면, 섹스에 대해 거의 생각하지 않습니다. 주중에 남편이 섹스를 하자고 할 때도 있는데, 저는 너무 피곤해서 혼자 있고 싶다고 말합니다. 저는 2년 6개월 된 아이와 젖을 먹고 있는 11개월 된 아이를 키우고 있어요. 그래서 제 자신이 엄마라는 생각밖에 들지 않을 때도 있지요. 섹스가 가져다 주는 친밀감을 누릴 수 있게 지금보다 성욕이 더 많았으면 좋겠어요. 어떻게 하면 되죠?

제가 먼저 섹스하자고 한 적은 없어요. 그런 욕구가 전혀 생기지 않거든요. 하지만 남편에게는 섹스가 남편에게 중요하다는 걸 알기 때문에 '해 주는' 거죠. 그런데 막상 하다 보면 저도 즐기게 돼요. 저도 섹스를 기대하고 바랐으면 좋겠어요. 남편의 욕구를 좀더 이해하구요. 그이는 제가 떨어뜨린 '부스러기'에도 고마워하고 잘 참아 줘요. 저도 이러는 제가 정말 싫어요. 계속 기도해 보고 수많은 책을 읽어 보아도 아직까지 제 성욕은 그대로예요.

본 연구에 참여한 여성들 중 3분의 1 정도나 되는 사람들이 낮은 성욕 때문에 힘들다고 했다. 앞에서 인용한 말들을 보면 알 수 있듯이, 많은 사람들이 더 많은 성욕이 생겼으면 하고 바라고 있다.

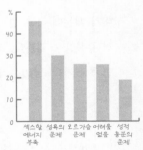

기혼여성이
성에서 겪는 어려움(표 4.1)

최초로 성욕에 대한 글을 쓴 연구자들 중 한 명인 헬렌 싱어 카플란(Helen Singer Kaplan)은 성욕을 '성적 경험에 민감해진' 사람들의 욕구 내지는 '성적 경험을 추구하는' 사람들의 욕구라고 정의 내렸다. 이런 욕구가 활발해지면 사람들은 성감을 느끼거나 막연하게나마 섹시한 느낌이 생긴다. 섹스에 마음을 열어 놓기도 하고 심지어는 안절부절못하기까지 한다.[1]

배가 고프면 먹게 되는 것처럼, 성욕은 우리를 섹스로 이끈다. 굶주린 것도 정도의 차이가 있는 것처럼, 성적인 갈망(성욕 내지는 성적 충동)도 음식에 대한 욕구와 마찬가지로 전혀 없는 상태부터 아주 높은 상태까지 그 높낮이가 다양하다.

본 연구의 주된 목표 가운데 한 가지는 크리스천 여성들은 얼마나 많은 성욕을 경험하는지를 밝히는 것이다. 사람들은 그리스도

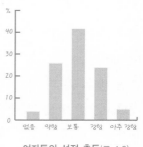

여자들의 성적 충동(표 4.2)

인들이 신앙 때문에 금욕적일 것이라는 오래된 고정관념을 가지고 있다. 그리고 세상의 연구도 그런 식으로 말한다. 우리는 크리스천 여성들의 성적 충동을 분석해 보았는데 그 결과가 표 4.2이다. 이 그림을 보면 사람들이 가지고 있는 고정관념이 아무 근거 없는 것임을 알 수 있을 것이다.

본 연구에 협조해 준 크리스천 여성의 4퍼센트만이 성욕을 전혀 느끼지 못한다고 했다. 4분의 1이 조금 넘는 여성들이 성욕이 약하다고 했고, 대부분의 여성들(42%)은 보통 정도의 성욕을 느낀다고 했다. 28퍼센트는 자신들의 성욕이 강하다거나 아주 강하다

고 말했다. 그렇다면 남성들과 비교하
면 어떤가?

표 4.3은 하트 박사가 《남자도 잘 모
르는 남자의 성》[2]에서 연구한 남성들
의 성욕과 표 4.2를 비교한 것이다. 표
를 보면, 남성과 여성이 성욕에 있어서
얼마나 다른지를 알 수 있다. 남성들은

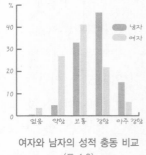

여자와 남자의 성적 충동 비교
(표 4.3)

보통 여성들보다 강한 성욕을 가지고 있다. 대부분의 남성들(47%)
이 자신들의 성욕이 강하다고 한 반면, 여성들은 22퍼센트만 성욕
이 강하다고 했다. 그러나 보통 정도의 성욕을 가지고 있는 여성
들은 남성들보다 많았다. 성욕의 분포 곡선의 모양은 남성과 여성
의 것이 거의 똑같았지만, 곡선의 정점은 여성이 남성의 경우보다
한 단계 낮았다.

여성들은 얼마나 자주 섹스에 대해 생각하는가?

성욕의 가장 중요한 지표 중 하나는 바로 섹스를 생각하는 빈도
이다. 배가 고프면, 우리는 음식을 떠올리는 것과 비슷한 현상이
섹스에서도 일어난다. 우리는 여성들의 성욕과 섹스에 대해 생각
하는 빈도를 비교해 보았다. 그 결과 아주 강하거나 그냥 강한 성
욕을 가진 여성들이, 낮은 성욕을 가지고 있거나 성욕이 전혀 없
는 여성들보다 섹스에 대해 더 많이 생각한다는 사실을 알게 되었
다. 그리고 이러한 결과는 본 연구의 가장 커다란 발견 중에 한 가
지이다. 낮은 성욕을 가진 여성들은 한 주 정도는 섹스에 대해 거

의 생각하지 않고도 지낸다.

여성들이 섹스를 생각하는 빈도를 남성과 비교해 보면, 여성은 남성보다 섹스에 대해 덜 생각한다. 일반적으로 대다수의 여성들(43%)은 일주일에 한 번 섹스에 대해 생각하는데, 이는 실제로 섹스하는 숫자와 일치하거나 약간 높은 수치이다. 남성들은 하루를 단위로 해서 따져 봐야 하는데, 보통 섹스를 하는 숫자보다 훨씬 자주 섹스에 대해 생각한다.

성욕과 섹스

성관계(섹스하는) 횟수는 성욕을 측정하는 또 다른 잣대이다. 대부분의 성 치료사들과 연구자들이 언제부터인가 갑자기 얼마나 자주 섹스하면 정상이고 얼마나 자주 섹스하지 않으면 비정상인지 분명히 말하기를 꺼린다. 우리는 남들과 비교하는 경향이 있기 때문에 이렇게 하는 것이 좋은 면도 있다. 우리는 필사적으로 정상이 되기를 원한다(3장을 보라).

그러나 달리 생각해 보면, 다른 여성들이 얼마나 자주 섹스를 하는지에 대한 정확한 정보가 없기 때문에 어느 정도 자주 하는 것이 바람직한 것인지 알고 싶어하는 부부들은 좌절할 수 있다. 제대로 된 정보가 없어 사람들은 광고와 텔레비전과 잡지 그리고 인터넷으로 우리 문화의 잘못된 사회적 통념으로부터 영향을 받는다. 가령 "젊고 건강한 미국인들은 모두 굉장히 자주 섹스를 한다" "모든 사람들이 나보다 더 자주 더 나은 섹스를 한다" "노인들은 섹스에 관심이 없고 따라서 당연히 섹스는 하지 않는다"라는 식의 잘못된 통념 말이다.

정상적인 섹스 횟수는 대부분의 사람들이 생각하고 있는 것만큼 높지 않다. 본 연구뿐 아니라《섹스 인 아메리카》의 연구결과도 "우리가 제시하려고 하는 연구결과는 사랑과 섹스와 결혼에 대한 매우 전통적인 입장을 대변하고 있는 것 같다"[3]라고 말하는데, 우리도 이에 동의한다. 알다시피, 우리의 표본집단은 섹스와 결혼에 대해 매우 전통적이기 때문에 이런 연구결과는 우리가 충분히 예상한 바였다.

그렇다면 우리의 표본집단은 평균 얼마나 자주 섹스를 하는가? 이것을 알아보기 위해 우리는 독신녀들은 제외시키는 것이 타당하다는 결론을 내렸다. (독신자들의 성적 패턴은 따로 한 장을 할애하였다.) 독신으로 사는 그리스도인들은 비그리스도인들과는 다른 성적 기준들을 가지고 있을 것이다.

그래서 우리는 기혼여성과 재혼여성을 연구하였는데, 그 결과 가장 많은 사람들(38%)이 일주일에 한 번 섹스하는 것으로 드러났다. 그러나 더 중요한 건 평균 섹스 횟수보다 '범위'이다. 성기능에 관한 대부분의 연구들을 보면, 일주일에 3회에서부터 한 달에 1-2회가 가장 많이 나오는 수치이다. 결혼한 모든 여성들 가운데 세 명 중의 둘 이상은 앞에서 말한 수치에 해당하는 만큼 섹스를 한다.

그러나 이것이 정말 나와 다른 사람들을 비교할 때 기준이 될 수 있는가? 성 치료사들은 다른 사람들이 당신보다 더 자주, 아니면 그 반대로 섹스하는 것은 문제 될 것이 없다고 지적한다. 중요한 것은 당신과 상대방이 그 횟수에 만족하는지, 당신의 필요가 부부관계를 통해 채워지고 있는지, 섹스로 이어지지 않더라도 애정을 나누는지의 문제이다. 이 물음들에 '예'라고 대답할 수 있다면, 성교의 횟수 따위는 문제가 되지 않는다. 횟수는 외부적으로 드러나는 수치일 뿐 당신의 기준이 더 중요하다. 많은 여성들이 반드시 원해서 섹스한다기보다 남편을 즐겁게 해 주기 위해서 한다는 사실을 염두에 둘 때 더욱 그렇다.

성욕은 성적 흥분 상태에 이르기 위한 전제 조건이며, 성적 흥분은 오르가슴을 경험하기 위해 필요하다. 처음부터 일정한 정도의 성욕을 가지고 성행위를 시작해야 성적 만족을 경험할 가능성이 커지지 그렇지 않으면 오르가슴에 이를 때까지 거쳐야 할 여러 가지 성적 반응 단계들을 통과할 수 없다. 전체적인 성적 반응 단계들을 이해하면 성욕과 만족스런 섹스가 어떤 식으로 관련을 갖고 있는지 쉽게 알 수 있다.

성욕이 보통이라고 한 여성들 중에서 74퍼센트가 만족스런 섹스를 한다고 했으며 성욕이 강하다고 한 여성들은 조금 더 높은 수치인 80퍼센트가 만족스런 섹스를 한다고 했다. 그러나 낮은 성욕을 가지고 있는 여성들은 겨우 49퍼센트만이 성적 만족을 느낀다고 해서, 그 비율이 급격히 떨어짐을 알 수 있다. 성욕과 만족스런 섹스는 서로 영향을 주고받는 것이 분명하다.

성욕에 영향을 미치는 요인

성욕은 누구에게든지 고정적인 것이 아니다. 성욕은 집 안의 기

온처럼 자연적으로 올라갔다가 내려가고, 내려갔다가 올라간다
다. 집 안의 기온이 에어컨의 온도와 단열 상태 같은 내적인 요인
과, 바깥의 온도를 좌우하는 태양의 위치와 열어 놓은 창문 수와
같은 외적인 요인의 결합으로 결정되는 것과 마찬가지다.

성욕은 머릿속에서 일어지만, 월경 주기나 자신의 몸매에 대한
자신감, 에너지 상태와 건강 등의 내적인 요인과 상대방의 습관(많
은 여성들이 섹스 전 남편이 씻지 않는 걸 불쾌해한다) 그리고 옆방에
서 뛰어 다니는 아이들의 수, 로맨틱한 분위기, 최근 당신을 대하
는 남편의 태도 등과 같은 외적인 요인 모두에 의해서 영향을 받
는다.

사실 당신의 머리는 영리해서 '하자' '하지 말자' 라고 말하기 전
에, 이 모든 요인들을 종합해서 한꺼번에 계산한다. 결국 이 모든
요인들의 종합이 당신의 성욕을 좌우하기 때문에 성욕이 높을 수
도 있으며, 전혀 없을 수도 있고 그 사이 어디쯤인가에 있을 수도
있다.

성욕은 실제로 연속선으로 이해할 수 있는데, 그 연속선의 한쪽
끝은 과잉 성욕이고 다른 한쪽 끝은 성 혐오 내지는 공포로 이루
어져 있다. 성욕을 여섯 가지 범주로 나누어 보면, 과잉 성욕, 보
통이고 높은 성욕, 보통이고 낮은 성욕, 약하고 낮은 성욕, 강하고
낮은 성욕, 그리고 성적 혐오이다(그림 4.1을 보라).

우리는 소위 보통 수준의 성욕에도 높고 낮은 정도가 있다는 사
실에 주목해야 한다. 다시 말하자면 섹스 횟수 때문에 좌절하고
싸우면서 성 치료사들을 찾아가는 많은 부부들의 경우에도 '남편

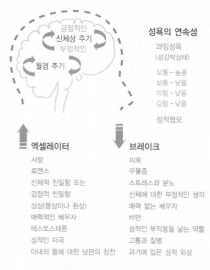

성욕의 연속성

과임성욕
(성강박상태)

보통 - 높음
보통 - 낮음
약함 - 낮음
강함 - 낮음

성적혐오

⬆ 엑셀레이터

사랑
로맨스
신체적 친밀함 또는
감정적 친밀함
상상(몽상이나 환상)
매력적인 배우자
테스토스테론
성적인 자극
아내의 몸에 대한 남편의 칭찬

⬇ 브레이크

피로
우울증
스트레스와 분노
신체에 대한 부정적인 생각
매력 없는 배우자
비만
성적인 부작용을 낳는 약물
고통과 질병
과거에 입은 성적 외상

머릿속에 있는 성욕 센터(그림 4.1)

과 아내 모두'가 보통의 성욕을 가지고 있을 수 있다는 것이다. 그들은 둘 다 같은 수준의 성욕을 가지고 있지만 한 사람은 그 정도가 높고 다른 한 사람은 낮은 것뿐이다. 두 사람 모두 성욕에 이상이 있는 것이 아니라, 부부로서 성욕에 불균형이 있을 뿐이다.

성욕의 불균형은 아주 보편적인 현상이다. 도움이 될 만한 몇 가지 제안을 하면 다음과 같다.

- 성욕의 불균형이 어떻게 싸움으로 이어지는지 그렇게 되는 이유가 무엇인지 찾아보라. 의사소통의 문제나 성적 친밀감을 누릴 기회의 부족 또는 부부 사이의 신의의 문제일 수도 있다. 자신감의 상실, 풀리지 않은 질투나 분노, 무관심도 그 이유일 수 있다.
- 당뇨병, 스트레스, 우울증, 병의 감염, 만성적인 피로, 고통, 슬픔이나 호르몬의 변동 같은 신체적인 원인을 고려하라.
- 섹스로 꼭 이어지지 않더라도, 아내와 남편은 모두 상대방으로부터 기쁨을 얻고 싶어한다. 아무것도 요구하지 않고 애정을 표

현하는 시간을 늘려라.

● 성욕을 감퇴시키는 행동은 줄여라. 입 냄새, 땀 냄새, 불쾌한 환경, 욕설, 포르노, 혐오감을 주는 성적인 습관들은 모두 성욕을 감퇴시키므로 고쳐야 한다.

만성적으로 낮은 성욕

만성적으로 낮은 성욕은 물론 좀더 심각한 문제이므로 대개의 경우 전문적인 도움을 받아야 한다.

1992년도의 〈유에스 뉴스 앤드 월드 리포트〉(*U.S. News and World Report*)의 특집 기사를 보면, 성 치료사를 찾아가는 가장 주된 불만 사항의 원인은 성욕이다.[4] 1980년도에 미국이나 유럽의 성 치료 센터를 찾아 도움을 구한 사람들 중에 평균 3분의 1 정도가 낮은 성욕 때문에 어려움을 겪고 있었다.[5] 성욕이 대부분 낮아서 문제이지 너무 높아서 불만인 여성들은 아주 소수에 불과하다.

심리치료사들은 여성의 경우 남성보다 두 배 가까운 사람들이 낮은 성욕 때문에 문제를 겪고 있다고 말한다. 《섹스 인 아메리카》도 비슷한 수치를 제시한다. "여성의 경우 세 명 중에 한 명이 섹스에 흥미가 없다고 한 반면, 남성은 여섯 명 중에 한 명만이 섹스에 흥미를 못 느끼겠다고 했다(그것도 지난 12개월 중 1개월 정도만 그렇다는 것이다).[6] 본 연구에서도 성욕 때문에 성적인 어려움을 겪고 있다고 말한 여성이 전체 중에 31퍼센트나 되었다. 성적인 어려움 중에서 섹스할 에너지의 부족 다음으로 많은 수치이다. 그런데 이 두 가지는 대개의 경우 함께 일어난다(표 4.1을 보라).

성욕에 대한 이해

아래의 물음들에 대해 생각할 시간을 정기적으로 가져 보라. 다시 음미해 볼 수 있도록 질문들에 대한 당신의 생각들을 일기장에 적어 본다면 더없이 유익할 것이다.

● 무엇이 당신을 살아 있다고 느끼게 만드는가? 살아 있다는 느낌이란 생동감, 활발함, 팔팔함, 움직임, 정력, 열정이 넘치는 것을 말한다. 무엇이 당신에게 열정을 가져다 주는가? 무엇이 당신에게 생동감을 가져다 주는가?

● 무엇이 당신을 감각적으로 만드는가? 감각적이란 말은 '오감과 관계 있다' 는 말이다. 색깔과 소리, 감촉이나 예술적인 모양의 아름다움을 즐긴다는 뜻을 내포하고 있다. 어떤 색깔과 소리와 감촉과 냄새와 맛이 당신을 즐겁게 만드는가?

● 무엇이 당신을 자극하는가? 자극이란 활동이나 발전 또는 더 나은 활동에 대해서 흥분하는 것이다. 활력이 넘치는 것이고 고무되는 것이다. (멋지지 않은가?) 무엇이 당신을 흥분시키는가? 무엇이 당신을 자각시키는가?

● 무엇이 당신을 성적으로(감각적으로가 아닌) 만드는가? 무엇이 당신을 성적으로 흥분시키는가? 무엇이 당신을 자극시켜서 만지고 나누고 껴안고 주고받게 만드는가?

1995년에 카플란은 성욕에 관한 자신의 선구적인 연구결과를 새로 발표하였다.[7] 카플란은 1972년부터 1992년까지 자신의 의료팀이 치료하거나 연구한 5,580명의 환자에 관한 자료를 검토하였다. 38퍼센트의 환자(2,120명의 사람들, 이 중에는 18세부터 92세까지 다양하게 있었다)들이 성욕 이상으로 진단받았다.

카플란의 치료팀은 낮은 성욕의 원인들이 무엇인지 알아보기 위해 이 환자들의 성기능과 행동 양식과 생각과 환상과 느낌과 그들의 과거를 분석했다. 그들은 낮은 성욕을 가진 환자들이 사실은 '스스로 관심을 꺼 버리고 있다'는 결론을 내렸다.

이것은 매우 중요한 발견이다. 왜냐하면 낮은 성욕을 가지고 있는 많은 여성들이 성욕을 증진시키기 위해 '할 수 있는' 일이 있기 때문이다.

보통의 성욕을 가진 여성들(남성들도 마찬가지인데)은 낮은 성욕을 가지고 있는 여성들과는 달리, 상대방의 부정적인 면은 눈감아 주며 상대방의 장점들만 보면서 자연스럽게 긍정적인 면에 집중한다. 사랑을 하고 있는 여성들 역시 상대방과 함께 보낼 시간들을 생각하거나 함께한 순간들, 함께 나눈 애정과 육체적 쾌락을 상상(몽상, 환상)하면서 성욕을 '살려낸다'. 이 여성들은 항상 남편과 나누는 쾌락에 대해 높은 기대감을 가지고 산다. 그렇기 때문에 성욕이 낮을 리가 없다.

성행위를 기대하는 사람들은 낭만적이고 아름다우며, 성적인 친밀감을 높여 주는 은밀한 분위기를 만들어 보려고 시간과 에너지를 쏟는다. '사랑에 빠지게 되면' 자동적으로 상대방에게 좋은 인상을 주려고 애쓰게 된다. 어떻게 보이게 될지 그리고 어떻게 행동할지 주의를 기울인다. 무엇을 입을지, 무슨 차를 탈지 신중하게 선택하고, 될 수 있는 한 사려 깊고 예의 바르게 행동한다. 게다가 사랑에 빠지면 상대방을 이상화하는 경향이 있어서 그들의 단점에는 좀처럼 눈이 안 간다. 사소한 잘못이나 일관되지 못한 행동에도 눈감아 준다. 우리는 키스하고 손잡고 시간을 함께 보내고 데이트하고 낭만적인 곳에서 저녁이나 점심을 먹고 조그마한 선물을 한다. 키스하거나 애무하면서 드는 성적인 감정들에 집중하며 정신을 산란하게 하는 것들(불편한 자세나 아이들의 떠드는 소리)에는 말 그대로 신경을 끈 채로 앞으로 느끼게 될 쾌락을 고대한다. 우리는 온 정신을 집중해 가면서 이 감정을 계속 느끼려고 애쓴다.

낮은 성욕을 가지고 있는 여성들(그리고 남성들)은 로맨틱한 것들에는 신경을 쓰지 않을 뿐 아니라 오히려 정반대로 행동한다. 그들은 무의식적으로 장애물을 세우고 제동을 건다. 상대방의 부정적인 측면에 집중하고, 분노를 키우고, 오래 전의 일도 용서하지 못하고, 불쾌한 환경에 너무 많은 신경을 쓰고, 상대방의 긍정적이고 매력적인 면에는 눈을 감아 버린다(그림 4.1을 보라). 또한 그들은 역시 위생적인 면에서나 외모나 행동에서 될 수 있는 한 나쁜 인상을 주려고 애쓰는 것 같다. 결과적으로 그들은 로맨스와 성적 표현을 가로막는 환경과 분위기를 만들어 낸다. 짧게 말하면, 심은 대로 거두는 것이다!

성욕이 줄어드는 9가지 이유

사람들은 이유는 상처를 입을지도 모른다는 생각에 자기 방어
로 섹스에 대한 관심을 꺼 버린
다. 이는 사실일 수도 있고 상
상에 불과할 수도 있다. 섹스를
할 때마다 거의 매번 실망하고,
비난받고, 지루하고, 아팠다면,
앞으로는 그런 경험을 다시 반
복하기 싫을 것이다.

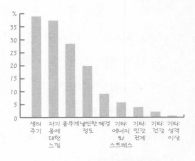

기혼여성의 성욕에 영향을 미치는 요인
(표 4.4)

우리는 연구에 참여한 여성
들에게 자신의 성욕에 부정적인 영향을 미쳤던 것들이 무엇인지
물어보았다. 그 결과가 표 4.4다.

통계로 나타난 사실 말고도, 많은 여성들이 이 질문에 대해 부
가적으로 답했다. 그것들을 살펴보면 이 문제가 그들에게 얼마나
중요한 것인지 알 수 있을 것이다.

피로와 과로

이것은 주기적으로 걸리는 감기만큼이나 모든 여성들에게 성욕
을 감소시키는 보편적인 원인이다! 그래서 이 책의 이곳저곳에서
다양하게 이 주제에 대해 이야기할 것이다. 강조해서 말해 두지
만, 완전히 지친 몸으로는 불가능한 것을 하라고 한다면, 우리의
성은 정말이지 손상을 입게 된다. 두 주 동안 거의 매일 과로에 시
달리게 되면 우울증에 빠질 수도 있다.

많은 여성들이 과로에 대해 썼다. 그 대표적인 글을 보면 아래와 같다.

현재 섹스는 저의 우선순위 가운데 아주 아래 있어요. 남편이 섹스를 얼마나 즐기고 중요하게 여기는지 알기 때문에 이 점이 제가 섹스를 하는 가장 주된 동기가 될 때가 많죠. 두 아이를 키우다 보면 너무나 지쳐서, 잠자리에서는 애무하거나 애무받을 마음이 생기지 않아요. 저에게도 섹스가 좀더 중요해졌으면 좋겠어요. 하지만 어떻게 해야 이 상황을 바꿀 수 있을지 모르겠어요. 어떻게 해야 죄책감이나 '이용당한다는' 느낌 없이, 남편의 강한 성욕과 저의 피로(성욕의 결핍)를 균형 있게 맞출 수 있을까요?

또 결혼한 지 3년이 되었고 세 살이 아직 안 된 두 아이의 엄마로서 집에서는 아이를 키우고 밖에서는 파트타임으로 일하는 어떤 여성은, 과거에는 항상 섹스에 대해 생각했지만 지금은 막내를 임신했을 때 불어난 살과 하루 종일 피로로 지쳐 있어 남편의 욕구에 반응하기 쉽지 않다고 했다. 그녀는 매일 하나님께 남편의 욕구에 반응하게 해 달라고 기도한다고 했다.

피로는 그 자체로 혹은 에너지를 소진시키는 다른 비정상적인 이유들과 함께 성욕을 감소시키는 원인이 될 수 있다. 피로를 극복하기 위해서는 획기적으로 생활양식을 바꾸고 잠을 더 자야 한다. 잠은 자연적인 회춘제이다. 불행하게도 우리의 대다수는 잠을 줄였기 때문에 에너지와 성욕의 부족이라는 대가를 치르고 있다. "섹스보다는 잠을 더 자고 싶어요!"라는 말을 보면 수긍이 갈 수밖에 없다.

자신의 몸을 한계까지 계속 밀어 놓고도 성기능이 제대로 작동하리라고 기대할 수는 없다. 극도의 피로는 호르몬 양에 영향을 주고, 뇌는 호르몬의 신호와 몸에서 일어나는 화학작용에 반응하여 두통과 근육통을 야기하고 감기와 다른 병원체에 걸리기 쉽게 만든다. 또한 피로는 우리를 쉽게 짜증나게 하거나 변덕스럽게 만든다.

우울증

피로와 우울증이 함께 작용하는 수도 있지만, 우울증 자체만으로도 성욕 결핍의 원인이 될 수 있다. 우울증에 걸린 거의 모든 사람들이 성욕을 상실한다. 우울증에 시달리는 한 여성은 자신이 과거에는 섹스를 좋아했지만 지금은 더 이상 섹스에 관심도, 기대도, 즐거움도 없다고 했다. 그래서 그 여성은 남편과 더 이상 로맨틱한 시간을 함께 보내거나 섹스를 즐기지 못한다고 생각하니 슬프다고 호소했다.

우리는 그녀에게 우울증 치료를 잘 받으면 성욕이 살아날 가능성이 매우 높은 데다 최근 몇 년 동안 우울증에 대한 치료는 획기적으로 발전해 왔으니 용기를 가지라고 말해 주고 싶다.

우울증은 당신의 성욕뿐 아니라 성적 흥분에 이르는 능력도 무디게 한다. 성욕을 어느 정도 가지고 있지만, 당신의 몸은 성욕이 보내는 신호에 반응하지 않기 때문이다. 모든 성적 스위치가 작동하지 않는 것처럼 보인다. 그래서 우울증에 걸린 또 다른 한 여성은, 자신도 그러고 싶지는 않지만 요즘 그리고 앞으로 한동안 섹스가 자신의 삶에서 거의 아무런 역할을 하지 못할 것 같다고 고백했다. 하지만 그녀는 우울증이나 아버지의 죽음 같은 해결해야 할 문제들이 너무 많아서 섹스가 자신의 삶에서 별로 중요하지 않은 것 같은 느낌이 든다고 했다.

우울증에 관한 논의는 이후에 더 자세히 다룰 것이다.

말이 씨가 되는 경우

어떻게 하면 성적으로 흥분하는지뿐 아니라 어떻게 하면 성적인 흥미를 잃어버리는지 하는 것도 마음먹기에 달려 있을 수 있다. "나는 그리 섹시하지 않아"라는 해로운 생각에 매달리고 있으면, 저절로 그렇게 된다. 여러 가지 성적 시도를 하는 것은 창피한 것이라는 잘못된 성교육이나, 과거의 난잡한 성경험 때문에 섹스와 성은 더럽고 나쁜 것이라고 스스로 낙인 찍을 수 있다. 성적으로 흥분될 때 심한 죄책감이 들면, 당신의 성기능은 제대로 작동할 수 없다.

부부 사이의 갈등

섹스는 관계 속에서 일어난다. 만일 부부간의 관계가 갈등상태에 있고 당신의 필요가 무시당하고 있다는 생각이 들면 섹스할 마음이 생기지 않을 것이다. 섹스가 자신에게 거의 중요하지 않다는 한 여성은, 자신이 성욕이 많은 것은 아니지만 자기 부부의 성생활은 거의 자신의 욕구와는 무관하게 항상 남편의 욕구가 먼저라고 했다.

가까운 관계일지라도 상대방에 대한 분노를 키워 나갈 가능성은 충분히 있다. 어떤 사람이 말한 것처럼, "다른 어떤 인간관계보다 부부간의 관계에서 서로 원수가 되기 쉽다." 사소한 문제일지라도, 해결하지 않은 채 지내게 되면 문제는 계속 악화되고 급기야는 심각한 상황이 발생한다.

건강한 결혼생활을 좀먹을 수 있다고 공통적으로 생각하는 것들에는 주도권 쟁탈전, 의사소통의 부재, 해결하지 않은 과거의 상처, 집 안팎에서 해야 하는 일에 대한 부담, 양육에 대한 의견 불일치, 배우자의 친구에 대한 질투, 재정 관리, 여가 시간의 활용 방법, 이기심, 혼자 있는 시간의 필요성, 대가족을 이루고 살기 때문에 느끼는 부담 등이 있다.

한 여성은 자신이 쌓아 온 분노에 대해서 이렇게 말했다.

> 남편에 대한 감정의 기복에 따라 저의 성적인 감정도 계속해서 오르락내리락 해요. 저를 괴롭혀 왔던 많은 일들을 18년이 지나고 나서야 비로소 누그러뜨릴 수 있었어요. 이제는 그것들 때문에 더 이상 힘들어하지 않아요. 그러나 대개는 '현실' 보다는 로맨틱한 환상을 하는 시간이 더 좋아요.

의사소통을 개선하지 않는다면, 용서하지 않는다면, 문제를 해결하지 않는다면, 쌓아 놓은 분노를 해소하지 않는다면, 당신의 결혼생활과 성생활은 침몰할 수 있다.

과거의 고통스런 경험들

어릴 때 당한 성추행, 강간, 실연과 같은 경험을 한 사람은 성관계는 안전하지 못하다고 생각하기 쉽고, 성적인 느낌은 위험하다고 여길 수 있다. 한 여성은 남편과 때때로, 아버지가 자신에게 했던 부적절한 성행동들에 대해 이야기한다고 했다. 그녀는 그때의 일들이 자신에게 영향을 준 게 아닌가 의심해 본다고 했다. 그리고 아주 가끔씩 남편도 아버지가 했던 일들을 할지 모른다고 생각하면, 그 즉시 섹스에 대한 흥미가 사라진다고 고백했다.

몇 명의 여성들은 섹스가 두렵고 또 중요하지 않다고 했다. 어릴 때 당한 성학대의 영향으로 지금도 섹스를 즐기기가 힘들다며 어떻게 하면 지난날의 상처를 극복하고 남편과 섹스를 즐길 수 있을지를 물었다.

특정한 성적 충격은 성욕 감소의 아주 보편적인 원인이고, 많은 경우 아예 씨를 말려 버리는 경우도 있기 때문에, 우리는 이 주제에 대해서도 한 장 전체를 할애할 것이다.

다른 성적인 문제들

어떤 성문제는 성기능의 다른 측면들에도 영향을 줄 수 있다. 예를 들어, 오르가슴에 이르는 것이 힘들고 성교가 고통스럽다면, 섹스에 대한 흥미도 줄어들 것이다. 낮은 성욕을 해결하기에 앞서 다른 성문제가 없는지 살펴보아야 한다. 우리 연구에 참여한 한 여성은 자기의 예를 들어 가며 이 사실을 분명히 이야기했다.

성교 시의 고통 때문에 저와 남편은 오랫동안 삽입하지 않고 섹스를 했어요. 결국 제가 진단을 받고 어느 정도 치유되기까지 약 12년 동안, 우리는 수없이 많은 혼란과 좌절, 심지어는 분노를 겪었죠. 그러나 우리는 포기하지 않았고 마침내 문제를 극복했어요. 사랑스럽고 사려 깊고 늘 저를 위하는 우리 남편이 얼마나 소중한지 모르겠어요!

신체적인 변화와 신체상

우리 연구에 참여한 여성 가운데 3분의 2가 자신들의 신체상이 성욕에 영향을 준다고 말했다. 표 4.4를 보면, 20퍼센트는 날씬한 정도, 28퍼센트는 몸무게, 37퍼센트는 자신의 몸에 대해 어떻게 느끼는지에 따라 성욕이 영향을 받는다고 하였다. 38퍼센트의 여성은 자신들의 월경 주기가 가장 주된 영향을 미친다고 하였고 6퍼센트는 스트레스와 그에 따른 에너지의 부족에 대해서 이야기했다.

자연적인 몸의 변화는 어쩔 수 없는 일이다. 나이를 먹어 감에 따라 아래로 처지는 살은 부인할 수 없는 사실이다. 바쁘지만 활동성이 적은 생활 습관, 임신으로 인해 생기는 몸의 변화, 병이나 노화로 인해 생기는 여러 결과들은 우리의 외모를 바꾸어 놓는다. 우리는 자신의 몸에 대해 실망하는데, 이러한 부정적인 신체상은 성욕을 고갈시킨다. 우리는 어느 누구에게도, 심지어는 배우자에게도, 아래를 향해 달려가는 우리의 몸을 보여 주기 싫다.

대부분의 여성들이 비현실적인 기준으로 몸을 평가하기 때문에 그 기준에 맞지 않거나 나이가 들어가면서 몸매가 변하면 괴로워한다. 게다가 분별력이 없는 남편들은 아내의 몸이 지금과 다르길 바라기 때문에 여성들이 자신의 몸을 있는 그대로 받아들이기는 쉽지 않다. 한 여성의 말을 들어 보라.

섹스는 남편에게 받는 사랑과 조건 없는 인정에 비하면 그리 중요하지 않습니다. 남편이 저를 좀더 인정해 주고 덜 비판했다면, 저는 자신감도 잃지 않았을 테고 성욕도 줄어들지 않았을 거예요. 저의 몸무게가 조금씩 계속해서 늘어났는데, 이 문제는 남편의 큰 관심사였죠. 모든 종류의 다이어트는 다 해 보았어요. 남편은 제가 추하고 쓸모없는 사람이라고 느끼게 만들었어요. 저의 성욕은 사라졌지만, 남편은 여전히 이틀에 한 번 꼴로 자신을 만족시켜 주기를 원했기 때문에 의무감에서 그의 욕구를 채워 주었지요. 너무 좌절한 나머지 제 자신이 매력 있는 존재라는 것을 증명해 보이려고 외도 직전까지 갔어요. 그리스도에 대한 헌신이 없었더라면, 아마 선을 넘었을 거예요!

나이가 많은 한 여성도 비슷한 이야기를 했다.

제가 알기에 자신의 몸을 보고 마음이 편한 여자는 거의 없을

겁니다. 내가 아는 젊은 여자들 중에는 깜깜할 때만 섹스하고
자신의 몸을 만질까 봐 두려워하는 사람도 있습니다.

육체가 쇠하는 것은 필연적이기 때문에 여성들은 시간이 지남
에 따라 자신의 신체상을 계속해서 재조정해야 한다. 자신의 몸에
대해 자신감이 높으면 높을수록 성욕에 긍정적으로 작용한다.

유방절제처럼 신체의 일부분을 절단하는 수술이나 결장루설치
수술(colostomy)을 받은 경우, 척수 손상(마비)을 입은 경우에는 외
모가 현저히 바뀔 수 있다. 보형물을 사용하면 겉으로 보기에는
모습이 회복되지만, 그러한 상태에 쉽게 익숙해질 것이라는 것은
너무 무심한 말이다. 용기와 결단을 가지고 솔직하게 문제에 직면
하라. 그것으로 인한 충격 때문에 자존감을 다치게 하지 마라. 당
신의 변형된 외모는 배우자에게도 문제가 될 수 있다. 이 문제를
극복하기 위해서는 당신뿐 아니라 당신의 배우자도 정신적 그리
고 감정적으로 열심히 노력해야 한다.

친밀함에 대한 두려움

흔히 남성들은 친밀함을 다룰 줄 모르는 사람으로 낙인 찍혀 있
다. 그러나 실제로 많은 여성들도 이 문제로 어려움을 겪고 있다.
왜냐하면 이것 역시 성욕에 방해가 될 수 있기 때문이다.

하나님께서는 우리를 지으실 때 친밀함을 갈망하는 마음을 주
셨다. 그래서 우리는 대부분 친밀함이 필요한 사람이라는 것을 알
고 있다. 그러나 친밀함을 즐기는 능력을 망쳐 버리는 많은 일들

이 일어날 수 있다. 우리는 종종 사람들, 그것도 우리를 가장 사랑한다고 하는 사람들에게서 가장 큰 상처를 받을 수 있다. 그럴 때 우리는 마음 깊은 곳에 있는 비밀과 감정을 상대방을 믿고 털어놓을 수 있는 능력을 상실하고 만다. 친밀함은 많은 사람들에게 실제적인 문제이고, 이 문제 때문에 성욕에 장애가 생길 수 있다. 남성들도 그렇지만 특히 여성은 믿을 수 있다고 생각하는 남자에게만 자신의 몸을 내어 준다.

부부 사이든 친구 사이의 우정이든 모두 친밀함이 나타나는 하나의 유형이다. 그러나 우리는 종종 이 점을 간과한다. 많은 부부들이 우리가 생각하는 아주 친밀한 결혼생활을 하고 있지 않음에도 불구하고, 섹스는 만족스럽다고 말한다. 어떻게 보면 섹스라는 분출구가 주는 유익을 가지고 그 감정의 골을 극복했다고도 할 수 있다. 그러나 그 골을 극복하는 데는 한계가 있다. 왜냐하면 곧 당신의 성욕이 영향을 받기 때문이다. 우리 연구에 참여한 몇 명의 여성들은 자신의 성욕을 억누르는 것들로, 남편에 대한 쓴 뿌리, 남편이 한 말이나 하지 않은 말, 남편이 자기를 대하는 태도, 긴장 관계에 있는 결혼생활 등을 말했다.

서로 기본적인 우정조차 나누지 못하는 관계라면, 성욕은 살아날 수 없다고 보는 것이 이치에 맞다.

건강 상태와 신체적인 문제

우리는 이제까지 정상적이고 건강한 사람들을 전제로 성욕에 대한 논의들을 해 왔다. 건강문제나 그로 인한 치료는 호르몬에 영향을 주거나 유즙분비호르몬(prolactin, 모유를 나오게 하는 호르몬)에 영향을 끼쳐서 성욕을 감소시킨다. 6년 내내 애를 낳거나 애들에게 젖을 먹여 온 한 여성은, 예전에는 섹스를 좋아했지만 지금은 부부로서의 의무감 때문에 한다고 했다. 그녀는 "애들이 크면 성욕은 돌아오겠지만, 저와 남편이 알고 싶은 것은 이 어두운 터널 끝에 희망의 빛이 있는가 하는 거예요. 우리는 아직 확신이 안 서요"라고 말했다.

한 여성은 피임 때문에 생긴 호르몬 문제에 대해 이야기했다. 그녀는 피임약을 먹으면 성욕이 크게 떨어지고, 그렇다고 중단하면 임신이 될 것 같은 게 가장 힘들다고 했다. 다른 피임 방법은 남편이 만족스럽지 못하다고 해서 하지 못하고 있는 상황이라고 했다. 그녀는 멋진 성생활을 하지 못한 채 그토록 많은 시간을 그냥 보내야 한다고 생각하니 힘이 든다고 고백했다.

그 외에도 질병이나 출산이 신체에 미치는 영향도 성욕과 관계가 있다. 어떤 여성은 출산 후 섹스가 그렇게 아팠다고 한다. 그러나 시간이 지나자 찢어질 듯이 아픈 고통은 사라지고 섹스가 다시 재미있어지기 시작했다고 말했다.

사소한 건강문제처럼 보이는 일도 여러 가지 방법으로 성욕을 악화시킨다. 어떤 이는 성교하면서 방광에 생긴 염증이 자신의 열정에 항상 제동을 건다고 말했다.

본 연구에 참여한 여성들은 성욕에 부정적인 영향을 끼치는 것으로 자궁적출과 당뇨병과 갑상선 이상과 만성적인 고통과 일반적으로 흔히 복용하는 약물을 꼽았다.

분명히 말하지만, 이러한 문제들을 해결하는 방법은 그러한 문제들을 유발하는 질병을 찾아 그것에 적합한 치료를 하는 것이다.

성욕 증진을 위한 제안

여성들은 어느 정도까지 스스로 자신의 성욕 수준을 증가시킬 수 있는가? 첫째, 낮은 성욕의 문제는 바뀔 수 있다는 점을 말하고 싶다. 둘째, 바뀌는 것이 가능하지만, 그러기 위해서는 몰두해야 하고 많은 노력과 시간을 들여야 한다.

물론 낮은 성욕이 문제되지 않는 예외적인 경우가 있다. 섹스 없이 플라토닉한 관계만을 유지하기로 한 부부들도 있는데, 우리는 그러한 결정을 존중한다. 섹스는 케이크 위의 설탕가루일 뿐이지 케이크 그 자체가 아니기 때문이다! 결혼을 하지 않았고 앞으로도 결혼할 생각이 없는 사람들의 경우 성관계를 삶의 목표로 삼을 수는 없다. 또 성교를 더 이상 할 수 없는 부부들도 있다. 이들의 우선순위는 세상에서 가장 견고한 우정을 쌓는 일이고 서로에게 성을 표현할 다른 방법을 찾는 일이다. 사실 우리 모두도 이런 것들을 우선순위로 삼아야 한다.

그러나 낮은 성욕이 문제가 된다면 당신은 도움을 받을 수 있다. 성욕을 증진시키기 위해서는 당신과 배우자의 우선순위, 즉 생활 스케줄을 재조정해야 한다. 이 일을 하기 위해서 시간을 내야 하므로 어떤 것들은 포기해야 한다.

그렇다면 시간을 내기 위해서는 어떤 변화들이 있어야 할까? 예를 들면, 일주일에 한 번 이상 운동하기, 될 수 있으면 늦게까지 일하지 않기, 가능하면 일거리를 집으로 가지고 들어오지 않기, 저녁 설거지 거리를 그냥 놔 두기, 이번 일요일에는 아이들을 몇 시간만이라도 할머니 댁에 보내기(주말 내내라면 더 좋고), 이번 주만은 사람을 써서 집 안 청소하기, 에너지를 회복하기 위해 낮잠 더 자기, 아이들을 축구 연습장까지 데려다 달라고 다른 사람에게 부탁하기, 체조하기, 수영하기, 마지막으로 많은 사람들에게 가장 중요한 텔레비전 끄기 등이 있을 수 있다. 어려운 일이라고? 맞다! 그러나 경고하건데 이렇게 해야 한다!

낮은 성욕은 극복하기 힘들 수 있고 고질적인 장애물이 될 수도 있으므로 참을성을 가지고 노력해야 한다. 어떤 경우에는 전문적인 도움을 받아야 한다. '공포증적 성 기피'(우리는 이 장의 뒷부분에서 이에 대해 이야기 할 것이다)를 보이는 사람들은 거의 모든 경우 경험이 많은 전문가의 조력이 필요하다. 두 달 정도 문제해결을 위해 노력해 보아도 아무런 성과가 없으면, 의사(그리스도인이면 더 좋다)를 찾아보되 특별히 성문제를 다룰 줄 아는, 경험이 많고 숙달된 전문가를 만나 보라.

- 당신의 문제에 대해 기도하라. 부부가 모두 기도하라. 성문제는 남편과 아내 모두의 문제이다. 성욕에 다시 불을 지펴 주시도록 하나님께 간구하라. '그분'이 기뻐하시는 일을 할 수 있도록 힘과 욕구를 '그분'께 구하라.
- 낮은 성욕에 수반하는 문제들을 먼저 풀어라. 당신이나 당신의 배우자가 우울증에 걸려 있다면, 이 병을 먼저 고쳐라. 우울증은

성욕에 영향을 끼친다. 심각한 부부간의 갈등이 있다면 그것부터 풀어라. 카플란 박사는 많은 치료사들이 한 말을 이렇게 요약했다. "부부간의 관계가 심각한 상태에 빠져 있는 사람들은 성치료를 받을 가능성이 희박하므로, 이런 환자들에게는 결혼 치료요법을 받게 해야 한다. 그후 부부간의 관계가 호전되어 섹스를 하는 것이 서로에게 의미가 있는 시점이 되면, 그들의 성기능 장애에 대한 치료를 시작할 것인지를 재평가해야 한다."[8]

- 당신의 스케줄을 다시 세워라. 당신은 어디서 시간을 갉아먹고, 허비하는가? 텔레비전을 하루에 몇 시간이나 보는가? 전화기를 붙잡고 있는 시간은? 음식을 만들고 설거지를 하고 방을 치우고 다음날 아침을 준비하면서 자정까지 한순간도 쉬지 않고 서 있다가, 게슴츠레한 눈으로 비틀거리면서 침실로 가서는 "너무 피곤해서 섹스 못 하겠어"라고 하지는 않는가? 꼬마들을 너무 늦게까지 재우지 않아서, 혼자 있을 시간과 부부가 둘이서 오붓하게 보낼 시간이 없지는 않은가? 아이들이 다니는 학교의 각종 위원회에 다 참여하거나 여러 운동 모임에서 활동하는가? 가치 있는 일이라면 뭐든지 하겠다고 나서는가? 아이들에게 여러 가지 스포츠를 시키는 바람에 연습이나 경기 또는 코치하고 경기장에서 먹을 간식을 만드느라고 남는 시간을 부부가 다 써 버리지 않는가?

- 피로를 줄이는 데에 현실적이 되라. 쉬는 일을 우선순위에 두지 않는다면, 쌓인 피로를 풀 수 없다. 지쳐 있는 상태에서는 성욕이 생길 수 없다. 밤에 얼마나 자는가? 여덟 시간이나 아홉 시간

은 자야 한다! (하트 박사의 책 《아드레날린과 스트레스》[9]를 읽어 보라.)

- 배우자의 매력적인 면을 눈여겨보고 부정적인 특징은 일부러라도 보지 않도록 애써라. 당신이 첫사랑에 빠졌을 때의 느낌과 그때 어떻게 행동했는지를 기억해 보라. 그때 무엇을 했는가? 서로에게 짧은 편지나 카드를 보내고, 나가서 저녁을 먹고, 손을 잡고 해변이나 공원을 걷는 일을 잊지 마라. 특별한 날은 특별한 방법으로 축하를 하라. 상대방을 위해 옷을 차려 입어라. 함께 찍은 옛날 사진들을 같이 보라. 둘이 처음 사귀던 때에 시간을 보냈던 장소들을 다시 가 보라.

- 상상력을 사용하라. 서로 떨어져 있을 때 상대방에 대해서 (긍정적으로) 생각하라. 지난날의 좋았던 육체적인 경험들을 떠올려라. 그리고 재현해 보라. 배우자에 대한 환상은 도덕적으로 전혀 문제될 것이 없다. 상대방이 깜짝 놀랄 만한 일들을 해 보라. 섹시한 옷을 입어 본다든지, 식탁에서 내려와 거실 바닥에서 소풍을 즐긴다든지, 토요일 아침에 청소하는 것은 잠시 잊고 아름다운 곳을 찾아 드라이브를 한다든지, 부드러운 공단 이불을 산다든지, 장미 한 송이를 입에 물고 옷을 벗은 채로 텔레비전에 몸을 기대고 서 있어 보라.

- 웃고 즐겨라. 부부간의 관계와 성욕의 문제를 다룰 때 너무 심각하게 접근하지 마라. 유머 감각을 잃지 마라. 함께 웃을 수 있는 일들을 찾아보라.

- 복용하는 약물과 마시는 술의 효과에 대해 알고 있어라. 많은 일

반 의약품이 성욕에 영향을 준다. 여기에는 항남성호르몬제, 화학요법제, 항우울제(특히 선택적 세로토닌재흡수억제제와 마오억제제), 덱사드린과 같은 각성제, 할로페리돌과 스텔라진 같은 신경이완제, 혈압강하제, 심장약, 폰도민, 콜레스데롤강하제, 스테로이드, 헤로인과 몰핀 같은 마취제, 알코올, 벤조디아제핀제, 바르비투르산염제가 있다. 처방한 약의 성적 부작용에 대해 의사에게 물어보라.

● 항상 건강에 유의하라. 만성적인 고통, 피로, 불편을 야기하는 관절염, 암, 빈혈, 만성적인 감염, 외상성 손상, 과도한 비만 등의 건강문제는 성욕에도 영향을 끼친다. 폐 질환, 다발성 경화증이나 파킨슨 병 같은 신경계 질환, 성교통(痛) 같은 부인과 질환, 비뇨기 질환도 성욕에 영향을 줄 수 있다. 낮은 성욕을 야기하는 근원을 무시하면서 성욕의 문제를 해결하려고 하는 것은 말이 안 된다

● 분위기를 만들어라. 시간과 에너지를 쏟아 성욕이 일어날 수 있는 분위기를 타라. 배우자와 함께 보낸 즐거운 시간들을 생각하라. 사랑을 나누고, 애무를 즐기고, 성적으로 흥분되는 것이 얼마나 좋은지 상상하라.

● 섹스에 대한 하나님의 시각을 가질 수 있도록 노력하라. 그분이 섹스를 만드셨고 그것을 통해 우리에게 기쁨을 주시기를 원하셨다. 우리는 섹스에 대한 하나님의 뜻을 때때로 잊고 산다(아니면 한 번도 안 적이 없거나). 우리는 묵상하고 기도하고 성에 관한 성경말씀을 공부하면서 성령께서 우리를 고치시고 변화시키시

도록 해야 한다. 하나님은 당신의 선물인 성을 우리가 서로 주고 받으며 누리기를 원하신다.

낮은 성욕이 심각한 문제가 될 때

육체적인 굶주림은 성적인 굶주림을 설명하는 데 좋은 비유가 된다. 동물이(사람도 마찬가지) 뇌에 있는 '욕구 조절 센터'에 해를 입게 되면, 음식이 있어도 먹지 못해 굶어 죽게 된다. 그러나 반대로 그 '욕구 조절 센터'가 과도하게 움직이면, 동물들은 음식을 너무 많이 먹게 되어 기괴할 정도로 뚱뚱해지고 건강을 해치게 된다. 성욕 역시 억제와 초(超)활동성이라는 두 방향에서 영향을 받는다.

카플란 박사는 성욕을 설명하면서 우리는 욕구에 기름을 붓고 성교를 향해 달려가도록 부추기는 엑셀러레이터와 욕구를 통제하는 브레이크를 균형 있게 사용한다고 했다. "그렇게 해야 사고가 나기 전까지 계속 내달리면서도 곤두박질치지 않게 된다. 그러나 성욕을 조절하고 맞추는 정상적인 통제 장치에 이상이 생겼을 경우 비정상적이고 기능 이상적인 성욕의 증가나 감소를 경험하게 된다."[10] 이 두 가지 극단적인 경우를 성 혐오증과 성강박증이라고 부른다.

성 혐오증과 극복 방안

성 혐오증에는 어떤 사람과의 접촉이든 모든 종류의 성적 접촉에 대해서 강하게 거부하는 경우도 있고, 오래 동안 같이 살아온 사람과의 관계일지라도 특정한 형태의 성적인 행동을 하려고 하거나 섹스하려고 할 때 크게 당황하면서 겁을 먹는 경우도 있다. 성 혐오증은 낮은 성욕보다는 흔하지 않다. 2천 명을 대상으로 조사한 어느 연구결과를 보면 80퍼센트가 낮은 성욕으로 진단된 반면, 성 혐오증을 보이는 사람들은 19퍼센트였다. 남성들보다는 여성들이 많았다.

성 혐오증은 섹스에 대한 공포증적 기피이다. 카플란 박사는 "이러한 성적 불안 상태에서는 상대방과의 성적 접촉으로 곧 위험에 처할 것이라는 생각을 하게 되고, 이에 따른 위급한 상황이라는 느낌이 다른 성적인 느낌들을 잠식한다"고 했다.[11]

그렇다면 낮은 성욕과 혐오 증세는 어떻게 다른가? 낮은 성욕을 가진 사람은 섹스에 대해 전혀 혹은 거의 관심이 없지만, 그렇다고 배우자의 육체적인 접촉까지 거부하는 것은 아니다. 그러나 성 혐오증을 보이는 여성들은 성적인 행동들로 인해 몹시 두려워하고 심지어는 강한 거부감을 갖고 공포증적으로 기피한다.

성 혐오증은 어릴 때 받은 성적 학대나 나이와 상관없이 당한 강간 때문에 생길 수도 있다. 고통스러운 출산이나 장기간 침습성 불임 치료를 받은 것도 이유가 될 수 있다. 불안 증세를 가지고 있거나 다른 공포증(고소 공포증, 폐쇄 공포증, 비행 공포증)을 가지고 있는 사람에게 생기기 쉽다.

성 혐오증도 정도에 따라 그 폭이 다양하다. 약한 공포증을 가지고 있는 여성은 노력하면 자신을 안정시켜서 불안을 잊을 수 있으며 가끔씩은 섹스를 즐길 수 있다. 하지만 심한 혐오를 보이는 여성은 자기의 남자에 대해서도 강한 반감과 거부감을 느낀다. 아주 가벼운 신체접촉조차도 견딜 수 없기 때문에 누가 손을 잡지도 못하게 한다.

우리에게 글을 보낸 여성들 중에도 몇 명은 성 혐오증을 경험하고 있는 것 같았다. 다른 공포증과 마찬가지로 전문적인 도움이 필요하다.

성 혐오증을 극복하려면, 섹스와 두려움 사이의 연관을 끊어야 한다. 성교육을 받아야 하고, 계획을 세워 점진적으로 당신이 무서워하는 성적인 상황에 자신을 노출시켜야 한다. 자신이 성 기피자라는 생각이 들면, 이 문제에 대해 숙달되고 경험이 풍부한 치료사나 의사를 찾아갈 것을 권한다. 편안하고 안전한 상태에서 치료를 받아야 하므로 치료 계획을 세우는 데에 전문가의 도움을 받아야 한다.

치료과정 동안 불안과 공포를 누그러뜨리는 약을 먹어야 할지도 모른다. 그렇지 않으면 너무 불안해서 치료를 못할 수도 있기 때문이다. 그러나 힘을 내라. 지금은 약이 필요하지만, 그 약을 먹지 않고도 섹스를 즐길 수 있는 날이 올 것이다!

성욕 과잉

성욕 과잉을 보고 남성들은 자신들의 환상이 실현되었다고 할지 모르겠지만, 성욕 과잉은 드물뿐더러 여성의 경우에는 더욱 그렇다. 카플란 박사는 5,000명이 넘는 환자 중에서 과도한 성욕으로 고생하는 사람은 "겨우 8명이고, 이 가운데 여성은 단지 2명

뿐"이라고 했다. 성욕에 문제가 있다고 진단받은 2천 명이 넘는 환자들 가운데 1퍼센트만이 성욕 과잉이었다. 우리가 받은 글 중에서 단지 몇 통(두세 통)에서만 성욕 과잉으로 가는 기미를 읽을 수 있었다.

성욕 과잉은 성중독이나 성강박증으로도 부를 수 있다. 남성들에게 좀더 흔한 현상이다. 전형적으로 이 사람은 성적인 생각과 느낌에 집착한 나머지 직장 일을 제대로 할 수 없고 인간관계에서도 문제를 일으킨다. 그들은 자주 섹스를 하고, 하루에도 여러 번 오르가슴을 경험한다.

성욕 과잉자는 충동을 거의 통제하지 못하기 때문에 직장이나 배우자를 잃어버리고, 에이즈나 성병(STDs)으로 건강이나 생명을 해치게 되는 위험을 무릅쓰고서라도 섹스를 한다. 성욕 과잉자가 이러한 습관을 끊으려고 할 경우 그들은 몹시 긴장하게 되고 불안과 우울증에 시달리게 되는 경우가 많은데, 이러한 금단 현상 때문에 다시 성강박 상태로 돌아갈 위험이 있다.

강박적인 성행동을 극복하는 데 도움을 받은 많은 여성들이 있다. '익명의 성중독자들'이나 '익명의 사랑과 성중독자들' 같은 모임에서 도움을 받은 사람들도 있다. 몇몇 교회에서는 강박적인 성행동과 씨름하고 있는 사람들을 위한 성경적인 치료 모임을 시작했다. 이 모임은 주로 남성을 위한 것이지만, 목사님에게 조금만 도전을 준다면 여성을 위한 모임도 생길 가능성이 높다. 여성들과 남성들이 성강박증을 극복할 수 있도록 도와주는 많은 전문 치료사들이 있다.

결론

이미 알고 있듯이, 성욕은 만족스러운 성관계를 위한 필수조건
이다. 성욕은 평생 많은 요인의 영향을 받는다. 그 시기는 서로 다
를지 몰라도 우리의 대부분은 성욕 때문에 고생할 날들을 맞이할
것이다. 성욕의 문제를 극복하기 위해 기도하고, 시간과 에너지와
돈을 투자하는 것은 충분히 가치 있는 일이다.

기억할 점

1. 많은 여성들이 성욕의 기복에 대해 혼란스러워하고 의구심을
   갖는다.
2. 낮은 성욕은 연구에 참여한 여성들의 주된 어려움 중 하나이
   다. 많은 이들이 자신의 성욕이 늘어나기를 바라고 있다.
3. 연구결과, 성욕이 강한 여성일수록 섹스에 대해 더 자주 생각
   한다는 사실을 확실히 알게 되었다.
4. 성욕은 호르몬 변화, 피로, 우울증, 건강 상태, 과거의 정신적
   충격, 부부간의 갈등 같은 많은 요인들의 영향을 받는다.
5. 성욕의 정도는 다양하다. 성욕이 보통이라고 해도 보통이고 낮
   은 것과 보통이고 높은 것이 있다.
6. 기도하고, 쉬고, 배우자의 매력적인 면들에 집중하고, 건강과 약
   물 복용에 유의하고, 즐겁게 생활하면 성욕은 늘어날 수 있다.

5

오르가슴을 찾아서

"밤마다 잠자리에 들면, 사랑하는 임 그리워 애가 탔건만……." 아가 3:19, 공동번역

우리의 연구에 참여한 여성 중에 25퍼센트는 특별히 오르가슴
에 대해 의견을 말하거나 궁금해하였다. 성에 관한 수많은 글들이
쏟아져 나오고 있음에도 불구하고, 오르가슴에 관한 오해와 혼란
은 놀랍게도 여전하다.

어떤 여성은 오르가슴이 어떤 느낌인지 또 어떻게 해야 느낄 수
있고 그 느낌을 극대화할 수 있는지 물었다. 그리고 또 다른 여성
은 성교만으로 오르가슴에 도달하는 여성은 얼마나 되는지 궁금
해했다. 그녀는 소설에서는 대단해 보였는데 자신은 성교만으로
오르가슴에 도달할 수 없다고 말했다.

이상적인 성경험은 무엇인가? 대중잡지나 로맨틱 소설에서 묘
사하는 것처럼, 음경의 삽입에 의한 질 마찰 그것만으로 상호 동

시 오르가슴과 멀티 오르가슴에 도달하는 것인가? 이것은 현실적인 목표인가? 결코 아니다. 부부마다 자신들의 성을 표현하는 고유한 방법들을 찾아야 한다. 따라서 어떤 부부들에게는 앞에서 말한 '이상'이 자신들과는 관계없는 먼 이야기일 수 있다.

우리는 오르가슴에 관한 잘못된 사회적 통념들이 얼마나 큰 해악을 끼치는지 이야기하고자 한다. 그것들은 비합리적이고 우리가 도달할 수 없는 기대를 심어 주기 때문에 우리는 기회가 닿는 대로 이의를 제기해야 한다. 본 연구의 목표 중에 하나도 그런 것이다. 오르가슴에 관한 사회적 통념과 잘못된 지식 때문에 많은 사람들이 좌절감을 맛보고 있다. 오르가슴이 왜 그리 힘든지, 혹 자신이 뭘 잘못하고 있는 건 아닌지 불안해한다. 어떤 여성은 "다른 여성들도 오르가슴을 느끼는 동안 기쁨과 고통을 함께 경험하나요? 너무 심해서 저는 견디지 못할 것 같아요. 무엇이 정상인지 우린 잘 모르겠어요!"라고 고백한다. 또 어떤 이는 손으로 자극하지 않고 어떻게 오르가슴에 도달하냐며 그렇다고 말하는 이들이 거짓이 아닌지 물었다. 그러면서 성교를 하기 위해 흥분을 느끼기까지 여자들은 왜 그렇게 많은 전희가 필요한지 모르겠다고 했다.

만족스러운 성경험을 위해서는 오르가슴이 필수적이라는 사회적 통념은 위험하다. 한 여성의 이야기다.

섹스는 우리의 결혼생활에서 기본이 되는 부분이에요. 하지만 제게 중요한 것은 성관계지 오르가슴이 아니에요. 제가 정말 만족감을 누리는 건, 성교할 동안의 감정적 · 육체적 친밀감이죠. 나를 기꺼이 남편에게 내어 주고 남편의 필요를 채워 주는 것이 오르가슴보다 더 중요해요.

이 여성의 말은 우리에게 몇 가지 점을 시사해 준다. 첫째, 여성들에게는 오르가슴만이 성행위의 목적이 아니라는 점이다. 오르가슴은 매번 반드시 일어나야 하는 것이 아니라 오히려 일어날 수도 있고 안 일어날 수도 있는 기분 좋은 경험 정도로 봐야 한다.

둘째, 여성들과 제대로 변화된 남성들에게는 성교의 감정적인 경험이 육체적인 것보다 더 중요하다는 것이다. 결혼을 하려고 하는 연인들을 도우면서, 우리는 종종 이 점을 이해시키지 못했다. 섹스가 가져다 주는 육체적인 만족에 대해서는 과도하게 강조를 했지만 섹스를 통해 채워지는 감정적인 필요들에 대해서는 소홀히 하였다. 이 결과, 많은 부부들이 곧바로 그들의 성경험이 불만족스럽다고 생각했다. 그들은 엉뚱한 곳에서 만족을 얻으려 한 것이다! 이 점에 대해서는 뒤에서 더 다룰 것이다.

오르가슴

마흔이 넘은 한 여성이 자신은 오르가슴이 무엇인지 정말 모르겠다고 했다. 기쁨과 환희 커다란 행복을 느끼기는 하지만 오르가슴을 경험한 적은 없다고 고백했다. 그 여인은 여자의 오르가슴이 남자의 사정과 같은 것인지, 오르가슴에 도달한 걸 어떻게 아는지 물었다.

이처럼 여성들은 자신의 몸에서 무슨 일이 일어나고 있는지 모르기 때문에 오르가슴에 대해 혼란스러워한다. 여기서 잠깐 오르가슴이라는 생리학적 반응을 살펴보자. 당신의 성생활을 풍성하게 하려면, 몸이 어떻게 돌아가고 있는지 이해해야 한다.

오르가슴은 코를 고는 것처럼 반사적인 반응이다. 물리적으로 보자면, 오르가슴이란 골반근육과 음핵 근육에서 시작된 격렬하고 리드미컬한 수축이 계속되는 것을 말한다. 그러나 오르가슴은 독자적으로 생기는 것이기보다 성적인 자극을 받았을 때 몸에서 일어나는 일련의 변화 중의 하나이다. 자극이 없고 이에 따른 몸의 변화가 없다면 오르가슴에 도달하는 것은 불가능하다.

여성이 성적으로 흥분되었을 때 몸은 많은 신체적 · 감정적 반응 과정을 거친다. 심장박동이 빨라지고 땀이 나고 윤활액이 분비되고(침이 고이는 것과 비슷한 과정을 거쳐 질 벽이 촉촉해진다) 몸이 달아오르며 유두가 발기한다. 이 외에도 신체 내부에서 많은 반응이 일어나는데, 이런 반응들은 우리가 알아채지 못할 수도 있다. 자궁이 올라가고 질 안쪽 3분의 2는 그 길이가 1인치(2.54센티) 정도 늘어나며 그 폭은 두 배로 확대되고 질 바깥쪽 3분의 1은 피가 가득 몰리면서 팽창한다. 질 입구는 약 3분의 1정도로 크기가 줄어들고, 음핵과 그 주위의 여러 조직들에 피가 몰리고 급격히 커진다.

음핵 조직 전반, 신경, 정맥, 동맥, 해면 조직(음핵 귀두, 음핵 줄기, 음핵 덮개, 음핵각, 소음순, 처녀막, 여러 발기조직체, 음핵구, 요도 해면 회음 해면) 근육(근), 말초신경, 혈관 그물 등이 부풀어 오는데, 이런 과정은 남자의 음경이 발기하는 것과 동일하다. 완전히 성적으로 흥분된 경우 음핵의 안쪽 부분은 음핵의 바깥쪽 부분인 음핵 귀두와 음핵 줄기의 약 30배 정도의 크기가 된다.

바바라 시맨(Barbara Seaman)은 여자의 '발기'가 남자와 어떻게 다른지를 강조하면서 다음과 같이 썼다.

> 성적으로 흥분되는 동안 여자들의 성 조직은 남자들만큼 또는 그 이상으로 팽창한다. 단지 차이라고는 남자들의 경우 발기 (피의 몰림 현상)가 신체의 외부에서 발생하기 때문에 눈으로 확인할 수 있는 반면, 여자들의 경우에는 표피 속, 즉 음순 아래서 일어난다는 점이다. 피가 몰려서 확대된 여자들의 성 조직은 발기된 음경만큼이나 크다.[1]

남성과 여성 모두 성적으로 흥분되는 반응은 두 가지 단계, 즉 신체조직에 피가 몰리는 과정(혈관 확장)과 근육의 긴장이 고조되는 과정(근육 긴장)을 거친다.

근육 긴장과 신체조직의 팽창이라는 신체적 반응은 모두 오르가슴에 도달하기 위해서 필수적이다. 성적인 반응이 최고조에 다다랐을 때(오르가슴), 근육은 수축했다가 다시 이완되고, 혈액은 그 조직으로부터 밀려 나와 정상적인 순환을 하게 된다.

오르가슴의 경험

우리가 신체적으로나 심리적으로 다르기 때문에, 사람들의 오르가슴의 경험은 저마다 다르다. 그리고 개인 한 사람이 느끼는 오르가슴도 월경 주기나 건강 또는 부부 사이의 관계, 주변에 무슨 일이 벌어지고 있는지, 섹스에 대해 어떤 신념을 가지고 있으며 개인적으로 섹스가 얼마나 삶에서 중요한 위치를 차지하는지와 같은 다양한 요인 때문에 매번 다르다. 오르가슴이 너무나 강렬해서 당신은 거기에 완전히 몰입할 수도 있고, 단순히 국부적인 쾌감에 그칠 수도 있다.

사람들은 오르가슴을 '몸 전체를 흐르는 따뜻함', '울림', '환상적인 쾌감', '몸 구석구석에서 느낄 수 있는 폭넓은 물결', '온몸에 미치는 넓은 감정의 물결', '황홀감' 등으로 표현해 왔다.

많은 여성들은 자신들이 오르가슴을 실제로 경험했는지 알기 어렵다고 한다. 이는 대중문학이 오르가슴을 땅이 흔들리고 노래 소리가 들린다는 식으로 표현해서 사람들에게 실현 불가능한 수많은 기대를 심어 놓았기 때문이다.

그렇다면 어떻게 알 수 있는가? 종소리가 들리는 것도 아니고 휘파람 소리가 들리는 것도 아니다. '폭죽' 소리를 들었다는 여성도 있지만 모두에게 그런 것은 아니다.

우선 오르가슴과 관계 있는 신체 조직을 보자. 몸이 달아오르고, 유두가 발기되며, 골반 부위가 수축한다. 이러한 조짐들조차 분명한 것은 아니다. 왜냐하면 여성은 남성보다 오르가슴을 더 주관적으로 경험하기 때문이다. 당신이 어떻게 느끼고 있는지 주의를 기울여라. 몸이 훈훈해지며 편안한가? 만족스럽고 전체적으로 기분이 좋은가? 끝까지 갔다고 느꼈기 때문에 더 이상 앞으로 나갈 필요가 없다고 생각하는가? 아니면 당신의 남편이 오르가슴에 도달하였거나 당신이 너무 지쳐서 더 이상 자극을 느끼고 싶지 않은가? 긴장이 풀어져서 오는 쾌감과 만족감은 오르가슴이 일어났는지 알 수 있는 최상의 표지이다.

여성들마다 경험하는 오르가슴도 다르고 선호하는 오르가슴의 유형도 다르다. 여러 번 오르가슴을 경험하는 여성들도 있는 반면, 여러 번의 오르가슴은 불쾌하다고 하면서 한 번의 오르가슴을 선호하는 여성들도 있다. 몇 번의 부드러운 오르가슴을 경험하는 여성들도 있지만, 한 번의 긴 오르가슴을 경험하는 여성들도 있다. 더욱이 앞에서 말한 오르가슴의 유형이 '혼합되어' 나타나는 경우도 있다.

그렇기 때문에 당신은 특정한 오르가슴의 유형을 따라가려고 강박관념을 갖지 않아도 된다. 올바른 오르가슴의 유형이 정해진 것도 아니고 오르가슴의 유형이 한 가지만 있는 것도 아니다. 어떤 연구자들은 오르가슴의 유형이 사람들의 '지문'처럼 여성들마다 독특하다고 묘사했다.

오르가슴의 문제는 보편적인 현상이다. 한 의학 교과서는 연구보고를 토대로 일생 동안 한 번의 오르가슴도 경험하지 못하는 여성들이 대략 10퍼센트에 이를 것으로 추정한다. 이러한 사실은 오르가슴을 경험해 보지 못했다고 말한 여성들이 전체 중에 10퍼센트가 조금 못 미치게 나온 우리의 연구결과와 일치한다.

다른 연구에 따르면 최소 50퍼센트의 여성들이 일정한 기간 내지는 일정한 상황 하에서 오르가슴에 도달하는 데 다소 어려움을 겪고 있다.[2] 18세부터 79세까지의 여성 중에 48퍼센트가 오르가습을 경험하기가 '힘들다' 고 대답했다. 이것은 높은 비율이다. 만일 당신에게도 오르가슴에 도달하는 문제가 있다면, 당신은 혼자가 아니다!

기독교인들은 어떤가? 26퍼센트의 여성들이 오르가슴에 도달하기가 힘들다고 우리에게 대답했다. 이 가운데 반은 그리 크게 신경 쓸 정도는 아니라고 했지만, 거의 4분의 1은 문제가 심각하다고 했다.

본 연구를 통해 우리는 오르가슴에 도달하는 횟수가 어느 정도 되는지 여성들에게 물어보았다.

표 5.1에서 보는 바와 같이, 3분의 1 정도의 여성들이 75퍼센트의 확률로 오르가슴에 도달한다고 응답하였다. 여성들 중에 4분의 1은 매번 오르가슴에 도달할 수 있었다고 보고한 반면, 9퍼센트는 오르가슴에 전혀 도달할 수 없었다고 말하고 있다.

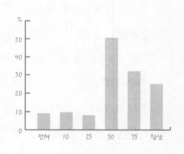

여성들은 얼마나 자주
오르가슴을 느끼나? (표 5.1)

우리는 여기서 다시 성적인 만족과 오르가슴의 횟수 사이에 중요한 연관이 있음을 발견하였다. 표 5.2를 보면 이 점을 분명히 확인할 수 있다.

오르가슴을 경험하는 횟수가 50퍼센트 이상인 여성들은 25퍼센트 이하인 여성들보다 더 높은 성적 만족을 느낀다. 오르가슴 하나가 성적 만족을 재는 직접적인 잣대가 될 수는 없지만(오르가

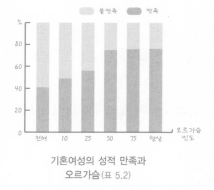

기혼여성의 성적 만족과
오르가슴(표 5.2)

습에 도달하는 여성들 중에도 섹스가 만족스럽지 못하다고 말하는 이가 있다), 오르가슴과 성적 만족 사이에는 밀접한 관련이 있다.

우리는 오르가슴의 중요성을 필요 이상으로 강조하고 싶은 마음은 없다. 그러나 오르가슴을 경험하고 싶지만 되지 않아서 힘들게 노력하는 여성들에게 포기하지 말라고 권하고 싶다. 오르가슴은 성적인 긴장을 건강하게 풀어 준다는 것 외에도 여러 가지 유익이 많은 매우 즐거운 경험이다. 오르가슴은 하나님의 선물인 성의 한 부분이며, 충분히 추구할 가치가 있다.

오르가슴에 영향을 끼치는 요인

우리는 오르가슴에 도달하기가 왜 이리 어려운지, 자신이 잘못하고 있는 건 아닌지 염려하며, 뭘 어떻게 해야 하는지를 묻는 여성들의 질문을 많이 받는다. 또 어떤 이는 정신적으로 또는 신체적으로, 어떻게 해야 오르가슴에 도달하는지 알려 주면 자기 부부에게 좋겠다고 했다. 그들은 신혼여행 때는 맛본 것들을 왜 지금은 느낄 수 없는지 이해하기 어렵다고 했다.

우리는 오르가슴의 문제뿐 아니라 다른 성적인 불만들의 원인을 찾으려 할 때, 몇 가지 요인들을 고려해야 한다. 차례대로 이 요인들을 검토해 보자.

테크닉

오르가슴에 문제가 있을 때, 첫번째 살펴볼 사항은 섹스를 하는 데 들이는 시간이다. 남자들은 몇 분 만에도 절정에 오르는 데 반해 대부분의 여자들은 신체적으로 그러한 고속 반응을 할 수 없기 때문에 성행위를 하는 데 충분한 시간을 들이지 않는다면 당신은 오르가슴에 이를 수 없다.

우리는 자주 "시간이 너무 오래 걸린다"고 걱정하는 여성들을 만나거나 불평하는 남편들을 보게 된다. 이런 경우, 대부분의 여성들은 자신을 탓하고 만다. 반응이 아주 빠른 남편과 자신을 비교해 버리는 것이다. 하지만 이것은 결코 여성들의 문제가 아니다. 남편의 테크닉이 틀렸을 수도 있고 성행위를 할 만한 분위기가 조성되지 않았을 수도 있다. 그러나 문제의 소지가 여성에게 있을 가능성도 배제할 수 없다. 오르가슴에 도달하게 되면 자제력을 잃을까 봐 두려워 자신을 내맡기지 않을 수도 있다. 성적인 쾌락을 즐기는 자신을 받아들이기 힘들어하는 여성이나, 섹스는 '죄악'이라는 진부한 생각을 아직도 떨쳐 버리지 못한 사람도 있을 수 있다. 좌절에 빠져 있다면, 오르가슴은 지평선 저 너머로 사라져 버린다. 부부 모두가 정말로 성행위를 즐기기 위해서는 시간이 걸린다는 사실을 인정해야 하고, 오르가슴에 이르기 위해서는 일정한 자극이 필요하다는 사실을 받아들여야 한다.

여성들은 흥분한 다음 오르가슴에 도달하기까지는 정말이지 긴 시간이 필요한데 대략 보통 남성들의 열 배 정도가 걸린다. 어떤 여성들에게는 더 긴 시간이 필요하다. 남성과 여성 사이의 이런 시간 차이 때문에 상호 동시 오르가슴을 경험하기란 여간 힘들지 않다.

우리는 연구를 통해 성행위가 지속되는 시간과 오르가슴에 도달하는 횟수 사이에는 결정적인 연관이 있다는 사실을 알게 되었다. (이러한 발견은, 전체를 대상으로 한 것이든 개신교인만을 대상으로 한 것이든 간에 《섹스 인 아메리카》의 연구결과에 견줄 만하다.) 자료들을 살펴보니, 오르가슴에 도달하는 횟수가 10퍼센트인 사람들은 성행위를 하는 데 5분밖에 걸리지 않았으며 오르가슴에 도달하는 횟수가 50퍼센트인 사람들은 30분을 쓰는 것으로 나타났다. 좋은 섹스에는 시간이 걸린다는 사실은 의심할 여지가 없다. 그렇기에 요즘 많은 부부들에게 시간은 귀중품이다! 여성의 오르가슴에 미치는 시간적 요인을 이해하려면 다음 쪽에 있는 그림 5.1을 보라.

우리는 오르가슴에 반응하는 서로 다른 세 스타일을 그려 놓았다. 다섯 가지로 구별할 수 있는 단계들이 있음을 주목하라. 욕구 단계(성행위에 흥미가 있거나 마음을 열어 놓은 상태), 흥분 단계(성적 흥분이 생기는 상태), 고조 단계(오르가슴 직전 높은 수준의 흥분 상태), 오르가슴 단계(성적 긴장을 분출하는 상태), 이완 단계(점진적으로 평소의 신체 상태로 회복하는 상태). 남자들은 대부분 고조 단계에서 **빠**르게 하강하는 반면, 여자들은 그 단계에서 더 오래 머물러 있을 수 있기 때문에 여러 번의 오르가슴을 경험할 수 있다. 여자 1은 남자의 반응과 매우 유사하다. 남자와 다른 점은 고조 단계 아래로 떨어지지 않은 채 한 번 이상의 오르가슴을 경험할 수 있다는 것이다. 여자 2는 고조 단계를 거치지 않고 고속으로 오르가슴을

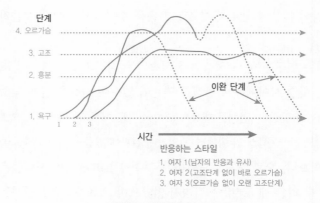

단계
4. 오르가슴
3. 고조
2. 흥분

이완 단계

1. 욕구

　　1　2　3

시간 →

반응하는 스타일
1. 여자 1(남자의 반응과 유사)
2. 여자 2(고조단계 없이 바로 오르가슴)
3. 여자 3(오르가슴 없이 오랜 고조단계)

여자들의 성적 반응 주기(그림 5.1)

향해 올라가며 이완되는 정도도 빠르다. 여자 3은 오르가슴 없이 고조 단계에서 오랜 시간 머물러 있다.

반응하는 스타일이 서로 다르다는 점에 주목하라. 삶의 주기 별로 또는 시간이 지남에 따라 성적으로 반응하는 스타일도 달라지겠지만, 당신은 이 세 스타일 중에 하나에 해당했거나 해당한다는 사실을 알 수 있을 것이다. 또한 만족스러운 반응을 얻기 위해서는 시간이 얼마나 중요한 역할을 하는지 살펴보라.

여성이 흥분하거나 오르가슴에 도달하기 위해서는 얼마 동안의 성적 자극이 있어야 하는가? 우리는 이 질문을 여성들에게 해 보았다. 표 5.3이 그 결과이다.

62퍼센트 이상(가장 높은 비율이다)이 15분 동안 자극을 받아야 한다고 했고 20퍼센트는 5분, 15퍼센트는 30, 약 2퍼센트의 아주 소수의 여성들만이 45분 이상이 필요하다고 말했다. 여기서 주의해야 할 중요한 점은 표 5.3이 나타내는 시간은 성적 자극이 지속

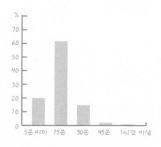

기혼여성이 오르가슴에 도달하는 데
걸리는 성적 자극 시간(표 5.3)

되는 시간이지 성행위 전체에 소요되
는 시간을 의미하는 것이 아니라는
사실이다.

따라서 시간은 오르가슴에 도달하
는 데에 중요한 요인이라는 점이 분
명해졌다. 시간이 걸리는 이유는 중
요한 생물학적 변화가 일어나야 하기
때문이다. 만일 여성이 "서둘러서 빨
리 해치우자"라고 생각하거나, "너무 오래 걸리는 게 아닌가?"라
고 걱정하고 있다면, 그러한 생각과 걱정이 몸에서 '일어나고 있
는' 변화들을 즐기지 못하게 하며 흥분과정도 건너뛰게 한다. 시
간이 부족하면 흥분 단계에 도달하지 못하고, 흥분 단계가 없으면
오르가슴에 이를 수 없다. 바로 이 점을 보면 왜 많은 여성들이 오
르가슴을 느끼지 못하고 있는지를 이해할 수 있다.

배우자와의 관계

오르가슴의 문제는, 일생 동안 일정한 간격으로 간헐적으로 나
타나거나 일정한 상황 하에서 발생하는데, 종종 배우자와의 관계
와 관련이 있다. 왜 오르가슴을 느끼다가 어느 순간 느끼지 못하
는가? 환경이 바뀌고 삶의 조건들이 변하기 때문이다.

다툼과 원망과 적대감으로 가득 찬 관계는 오르가슴의 발목을
잡을 수 있다. 걱정하고 있고 불안해하고 있고 사랑받고 있지 않
다고 느끼고 있다면, 성적 흥분이 일어나는 단계까지 갈 수 있는

길은 없다. 해결책은 무엇인가? 화해하라. 필요하다면 상담을 신청해 보라.

어릴 때 성적인 충격을 받은 여성들은 대개 오르가슴에 도달하기 힘들어한다. 성적인 충격은 오르가슴을 막는 아주 중요한 원인이기 때문에 우리는 이 주제를 10장에서 별도로 다룰 것이다.

당신의 배우자가 너무 무리한 요구를 하거나 당신의 필요에 대해 무관심한 것 같으면 화가 나고 분할 것이다. 이것 또한 오르가슴에 장애가 될 수 있다.

이처럼 가끔 일어나는 오르가슴의 문제를 해결하기 위해서는 배우자와 마음을 툭 터놓고 정직하게 이야기하는 것이 필수적이다. 두 사람 모두 몇 가지 점에 대해서 교육을 받아야 할지도 모르겠다. 한쪽 상대방에게 책임을 돌리는 것은 문제 해결에 도움이 되지 않으므로 두 사람 모두의 문제로 인식해야 한다. 그리고 상대방이 오르가슴은 도울 수는 있지만, 그렇게 해야만 하는 책임은 '없다'. 당신의 주된 책임은 기쁨을 주고받으며, 자신의 몸의 반응에 집중하는 것이다. 부부가 서로를 사랑하고 상대방에게 기쁨을 주는 '동시에' 자신도 기쁨을 누릴 수 있도록 정신을 집중할 때 섹스는 가장 만족스러운 것이 된다. 이 말은 정신을 산란하게 하는 모든 것들로부터 해방되는 것을 의미한다. 자신의 몸이 뭐라고 말하는지 민감하게 느껴 보라!

건강과 약물
우리는 상담을 하면서 의외로 많은 사람들이 자신의 건강 상태와 지금 받고 있는 치료가 성적인 흥분과 오르가슴에 어떤 방해를 끼치고 있는지 모르고 있다는 사실에 놀랐다. 당뇨병, 알코올 중독, 호르몬 부족, 일정한 신경계 장애는 오르가슴에 도달하는 것을 막을 수 있다. 그 외에도 오르가슴에 장애가 되는 많은 약물들이 있다. 성적인 부작용을 '일으킬 수 있는' 약물을 나열해 보면 다음과 같다. 항남성호르몬제, 항부정맥제, 이뇨제, 호르몬제, 항불안제, 항경련제, 항우울제, 항정신병제, 안정제, 수면제, 각성제, 데메롤, 비아편성 진통제, 알코올, 암페타민, 코카인, 헤로인, 마리화나, 니코틴. 니코틴에 주의하라. 담배를 많이 피우는 여성들에게는 문제가 발생하게 마련이다. 항(抗)이라는 접두어가 붙은 약물은 거의가 항오르가슴적이므로 주의하라!

가정에서 받은 잘못된 성교육

성교육의 대부분은 어릴 때 이루어진다. 어떤 경우는 계획적으로 이루어지고 그 내용도 좋지만, 또 어떤 경우는 우발적으로 일어나며 해로운 내용을 담고 있는 경우도 있다. 그러나 잘못된 내용일지라도 성에 대해 아무 말도 하지 않는 것보다는 말하는 편이 훨씬 더 낫다. 가정에서 섹스에 대해 이야기하지 않으면 아이들은 자신의 몸과 성기에 대해, 섹스가 더러운지 선한지 아니면 입에 담아서는 안 되는 것인지에 대해, 성적 매력이 무엇이고 얼마나 중요한지에 대해 자기 나름의 신념을 쌓아 가기 때문에 아이들에게 가장 위험할 수 있다.

성교육은 아주 중요한 주제이기 때문에 우리는 그것을 위해 한 장을 할애하였다.

감정이나 태도, 지식과 경험 부족

상당수의 여성들이 오르가슴에 이를 수 없다고 한다. 특별한 상황에서든 아니면 일생 동안이든 오르가슴을 경험하지 못하는 이유는 대부분 신체적인 문제가 아니다. 감정이나 태도, 지식의 부족이나 경험의 부족이 오르가슴에 도달하는 것을 막을 수 있다. 이를 치료하기 위해서는 자신을 '내맡기지' 못하게 하는 감정이나 사고방식이 무엇인지 찾아내는 것이다. 여성들은 자신의 성적 반응 주기가 어떻게 돌아가고 있고 자신이 몸이 어떻게 움직이는지에 대해 더 많이 배워야 한다. 스스로 자신의 몸의 여러 부분들을 연구하고, 어떻게 할 때 몸의 어느 부분에서 성적인 쾌감이 생기는지 배워야 한다. 진전이 있으면 이렇게 배운 것을 가지고 남편과 함께 성관계를 하면서 적용해 보는 것이다.

성 치료 요법을 받거나 치료 그룹에 들어가서 도움을 받은 여성들은 대부분(성욕과 성적 흥분은 있으나 오르가슴을 경험하지 못하는 여성들 중 75-90퍼센트) 해결을 받았다. 스스로 오르가슴 문제를 풀려고 하는 사람들은 여기에 관한 훌륭한 책들을 쉽게 찾을 수 있으므로 한번 구해서 보는 것도 좋을 것이다.

삽입을 통한 오르가슴

오르가슴에 관한 가장 많은 질문 중에 하나는 삽입을 통해 (기왕이면 남편과 동시에) 오르가슴에 도달할 수 있는가 하는 것이었다.

대표적인 질문은 세 가지 정도였다.

첫째, 자기는 삽입만으로 오르가슴에 이르는 게 불가능한데 무슨 문제가 있는 것이냐, 둘째는 삽입만으로 오르가슴에 이르는 여자들이 얼마나 되는가에 대한 질문이었다. 자기 말고도 오르가슴에 도달하기 위해서 음핵을 직접 자극하는 사람이 있는지 아니면 자기에게 뭔가 잘못이 있는 것인지 궁금해했다. 셋째는 대다수의 여자들이 오르가슴에 이르기 위해서는 음핵이 자극을 받아야 하는 것은 알지만, 이런 형태의 오르가슴은 남편의 것과 비교해 볼 때 열등한 것이 아닌가 하는 질문이었다.

우리는 연구에 참여한 여성들에게 삽입만으로 오르가슴에 이를 수 있는지 물어본 결과, 59퍼센트가 그렇지 못하다고 부정적으로 대답했다. 하지만 이러한 사실은 놀랄 만한 것이 못 된다. 대부분의 성 연구가들과 치료사들의 연구결과는 우리의 것과 비교해 보았을 때 매우 일치하였다. 어떤 연구는 67퍼센트까지 나온 경우도 있었다. 그래서 우리는 여성의 3분의 2 정도는 삽입만으로 오르가슴에 이를 수 없다는 결론을 내릴 수 있었다.

삽입으로 오르가슴에 이르지 못해 정상이 아닐까 봐 염려한 많은 여성들은 이러한 사실만으로도 안심이 되었을 것이다. 생리학적으로 볼 때도 삽입만으로 오르가슴에 도달한다는 생각은 근거가 없다. 음경에 의한 질 마찰만으로 오르가슴에 이를 수 있는 능력을 개발한 여성들도 있을 수 있지만, 대개는 직접적인 음핵 자극을 필요로 한다. 성교 후나 삽입 전·후나 삽입하는 동안 흥분이 느껴지는 정확한 위치를 찾아, 자신이 직접 음핵을 자극하거나

오르가슴: 성적으로 만족하는 여자들의 7가지 습관

1. 섹스에 대해서 더 자주 생각하고, 만일 섹스하면 어떻게 할지 미리 생각하라. 성욕과 성적 흥분 상태를 바라보라.(성욕 촉진 정책을 써라.)

2. 서둘러 섹스를 끝내지 마라. 오르가슴을 느끼려면 성적 흥분 상태가 필요한데, 여기에 이르기 위해서는 충분한 시간이 있어야 한다.

3. 쉬어라. 피로를 물리쳐라. 만족스러운 성경험을 위해서는 충분한 시간과 에너지 확보가 중요하다.

4. 술을 삼가라. 약간의 술은 처음에는 성욕과 전희의 즐거움을 증가시킬 수도 있다. 그러나 어느 정도 술이 들어가면 오르가슴에 이르기가 매우 힘들어진다. 질에 윤활이 되지 않기 때문에 더 많은 전희가 필요하며 설사 오르가슴에 이른다 해도 그리 만족스럽지 못하다. 과음을 한 경우에는 오르가슴에 이르는 것이 불가능하다.

5. 집중하라. 당신의 몸의 성감대가 어디인지 알아보라. 좋은 기분이 드는 부분에 마음을 쏟아라. "중요한 자료를 팩스로 보냈나?" "쇠고기를 냉동실에 넣어 두었나?" 등의 다른 생각을 접고 흩어진 정신을 끌어 모아 즐기고 있는 그 장소, 바로 그 순간에 집중하라.

6. 당신의 몸에 대해 배워라. 신체 구조를 공부하고 어떻게 기능하고 반응하는지 실험해 보라. 어떨 때 기분이 좋은가?

7. 몸과 성적인 매력과 성기와 섹스 자체에 대해 가지고 있는 당신의 신념을 점검하라. 이것들이 당신에게 어떤 의미가 있는가? 하나님께서 성에 대한 당신의 신념 체계를 다루시고 회복시키시도록 구하라.

남편으로 하여금 자극하게 해야 한다.

우리의 연구결과로 볼 때, 삽입만으로 오르가슴에 도달하기 위해서는 섹스하는 횟수와 시간을 늘려야 하는 것이다. 다시 말해, 더 많이 섹스하고 한 번 하는 데 더 많은 시간을 투자하게 되면 성교하는 동안 당신의 몸은 더 쉽게 오르가슴에 반응할 것이다.

프로이드는 질 오르가슴과 음핵 오르가슴을 구분하였는데, 오르가슴은 다른 부수적인 도움 없이 성교만으로 도달할 수 있다는 잘못된 오해는 이러한 프로이드 이론에 기인하는 바 크다. 실제적으로는 그러한 구분을 할 수 없다. 오르가슴은 한 가지만 있을 뿐이다. 음핵의 자극에 의해 오르가슴은 촉발되지만 질 바깥쪽의 3분의 1과 골반 근육이 수축되는 것으로 통해 오르가슴이 느껴진다. 질 안에서의 음경의 마찰은 일정한 체위를 취할 때 음핵을 직접적으로 자극하기도 하고 음핵 덮개를 끌어당기면서 간접적으로 음핵을 자극하기도 한다.

우리는 삽입하지 않고 어떻게 오르가슴에 도달하는지에 대해서도 물어보았는데, 51퍼센트의 여성들이 자신의 손이나 남편의 손으로 자극해서 그렇게 한다고 대답하였다. 많은 여성들이 오르가슴에 도달하기 위해서 일정한 체위(여성 상위)나 진동기가 필요하다고 했으며 음경에 의한 음핵의 직접적인 자극(삽입하지 않고 바깥에서 하는 자극)을 이야기하는 여성들도 있었다.

질은 외부 자극에 대해 남자의 고환에 해당하는 정도의 예민함밖에 가지고 있지 않다는 사실을 알게 되면 남녀 할 것 없이 오르가슴을 쉽게 이해할 수 있다. 고환만을 자극해서 오르가슴에 이르는 일은 불가능한 건 아니어도 매우 힘든 일이다. 삽입만으로 오르가슴에 이르려고 하는 여성들은 이와 똑같은 우를 범하고 있는 것이다. 결국 우리가 궁극적으로 하고 싶은 말은 삽입을 통해서 오르가슴에 도달할 수 없다고 하더라도 정상이라는 것이다. 대부분이 그렇다!

많은 그리스도인들이 모든 형태의 자위행위를 거부하기 때문에, 음핵을 자극하는 것을 문제 삼아 자기 손으로 성기를 만지는 것을 잘못으로 여기기 때문에 엄두를 내지 못하고 있다. 이들은 성교 시에 자신의 손으로 하는 자극을 자위행위라고 낙인찍고 죄의식을 갖는다. 그러나 남편과 성교하는 중에나 성교를 전후해서 자신을 자극하는 것은 섹스의 일부분이지 자위행위가 아니다. 자위는 그야말로 '자기 발정'이다. 자신을 위해 자기 스스로 한다는 말이다. 우리를 오르가슴에 이르지 못하게 막는 그러한 잘못된 오해는 풀었으면 한다. 이로써 많은 여성들이 온전한 오르가슴을 경험하게 되기를 바란다.

오르가슴에 장애가 되는 중요한 원인 중에 하나는 자신이 얼마나 자극이 필요한지를 모르고 있다는 점이다. 우리는 이런 경우 어떻게 하는 것이 가장 좋은 느낌을 주는지 실험해 보고 찾아보라고 권한다. 어떤 여성들은 오르가슴에 이르는 방법을 알지만, 어떻게 남편에게 이야기를 할지 난감해한다. 남편이 알 수 있도록 더 완벽하게 의사소통을 하는 길밖에 없다. 남편에게 설명하고, 남편에게 해 보라고 권하거나 함께 해 봐야 한다. 다시 한 번 말하지만 이때 애무를 하면서 혹은 성행위를 하면서 자기 손으로 자극하는 것은 정말이지 아무 문제될 것이 없다.

오르가슴과 자위행위

어떤 여성은 우리에게 성교할 때보다 자위행위할 때 더 쉽게 오르가슴에 도달하는 것이 여자에게 정상적인 것인지 물어왔다.

그렇다. 성교보다 자위행위를 통해 오르가슴에 이르는 것이 쉽다고 느끼는 것은 아주 정상적이다. 앞에서 언급했듯이 대부분의 여성들은 삽입할 때조차도 음핵을 직접적으로 자극해야 오르가슴에 도달한다. 자기 손으로 직접 자극할 때 생기는 장점은 효과가 빠르다는 것이다. 그리고 자극을 다양하게 조절할 수 있다. 더 강하게 힘을 줄 수도 있고 약하게 할 수도 있다. 방향을 바꿀 수도 있고 윤활제를 더 바르고 할 수도 있다. 당신은 어떻게 할 때 쾌감을 가장 높이는지를 바로 알 수 있다. 삽입을 통한 자극만으로는 자극의 속도와 형태, 양을 조절할 수 없다. 따라서 절정을 맛보는 데에 필요한 성적 흥분 상태에 도달하기 위한 조건들을 갖출 수 없다. 이런 이유에서 자기 손으로 자극할 때 좀더 쉽게 오르가슴에 도달할 수 있다.

그러나 하이트 보고서에서 인용한 아래의 글들을 보면 쉽다는 것이 항상 좋은 것이 아님을 알 수 있다.

> 육체적 · 심리적으로 가장 만족스러운 오르가슴은 삽입을 통해서 오지만 강렬한 오르가슴은 자위행위에서 옵니다. ……음핵 오르가슴은 강한 반면 삽입만을 통해서 경험하는 오르가슴

은 약하고 만족스럽지 못하며 때로는 큰 좌절감을 안겨 주기도 합니다! ……자극을 통한 오르가슴은 성기 주변에서 맴돌지만, 삽입을 통한 오르가슴은 더 강하고 좋으며 온몸을 만족시켜 줍니다.[3]

오르가슴은 아주 개인적이고 개별적인 경험이어서 어떤 여성들은 삽입을 통한 오르가슴을 가장 만족스러워하고, 어떤 여성들은 자위행위나 자기 손으로 자극해서 오는 오르가슴을 더 선호한다. 이렇듯 다양하고 많은 요인들이 작용하기 때문에 어떤 것이 더 낫다고 말할 수 없다.

멀티 오르가슴

"멀티 오르가슴은 얼마나 보편적입니까? 얼마나 많은 사람들이 경험하죠?"

남자는 사정을 한 후에는 소강상태에 접어들기 때문에 성적 흥분 상태로 바로 되돌아갈 수 없다. 그리고 이 점이 바로 남자와 여자의 성 차이 중 가장 인상적인 것이다. 남자들은 다시 성적 흥분 상태에 들어가기 위해서 기다려야 한다. 몇 분이면 족한 사람이 있고(젊은 사람들), 며칠씩 걸리는 사람들도 있다. 그러나 여성들은 오르가슴에 이른 후에도 다시 두 번 세 번에 걸쳐 반복적으로 오르가슴을 맛볼 수 있다. 이것을 멀티 오르가슴이라고 한다.

어떻게 이것이 가능한가? 다시 해부학적인 설명을 해야겠다. 성적 흥분 상태가 지속되는 동안 남자의 경우는 음경에만 피가 몰리지만 여자의 경우는 충혈(充血)되는 부위가 보다 넓기 때문에 이완 과정이나 성적 흥분이 가라 않는 과정이 남자보다 더 천천히 일어난다. 따라서 계속되는 자극만 있으면 여자들은 곧바로 다시 절정에 오를 수 있다. 모든 여성들이 이것을 즐기지는 않지만, 멀티 오르가슴을 경험할 수 있는 능력은 있다.

여성들이 이러한 능력을 가지고 있다는 것을 알기 때문에 부작용이 나타나기도 하는데, 자기 스스로("모든 사람이 멀티 오르가슴에 대해 이야기하는데 나라고 뒤질 수 없다") 혹은 남편의 비위("여러 번 오르가슴을 느끼게 해 줄 수 없다면 섹스를 잘하는 남자라고 할 수는 없지")를 맞추려고 멀티 오르가슴을 경험하는 체하는 경우가 그것이다. 이렇게 되면, 어느 경우든 성관계의 진정한 의미는 사라져 버린다. 섹스는 사랑을 표현하고, 쾌락을 누리고, 즐기고, 상대방과 하나 되는 것이다. 섹스는 자기가 얼마나 완벽한 여성인가를 상대방에게 증명하고 다른 여성들에게 자랑하는 시합이 아니다.

멀티 오르가슴은 신체 구조상 모든 여성이 경험할 수 있으나 어떠한 이유에서든 자신에게 그것을 강요하지는 말아야 한다. 자신에게 가장 편한 유형을 찾아 그것을 즐겨라. 가장 중요한 것은 '만족스러운가?' 하는 것이다.

상호 동시 오르가슴

"동시에 오르가슴에 이르기를 바라는 것은 합리적인가요?"

경우에 따라 다르다. 가끔은 상대방과 동시에 오르가슴에 이를 수 있다고 생각하는 것은 합리적이다. 그러나 동시에 절정에 이르는 것을 목표로 삼는 것은 건설적이지 못하다고 본다. 더욱이 섹스를 할 때마다 상호 동시 오르가슴을 기대하는 일은 분명 불가능한 일이다.

상호 동시 오르가슴을 경험하기 위해서는 상대방의 반응에 집중하고 맞추는 노력이 상당히 필요하다. 부부 모두가 성욕을 꺼뜨리지 않으면서 오르가슴을 참는 법과 자신의 흥분 상태를 조절하는 법을 터득해야 한다. 이 둘 모두 오르가슴에 도달하기 위한 필수조건이기 때문에 어느 것도 놓쳐서는 안 된다.

대부분의 부부들은 오르가슴을 '순차적으로' 경험한다. 어떤 여성들은 자기가 먼저 오르가슴에 도달하는 것을 선호한다. 일단 자신이 오르가슴에 도달하고 나면 상대방과의 친밀감이 더 강해져서, 상대방에게 더 큰 쾌감을 주려고 정신을 집중할 수 있기 때문이다. 반면에 어떤 여성들은 반대의 경우를 선호하는데, 그렇게 해야 자신의 성적 흥분과 오르가슴에 집중할 수 있기 때문이라고 한다. 자신과 상대방에게 가장 잘 들어맞는 유형을 찾아라.

성적인 행태에 관한 다른 연구에서 상호 동시 오르가슴이 만족스러운 섹스를 위한 필수조건인지를 물은 데 대한 결과를 보면, 14퍼센트의 여성만이 그렇다고 하였고, 76퍼센트는 아니라고 대답했다.[4] 상호 동시 오르가슴은 분명 멋지고 굉장한 경험이지만, 굉장한 경험 중에 하나일 뿐이지 유일한 것은 아니다. 당신의 성관계에서 그런 기대를 하는 것은 도움이 되지 않는다.

오르가슴과 폐경

우리 연구에 참여한 많은 여성들이 폐경에 대한 염려를 표명했다. 또 실제로 폐경기를 지난 많은 여성들로부터 이제는 오르가슴을 경험하지 못하게 됐다는 말과 성욕을 상실했다는 이야기를 들었다. 하지만 성적 반응이 줄어드는 것은 노화에 따른 생리적인 효과라기보다는 나이를 먹는 것에 대한 두려움과 잘못된 지식 때문에 생기는 것이다.

폐경기를 지난 1,300명의 여성들(55세부터 65세까지)을 대상으로 한 조사에서, 90퍼센트가 아직까지 성생활을 하고 있고 섹스가 자신들의 삶에 긍정적인 역할을 한다고 하였다. 75퍼센트의 여성들이, 폐경 때문에 섹스를 즐기는 자신들의 능력이 조금도 줄어든 일은 없다고 하였다. 마스터즈와 존슨의 연구결과에 따르면, 여성들이 나이가 들면 윤활액이 나오기까지 시간이 더 걸리고 충분히 나오지 않으며 성적 흥분과 오르가슴도 덜 강렬하다고 한다. 그러나 실제적으로 보면, 이렇게 느리게 반응하면 성적 흥분 단계까지 이르기 위해서 서로 애무하고 자극하는 데 더 많은 시간을 투자하기 때문에 쾌감이 줄기보다는 오히려 증진시키는 데 도움을 준다.

폐경기 동안 나타나는 에스트로겐의 저하 때문에 질 벽이 얇아지고 탄력성이 떨어져 상처가 생기기 쉽다. 여성들은 이 기간 동안 계속 성생활을 함으로써 자신의 질이 건강을 유지할 수 있도록 특별한 조치를 취해야 한다. 불편한 것이 문제가 된다면, 윤활제나 질에 바르는 에스트로겐 크림, 먹는 에스트로겐이나 호르몬 보충 요법을 이용하라. 계속적인 성생활을 유지하는 여성들의 경우에는 문제가 적었다.

결혼생활을 통틀어 섹스를 거의 하지 않거나 전혀 하지 않았던 여성들도 많이 있다. 이 여성들은 마침내 섹스를 하지 않아도 될 좋은 이유(폐경, 자궁적출, 노화)가 생겼기 때문에 안도할 수 있다. 우리 연구에 참여한 한 여성은 재생산할 수 없는 나이가 되어서도 성적인 문제로 계속 힘들어하는 것이 정상적인지 알고 싶어했다. 쉰이나 예순 내지 일흔 살이나 된 여성들도 아내이기 때문에 남편의 그 고통스럽고(건조해서) 불편하고 엉망진창인 성생활에 함께 참여해서 즐겨야 한다는 것이 이해가 되지 않는다고 했다.

또 다른 여성은 일생 동안 정기적으로 그리고 어느 정도의 의무감을 가지고 성교를 해야 한다는 것이 자기 같은 사람에게는 큰 부담이 된다고 했다.

우리는 더 이상 섹스에 마음이 가지 않는 여성들이 있으며 섹스에 대한 의무감에서 벗어나 기뻐하는 여성들도 있다는 것을 알고 있다. 그러나 나이가 들었다는 것이 자신이 더 이상 성적인 존재가 아니라는 근거는 되지 못한다. 하나님께서는 사랑과 애정과 성적인 충족을 주고받을 수 있는 능력을 우리 몸에 심어 주셨다. 그러나 성적인 충족은 성교를 통해서만 오는 것은 아니다. 성적인 기쁨을 주고받을 수 있는 길은 여러 가지가 있다.

많은 노인들이 사랑과 섹스가 자신들의 삶에 미치는 긍정적인 측면들을 우리에게 확인시켜 주었다. 한 여성은 자신이 이상적으로 생각하는 성경험이란 촛불을 켜 놓고 와인을 마시며 벽난로 앞에 앉아 남편과 꼭 껴안고 있는 것이라고 했다. 다른 여성은 아래와 같은 말을 남겼는데, 한번 읽어 보라.

우리는 뒷마당에서 음악을 틀어 놓고 상대방에게 쓴 편지를 읽
어 주곤 했어요. 우리는 오랫동안 애무를 하고 나서 격정적인
관계를 가졌지요.

여든 살 먹은 어떤 여성은 삼십 년 동안 독신으로 살다가 최근
에서야 한 남자(지금의 남편)와 관계를 맺기 시작했는데, 자기가 평
생 만나 본 남자 중에 최고라고 했다. 그녀는 자신이 젊었을 때(18
세에서 45세까지) 섹스는 격렬하고 힘이 있었지만 지금 느끼는 열
정과는 달랐다고 했다. 지금 경험하는 섹스가 그 속도는 느리지만
여전히 만족스럽다고 했다.

기억할 점

1. 오르가슴에 관한 많은 잘못된 사회적 통념들 중 가장 해로운 것
   은, 완벽한 성경험에는 오르가슴이 필수적이라고 생각하는 것
   이다. 하지만 이보다 더 나쁜 것은 오르가슴이 순전히 질의 마
   찰을 통해, 그것도 다발적으로 일어나야 한다고 생각하는 것이
   다!
2. 많은 여성들은 성교의 육체적인 측면보다 감정적인 측면을 더
   중요하게 생각하며, 육체적이고 감정적인 친근함에 만족해한
   다. 성교의 궁극적인 목적은 오르가슴이 아니다.

3. 여성들이 성관계 시에 오르가슴에 도달하기 위해서는 남성보다 더 많은 시간이 필요하다. 본 연구를 통해 흥분 단계에 도달하기 위해 필요한 시간을 보내지 않고서는 오르가슴에 도달할 수 없다는 사실을 밝혀 냈다.

4. 오르가슴을 방해하는 요인으로 부부간의 갈등, 과거에 겪은 성적인 충격, 의학적인 문제 그리고 오르가슴에 이르는 방법에 대한 지식의 부족을 꼽을 수 있다.

섹스하기엔 부족한 에너지

"내가 잘지라도 마음은 깨었는데 나의 사랑하는 자의 소리가 들리는구나!
문을 두드려 이르기를 '⋯⋯나의 사랑⋯⋯ 문 열어 다고⋯⋯.'" 아가 5:2

설문지에 남긴 글들 중에는 반복해서 등장하는 내용이 있었는데, 우리는 그 내용을 읽고 또 읽었다. 그것은 '끝이 없는 노래'의 후렴같이 들렸다. 하지만 이 노래는 심각했다. 많은 결혼생활이 위기를 맞고 있다. 왜냐하면 부부들이 '풍성하고 만족스러운 성생활을 하고 싶지만, 그럴 만한 에너지는 없다'는 어려운 딜레마를 해결하지 못하고 있기 때문이다. 마음은 원이로되 육신이 약하도다! 우리는 이것을 '에너지 고갈'이라고 부른다.

이제는 고전이 된 클리프와 조이스 페너의 《섹스의 선물》[1]을 보면 그들의 세미나에 참석한 부부들을 대상으로 한 정기적인 조사 결과가 나오는데, "당신들이 해결하고 싶은 문제는 주로 어떤 것입니까?"라는 질문에, 대략 75퍼센트의 부부들이 함께 있을 시간이 부족하다는 대답을 했다.

요즘 대부분의 부부들이 시간이 부족해 허우적대고 있지만, 우리의 연구결과를 볼 때 이것은 단순히 시간의 문제만은 아닌 것 같다. 설령 함께할 시간이 있다고 하더라도 만족스러운 섹스에 몰두할 에너지가 없다.

우리는 이 장을 통계보다는 본 연구에 응답해 준 여성들의 이야기를 토대로 진행할 것이다. '에너지 위기' 라는 주제에 대해 쓴 여성들의 매우 개인적이고 감정이 실린 이야기들을 우리는 몇 가지로 구분하였다. 어떤 여성들은 자신이 너무 바쁜 나머지 섹스에 대해 생각할 겨를조차 없이 지쳐 있다고 불평했다. 이런 기간이 조만간 지나가겠지만 지금으로서는 그렇게 되든 말든 상관이 없다고 했다.

또 어떤 여성들은 자신은 시간이 있는데 남편이 바쁘다고 불평한다. 교회나 직장 일로, 축구 경기로, 모든 일에 몰두하는 남편이 거기다 친구들과 이런저런 일로는 시간을 보내면서 서로를 이해하기 위한 시간을 낸 적은 없다며 곧 활동 중 몇 가지를 그만두기로 한 남편이 약속을 지키는지 두고 보겠다고 했다.

상당수의 여성들은 자신과 남편 모두 각자의 생활에서 미칠 정도로 바쁘게 내달리고 있다고 투덜댄다. 그들은 밤중에 바다를 지나다니다가 만나는 배처럼 '안녕?', '잘 가' 라며 인사하는 것이 관계의 전부다.

너무 바빠서 받는 스트레스만 줄여도 부부의 성관계는 나아질 거라고 했다. 바쁜 삶을 살면서 동시에 성을 즐기도록 우리를 만

드시진 않았다고 생각하기 때문에, 하나를 위해 나머지 하나는 양
보해야지 그렇지 않으면 모두를 잃게 될 거라고 고백했다.

　다음의 글을 읽어 보면 '에너지 위기'를 맞고 있는 사람들의 일
반적인 생각을 알 수 있다.

　우리는 섹스에 신경 쓸 여력이 없어요. 둘 다 하루 종일 직장에
　서 일하다가 집에 오면 파김치가 돼죠. 주말에는 교회일과 아
　이들에게 에너지를 다 쏟는답니다. 일요일 저녁에는 제대로 눕
　지도 못한 채, 텔레비전 앞에서 지쳐 잠들어 버리는 미칠 것 같
　은 생활의 연속에서 어떻게 벗어날 방법은 없나요?

섹스에 영향을 미치는 요인

에너지 부족이 성욕에 영향을 준다고 불만을 토로한 여성들 중
에 가장 중요하게 생각해야 할 사람들은 집

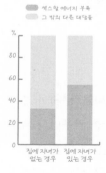

　　■ 섹스할 에너지 부족
　　　그 밖의 다른 대답들

에서 하루 종일 자녀를 양육하는 어머니들이
다.

　표 6.1을 보면, 자녀 양육이 섹스에 어떤
영향을 주는지 알 수 있다. 애가 없는 여성들
은 겨우 33퍼센트만이 섹스를 할 여력이 없
다고 말하는 데 반해, 집에서 하루 종일 애들
을 돌봐야 하는 어머니들은 55퍼센트가 그렇
다고 했다.

자녀 양육과 섹스할
에너지 부족(표 6.1)

자녀 양육

세 살, 네 살, 여섯살 난 아이들을 키우는 한 여성은 아이들이 생긴 후 섹스를 할 힘이나 욕구를 모으기가 힘들다며 때때로 이것이 정상인지 아닌지 분간이 안 된다고 했다. 애들 뒤치다꺼리로 하루를 보내고 나면 섹스하고 싶은 마음이 없다, 결혼 초에는 자신이 섹스를 더 좋아했지만 지금은 정반대라고 했다. 욕구 불만에 찬 남편은 자기의 사랑도 거부한다며 도와 달라고 했다.

또 다른 세 아이의 엄마인 여성은 남편이 아직까지 바람피우지 않게 해 주셔서 감사하다며 아이들이 자랄 때까지만이라도 계속 지켜 달라고 기도할 정도였다. 어떤 여성은 애들이 크면 성욕은 돌아오겠지만 지금으로서는 어두운 터널 끝이 보이질 않는다고 말하기도 했다.

방금 이 여성의 말대로, 아이들이 다 자라면 섹스하는 데 필요한 에너지도 훨씬 늘어난다. 여러 면에서 이런 상황은 길어질 수도 있지만 부부생활에서는 일시적이다.

나이

나이가 들면 에너지 고갈은 어느 정도 해소가 되는가? 우리는 나이의 영향에 대해 주의 깊게 살펴보았다. 아이들을 키우면서 섹스를 즐길 여력이 없다는 기혼여성들의 문제는 서른과 마흔 아홉 살 사이에 최고조에 달하고, 그 이후로는 나이가 들어감에 따라 점차 나아진다. 가장 힘든 시기는 마흔과 마흔네 살 사이로, 44퍼센트의 여성들이 섹스하기엔 힘이 부친다고 하였다. 그러나 마흔

아홉부터 쉰다섯 살까지의 여성들 중에는 23퍼센트만이 그렇다고 하였다.

에너지 고갈의 문제는 언젠가는 지나가겠지만, 겪고 있는 동안은 피해 갈 길을 찾아봐야 한다. 이 장의 뒷부분에서 이 문제를 극복하는 방법에 대해 다룰 것이기 때문에 여기서는 두 가지 중요한 점만 지적하고 넘어가고자 한다.

- 부부들은 정기적으로 아이들로부터 떨어지는 훈련을 해야 한다. 짧은 휴가를 갖는다거나, 일주일에 한 번은 둘이서만 밤을 보낸다거나, 때론 친구나 가족들에게 아이들을 맡기고 주말여행을 떠나야 한다.
- 남편들은 엄마 노릇이 얼마나 스트레스를 받는 일인지 이해해야 한다. 만일 직장까지 다니고 있다면, 아내가 떠안아야 할 의무와 책임은 거의 악몽 수준이다. 그러나 남편들이 아내가 얼마나 힘든 줄을 이해해 준다면, 집 안팎에서 아내에게 힘이 될 것이다. 남편들이 아내들이 하루쯤은 쉴 수 있도록 정기적으로 하루 휴가를 낸다면 기적이 일어날 수도 있다.

바쁜 아내

아이들을 키우는 일이 아니더라도 여성들은 자신의 일 때문에 너무 바쁘다.

저는 아주 바쁘고 활동적인 데다 일도 한가로운 것이 아니어서 피곤하며 지치고, 일 때문에 시달려요. 항상 다른 곳에 너무 정신이 팔려 있어서 성적인 관심은 줄어들 수밖에 없네요.

1년 전에 이 질문을 받았다면, 지금과는 전혀 다르게 대답했을 겁니다. 그때는 아주 힘든 일을 했고 일에 시달려 스트레스도 많이 받았거든요. 일감과 스트레스를 줄이고 노플랜트 피임을 한 후로는 눈에 띄게 성적 에너지가 증가하고 남편과의 성생활도 좋아졌습니다.

남편에게 쏟을 힘이 없을 때, 다른 부인들은 어떻게 남편에게 말하는지 알고 싶어요. 제 남편은 그럴 경우 거짓말을 하는 편이 낫다고 하지만 '오늘밤은 말고요' 라고 하는 것이 더 바람직하지 않을까요?

요즘 세상은 남성뿐 아니라 여성도 일 때문에 삶을 다 써 버린다. 일하러 가지 않을 때에는 인터넷에라도 들어간다. 요즘 사람들은 슈퍼마켓, 슈퍼타이, 슈퍼모델, 슈퍼컴퓨터 등 슈퍼라는 말을 쓰기 좋아하는 세상 속에서 사람들은 슈퍼맨과 슈퍼우먼이 되어 간다. 오늘날 삶의 속도는 평범한 여성들에게는 벅찰 정도로 빨라지고 있다. 산업이 발전하고 거래가 활발해질수록 더욱더 많은 시간과 에너지를 사람들에게 요구하고 있어 평균 근무 시간도 늘어나고 있다.[2] 그러나 여성들은 일의 짐을 둘씩이나 떠맡아야 한다. 여성들은 전통적으로 부과된 집안 일 '이외에' 돈을 벌기 위해 직장 일도 해야 한다. 맞벌이를 하지 않고서는 더 이상 살아남기 힘들기 때문이다. 오늘날 대부분의 여성들이 너무 혹사당하고 있다고 해도 과언은 아니다.

그 결과 너무 지쳐 섹스에는 흥미를 상실한다. 더욱이 남편이 업무를 지겨워하고 직장생활도 만족하지 못하고 야심도 잃어 오직 퇴근시간만 기다리면서 집에 가서 즐길 거리만 궁리한다면, 문제는 심각하다. 당신은 문제를 빨리 해결해야 한다. 남편이 승진이나 다른 외부 활동으로 만족하지 않는다면, 남편의 흥미를 끌만한 유일한 것은 '섹스' 뿐이다. 남편은 준비되어 있다. 남편은 충전되어 있고 힘이 넘친다. 말하자면 남편은 오늘 하루 한 일이 별로 없다. 그렇다면 왜 섹스를 찾지 않겠는가?

많은 남편들이 아내가 왜 피곤한지 거의 이해하지 못한다. 아내들은 일찍 일어나, 쌓아 놓은 빨래를 세탁기에 집어 넣고 아이들에게 밥을 먹이고 옷을 입힌다. 집을 조금 치운 후 점심을 준비해 놓고 아이들을 학교에 데려다 준 다음 직장에 출근한다. 출근해서는 점심 시간 동안 저녁 찬거리를 마련하기 위해 이리저리로 뛰어다닌다. 지친 하루를 마치고 집에 허겁지겁 돌아오면 아이들을 데려와야 하고, 저녁을 준비해야 하고, 숙제를 봐 줘야 하고, 방을 치워야 하고, 또 한 번 빨래를 해야 한다. 아이들 싸움을 말리고, 학부모회의 때문에 전화를 걸고, 며칠 동안 연락 못한 어머니에게 전화로 안부를 묻고, 목욕시키고, 아이들에게 기도해 주고 나서 마침내 재운다. 아내의 머리카락은 감을 시간이 없어 난리가 나 있고 손톱 손질한 지는 오래다. 그러는 동안 남편은 왜 아내가 지쳐 있는지 알지도 못한 채 태연하게 자기 차례를 기다린다. 그러나 아내는 왜 그런지 그 이유를 설명할 힘조차 없다.

아이를 키우면서 일하는 아내들이 요즘에는 너무 많다. 그들은 과중한 일 때문에 아주 지쳐 있다. 모든 남편들이 도와줄 입장에 있는 것도 아니다. 남편들 역시 매인 몸이다. 한 공장 근로자가 우리 중 한 명에게 이렇게 말했다. "가족을 위해 시간을 함께 보내든지 아니면 가족을 위해 돈을 벌든지 하나를 선택해야 해요. 둘 다는 할 수 없죠." 많은 아버지들이 시간 외 근무를 하고 있고, 심지어는 가족이 빚 안 지고 웬만큼 살기 위해서 두 가지 이상의 일을 하는 경우도 있다. 가족이 함께 시간을 보내려면 모두가 정말로 노력해야 한다.

바쁜 남편

바쁜 남편과 바쁜 아내는 한 가지 중요한 점에서 차이가 있다. 아내가 바쁜 이유는 가족 때문이지만 남편은 그렇지 않다는 것이다. 직장에서 일하는 아내들이 많아졌다고 해도, 일반적으로 여성들은 힘들어도 남편과 아이들에게 많은 신경을 쓴다. 섹스를 잠시 동안 소홀히 하는 일은 있어도 가족들을 돌보지 않고는 못 배긴다. 바쁜 남편의 경우에는 가족에게 소홀히 하는 경향이 있는데, 이는 비극이다.

다음은 남편의 분주함이 성관계에 미치는 영향에 대해 말하고 있다.

저는 남편을 사랑하고 그이와 누리는 친밀감이 좋기 때문에 그가 하자는 대로 합니다. 그러나 남편은 제가 오르가슴에 이를 정도로 충분한 시간을 주지는 않는 것 같습니다. 남편이 절 위해 더 많은 시간을 할애한다면 더 멋진 성생활을 할 수 있을 겁니다.

섹스 때문에 좌절과 혼란을 느낍니다. 저는 남편과 더 친밀한 시간들을 보내고 싶지만 전문직에 종사하는 남편은 대부분 너무 지쳐 있고 낮에 받은 스트레스 때문에 녹초가 됩니다.

하지만 자신과 가족들의 사활이 달린 문제이기 때문에 어쩔 수 없이 바쁜 남편들도 있다. 하트 박사는 얼마 전 이 점을 절실히 깨달았다. 그는 강연을 마치고 집으로 돌아오기 위해 밤늦게 공항에 도착해 공항버스를 잡아탔는데, 차 속에는 승객이 자기밖에 없었다. 그래서 운전사와 이야기를 나눌 수 있었다. 대화는 흘러서 각자 사는 이야기를 하는 데까지 이르렀다. 하트 박사는 운전수가 '보통 아빠' 처럼 주말이나 저녁때 가족과 함께 있을 수 있다면 얼마나 좋겠냐는 말을 했을 때, 그의 목소리에 배여 있는 깊은 슬픔을 느낄 수 있었다.

그러나 모든 남편들이 어쩔 수 없이 바쁜 것은 아니다. 심지어 하트 박사가 새로 사귄 그 운전사도 아들들이 방학을 맞아 아내의 할 일이 늘어나는 여름방학에는 약간의 여유가 있다고 하였다. 어쩔 수 없어 바쁜 것보다는 선택해서 바쁜 경우가 더 많다.

에너지 회복하기

바쁘고 지친 여자들이 어떻게 섹스에 필요한 에너지를 회복할 수 있단 말인가?

1. 우선순위를 재조정하라. 펜과 종이를 가지고 앉아 당신의 우선순위를 다시 정하라. 우리는 종종 하나님을 제일 위에, 배우자를 다음에, 그리고 가족을 그 다음에 가져다 놓는다. 그러나 현실에서는 이런 순서대로 살지 못한다는 것을 알 것이다. '실제적인 우선순위' 와 '내가 하고 싶은 우선순위' 라는 두 가지 기준을 가지고 시작하면 도움이 될 것이다. 당신의 계획표를 수정해 가면서 이 두 가지 기준 모두를 만족시킬 수 있도록 타협을 보라.

2. 스케줄을 다시 짜라. 당신이 세운 우선순위에 맞추어 일상을 한번 보고, 가족과 당신을 위해 정말로 가장 중요한 것이 무엇인지 찾아 거기에 시간을 배분하라. 이 말은 다른 부수적인 일들에는 '아니요' 라고 말할 수 있어야 한다는 것을 의미한다. 너무 많은 활동과 일들로 인해서 오늘날 가족생활이 너무 소모적으로 돌아가고 있다. 모든 가족 구성원이 우선순위를 재평가하고 그 우선순위에 따라 자신의 생활에 일정한 한계를 두는 의식적인 노력이 필요하다.

3. 잠자는 것에 높은 우선순위를 두라. 대부분의 건강 전문가들은 미국인들이 충분히 자지 못하고 있다고 한결같이 말한다. 사람들은 대개 8시간에서 9시간 정도의 수면이 필요하다. 수면 부족은 교통사고와 직장에서 실수를 일으키며 부부 싸움, 우울증 등 다른 여러 문제의 원인이 된다. 또한 당신의 성기능과 성욕에도 영향을 준다. 일찍 잠자리에 들고, 될 수 있으면 낮잠을 자 두어라.

4. 건강에 문제가 있으면 치료하라. 빈혈이나 갑상선 이상, 호르몬 불균형이나 우울증 같은 건강문제는 피로를 야기하며 사람을 지치게 한다. 충분히 자고 우선순위에 따라 사는데도 여전히 지쳐 있다면, 종합검진을 받아 보라.

5. 운동하라. 어떤 종류의 운동(걷기, 롤러블레이드 타기, 자전거 타기, 에어로빅 등등)이든지, 운동은 행복한 감정을 느끼게 하는 화학 성분을 뇌에서 나오게 하고, 에너지와 정력을 증가시킨다. 하루에 20분 정도 걷는다면 당신의 에너지는 몰라보게 달라질 것이다.

6. 감정 문제를 처리하라. 슬픔에 잠겨 있거나 직장에서 스트레스를 받거나 부부 싸움을 하거나 아이들 때문에 속을 썩거나 다른 사람들과의 관계에서 힘들거나 스트레스를 받을 때 피로가 찾아오는 것은 당연하고 지극히 정상적인 것이다. 앞에서 이야기한 다섯까지 내용들을 할 수 있는 데까지 해 보되, 처음에는 자기 자신에 대해 좀 너그러울 필요가 있다. 심하게 몰아붙이며, 화내고 자신에 대해 짜증을 부리는 것은 상황을 악화시킬 뿐이다. 만일 당신의 감정을 주체할 수 없다면, 도움을 따로 구해야 한다. 목사님이나 상담가를 만나 어려운 시기를 잘 보낼 수 있도록 도움을 청하라.

피터는 큰 회사의 높은 자리에 근무하고 있어서 상당히 많은 월급을 받고 있었다. 재앙이 찾아온 것은 그가 겨우 서른 살이 되던 해였다. 어느 날 아침부터인가 피터는 심각할 정도로 무기력한 우울증에 빠져 있었다. 처음에는 순전히 의지로 극복하려 했다. 독실한 그리스도인인 그는 우울증이 사라지도록 기도도 해 보았다. 그러나 피터는 이내 자신의 문제가 사업상의 문제를 해결하듯 쉽게 바로잡을 수 있는 것이 아니라는 점을 깨달았다. 아내의 끈질긴 권유로 피터는 하트 박사를 찾아 도움을 요청했다.

아니나 다를까, 피터는 심한 우울증에 걸려 있었다. 그뿐 아니라 혈압과 콜레스테롤의 수치도 높았고 주기적 두통과 스트레스로 인한 다른 증세들도 있었다. 그는 안 좋은 상태였다. 사람을 혹사시키고 미치게 하는 엄청난 양의 일 때문에 피터는 우울증에 빠져 있었고, 이 상태로 더 나아가면 죽을 수도 있었다. 피터는 조기 심장병에 걸릴 확률이 아주 높았다!

피터는 아내를 끔찍이 사랑했지만 결혼생활은 엉망이었다. 최근에 아기가 태어났지만 그는 전혀 준비가 안 되어 있어 어떻게 아기를 안아야 할지조차 몰랐다. 막 결혼해서는 성생활에 매우 만족했지만, 피터는 천천히 흥미를 잃어 갔다. 그의 아내는 자신에게 무슨 문제가 있는 것이 아닌가 하면서 감정적으로 움츠러들었다. 재난은 두 사람을 향해 다가오고 있었다.

우울증 치료와 몇 개월에 걸친 여러 가지 항우울제 복용으로 시행착오를 겪은 뒤에야 비로소 한숨을 덜 수 있었다. 그때 피터의 반응은, "그럼 예전처럼 일할 수 있겠네요!"였다. 하트 박사는 피터를 강하게 말렸고, 피터의 아내의 도움을 받아 계속 치료를 받을 것과 가치관을 바꿀 것을 설득했다. 그는 성공과 돈에 사로잡혀 있었다. 그리고 이러한 강박관념 때문에 성생활과 자신을 향한 아내의 사랑을 잃어버리고 있었다. 이런 생활은 결국 그들의 갓난

아기에게까지 영향을 줄 수 있었다. 피터는 말을 듣고 자신의 생활을 바꾸기로 결심했다.

그는 평생 모으려 하는 돈의 액수를 재조정하고, '적게 일하는' 대신 월급을 적게 받겠다는 협상을 하고, 주말에는 집에 있을 수 있도록 근무 습관을 바꾸고, 집에 있는 시간을 더 확보하기 위해 정원 가꾸기를 취미로 삼았다.

이런 변화들이 그들의 성생활도 바꾸어 놓았을까? 물론이다. 양분이 공급되었을 때 사랑은 다시 살아난다. 사랑은 친밀함 속에서 잘 자란다. 그런데 친밀함을 얻기 위해서는 시간과 에너지가 필요하다. 피터가 이러한 결심을 한 뒤 6년이 지난 지금까지 그 결심을 계속해서 유지하고 있어서 기쁘다.

바쁜 결혼생활

지난 10년 동안 우리 사회에서 일어난 가장 획기적인 변화 중에 하나는 '시간 짜내기' 현상이다. 시간을 짜내는 이러한 현상은 부부간의 성관계에서 에너지를 고갈시키는 주요한 원인이다.

우리는 빠르게 돌아가면 갈수록 더 빠르게 돌아가기를 원한다. 시간은 상대적인 것이어서, 우마차로 여행을 하던 때는 태풍이 지나가기를 기다리면서 몇 시간 지연되는 것쯤은 대수롭게 여기지 않았었다. 그러나 오늘날 우리는 고속 제트기로 여행을 하면서도, 비행기가 몇 분 지체되는 것 때문에 짜증을 낸다.

하버드 대학의 경제학과 부교수인 줄리엣 소어(Juliet B. Schor)는 차를 몰고 오는 손님에게 단 12초 만에 음식을 제공할 수 있는 아이디어를 낸 한 패스트푸드 가게 주인 이야기를 한다. 이 아이디어는 기발하지만, 문제는 음식이 나오는 정상 속도가 과거에는 20초였지만, 지금은 12초로 바뀌었다는 것이다. 어느 날 일이 잘 못되어 15초가 되어서야 음식이 나오면, 과거의 속도대로 하면 여전히 5초 정도가 빠른데도 손님들은 차 속에서 빵빵대며 화를 낸다. 사람들은 12초가 되면 음식이 나올 것이라고 기대하고 있기 때문에 3초가 지연되는 것을 참지 못한다!

이것이 바로 '시간 짜내기'이다. 우리 모두 그것 때문에 어려움을 겪고 있다.

우리는 시간이 부족해서 성적인 곤란을 겪고 있지만, '시간만이 유일한 문제는 아니다'. 문제는 지친 몸을 제대로 회복할 만한 겨를도 없이 너무 오랫동안 일을 하는 것이다.

남편과 저는 너무 바쁘고 피곤하고 분주해서 그렇지, 틈이 나면 우리가 섹스하는 걸 얼마나 좋아하는지 모릅니다.

자녀 양육이 성관계에 중대한 영향을 끼친다는 사실을 알았어요. 출산 후 남편은 아무렇지도 않은 듯이 대하지만 저는 제 모습에 자신이 없어요. 아이들을 돌보는 일은 힘들지만 남편은 이해하지 못합니다. 하루를 마치고 저녁때가 되면 아주 피곤해요. 아니 오전에도 오후에도 피곤해요!

부부들이 예상하지 못해서 놀라는 급격한 변화 중에 한 가지는 첫아이가 태어나면서 생기는 아내의 에너지 고갈인데, 이로 인해 아내는 남편보다 자식에게 더 사랑을 쏟는다. 아이가 한 명 더 태어나면 이러한 변화에 더 가속이 붙어 아내는 아이(들)에게 남편은 직장 일이나 외부 활동에 더 집중하게 된다.

당신이 이러한 변화를 제대로 준비하지 않았기 때문에, 아버지가 된 당신의 남편은 화를 내고 상처를 받으며, 어머니가 된 당신도 당황하게 된다. 성적인 필요를 채우는 일은 뒤로 밀린다. 아기를 먹이고 돌봐야 하기 때문에 아내에게 잠자는 시간은 황금과 같다. 이것저것 해 보면서 성적인 유희를 즐길 시간과 에너지가 없다.

어쩔 수 없는 이러한 변화(결혼생활에서 필연적으로 겪어야 될 단계)를 인내로써 맞이해야 한다. 아버지가 된 남편은 아이와 더 가까이 지내고 어머니라는 새로운 역할을 하게 된 아내를 돕는 데 자신의 에너지를 써야 한다. 일에 파묻혀 지내기보다는 아이를 돌보는 일에 참여해야 한다. 아내가 남편을 아이 키우는 일에 동참시키고 각자가 느끼는 불만들을 함께 이야기하면, 남편들이 겪는 감정적인 혼란도 줄어든다. 서로 용납하며 부부가 새로 맡게 된 아버지, 어머니로서의 역할들을 함께 이해해야 이와 같은 인생의 새로운 전환기를 잘 보낼 수 있다.

바쁜 부부를 위한 데이트 가이드

젊든지 그렇지 않든지 간에, 바쁜 결혼생활을 하는 부부를 위한 가장 중요한 해결책은 아마도 정기적으로 데이트하는 일일 것이다. 당신이 상대방을 유혹할 때도 데이트가 먹혀 들어갔다면, 왜 지금은 그렇지 않다고 생각하는가?

결혼한 사람도 데이트를 해야 한다. 부부는 직장과 일, 아기 키우는 것과 스포츠, 취미와 그 밖의 여러 활동에 몰두해 있지만, 부부간의 관계는 이런 모든 일들보다 우선적이다. 이러한 우선순위를 지키는 유일한 방법은 함께 스케줄을 짜는 것이다. 데이트를 시작하라. 그리고 계속하라.

우리가 앞에서 본 것처럼, 시간은 우리 모두의 생활에서 구하기 힘든 것이다. 앞으로는 더욱 희귀해질 것이다. 여유 있는 시간을 보내기에는 부부들이 너무 바쁘다. 직장 일, 집안 일, 사회활동, 교회, 가족 그리고 아이들을 먹이는 것까지 시간이 들어가지 않는 일이 없다. 식물에게 물이 필요하듯 가족에게는 시간이 필요하다. 물을 먹지 못한 나무가 죽듯이 시간을 쏟지 않은 가족도 마찬가지이다. 인간관계를 발전시키려고 할 때 가장 힘든 문제는 어떻게 시간을 확보할 것인가 하는 것이다. 시간은 한정되어 있기 때문에 시간을 내는 유일한 방법은 시간을 너무 많이 잡아먹는 여러 가지 활동들로부터 시간을 빼앗아 오는 것이다. 정말이지 '빼앗아 오는 것' 이다. 그러기 위해서는 결심이 필요하다.

부부간의 관계가 에너지 고갈 때문에 악화되었다면 데이트는 더욱 중요하다. 여기에 몇 가지 제안을 하고자 한다.

● 계획을 미리 세워라. 정말 미리 세워라. 단순히 하루 전에 하지 말고 몇 주 전이나 아니면 몇 달 전에 함께 앉아서 당신들이 하

고 싶은 것들에 대해 이야기하고 계획하라. 콘서트를 가고 싶을 수도 있고, 소풍을 가거나 경기 관람을 하고 싶을 수도 있고, 운동을 하거나 벽난로가 있는 곳에서 조용한 저녁을 보내고 싶을 수도 있다. 이런 일들을 하려면, 예약을 하거나 표를 미리 구하거나 아이를 대신 돌봐 줄 사람도 구해야 한다. 하트 박사는 최근 한 목회자와 그 부인을 상담하였다. 그 부인은 성생활을 할 시간을 낼 수가 없다고 불평하였다. 누구의 잘못인가? 부인은 남편을 원망하였고 남편은 아내를 원망하였다. 남편이 시간이 될 때(새벽 1시)는 아내가 준비가 안 되고, 남편이 시간이 없을 때(아이들이 할머니 댁에 놀러간 어느 토요일 저녁때)는 아내가 로맨스를 즐기고 싶어한다. 얼마간 상담을 받은 남편은 아이들이 집에 없는 토요일 밤의 기도 모임을 다른 사람에게 인도해 달라고 부탁하기로 했다. 그것을 데이트라고 부르기에는 왠지 쑥스럽다고 생각했지만 남편은 그렇게 하기로 하였다. 그런데 단 두 번의 토요일 저녁을 보내고서 데이트의 마술에 걸려들 줄이야!

- 데이트를 하면서 대화할 시간을 만들어라. 침대로 뛰어드는 일은 데이트에서 우선적인 일도, 필수적인 일도 아니다. 저녁 식사를 하면서 하든지 아니면 영화가 끝난 후 커피를 마시며 하든지 간에 대화할 시간을 만들어라.
- 즐겨라! 아이들의 문제, 부부관계의 문제는 꺼내놓지 말아라. 그런 문제를 해결할 시간은 따로 떼어 놓아라. 당신의 데이트 시간을 망치지 마라. 데이트는 당신 둘만을 위한 것이다.
- 가능하면 데이트를 연기하지 마라. 응급환자라든지 교인들의

방문이라든지 주식의 폭락이라든지 차의 고장이라든지(그렇다면 택시를 타라) 피로 때문에 당신의 계획에 차질을 빚지 마라. 정말 중요한 일이 일어날 것 같으면 대비를 하라. 사람들에게 양해를 구하거나 당신을 대신해 줄 사람을 찾아보라. 시간을 맞출 수 없다면 위원회를 사임하라. 아무것도 데이트를 방해하지 않도록 하라.

만성피로

아홉 달 전부터 시작된 만성피로 때문에 죽겠습니다. 성생활도 이것 때문에 피폐해졌어요. 저는 늘 너무 피곤하기 때문에 성욕이 거의 생기질 않습니다. 요즘 들어 몸이 조금 좋아지기 시작하는 것 같아서 우리의 성생활도 나아지리라 기대지만 말이에요…….

과로, 수면부족, 영양결핍, 운동부족, 감정적인 스트레스는 모두 피로를 부를 수 있다. 우리는 모두 피로를 느끼며 사는데, 이러한 피로는 조금 더 자면 대개는 풀린다. 그러나 '장기적인 피로'와 '만성적인 피로', 이 두 가지는 심각하다. 장기적인 피로는 자신이 느끼기에 한 달이나 그 이상 가는 것이며, 만성적인 피로는 자신이 느끼기에 피로가 여섯 달이나 그 이상 동안 지속되거나 계속해서 재발하는 피로를 의미한다.

만성피로는 얼마나 흔한가? '국제만성피로증후군협회'는 미국 성인 중 24퍼센트가 2주 또는 그 이상 되는 기간 동안 지속되는 피로에 시달린다고 추정하고 있다. 그 중에서 60퍼센트 정도는 피로에 아무 의학적인 원인이 없다고 보고하고 있다.[3]

당뇨병, 빈혈증, 갑상선 기능저하증, 암, 면역 이상, 승모판막탈출증(여성에게 아주 흔한 증세로 종종 갑작스런 불안을 수반하는 심장병) 등 여러 신체적 조건들이 피로를 일으키는 원인이다. 심한 불안이라든지 우울증과 같은 여러 심리적인 조건들도 피로의 원인이 될 뿐 아니라 영양 부족이나 카페인 과다한 섭취, 과음이나 약물 남용도 피로를 야기한다.

바바라는 여성은 독감과 싸우고 있었는데 나아질 기미가 보이지 않았다. 갑상선이 부어올라 머리는 멍했고 마치 지렁이가 된 것처럼 하루하루 몸과 머리를 끌고 다녔다. 바바라는 소음, 추위, 사회적인 압박 등 모든 주위 환경이 몹시 신경에 거슬렸다. 밖에 나가고 싶지도 않았고 사람들과 이야기를 나누고 싶지도 않았다. 여러 의사들을 찾아다니며 정밀 진찰과 혈액 검사를 받은 결과 '만성피로증후군'(CFS)이라는 진단이 나왔다.

만성피로증후군에 대해서는 논란이 있다. 만성피로증후군을 병의 일종이라고 보는 의사도 있으나 그렇지 않다고 주장하는 의사들도 있다. 만성피로증후군과 다른 의학적 조건 사이의 차이점이 무엇인가 하는 것은 어려운 문제이다.

만성피로증후군에서 볼 수 있는 증상들은 무엇인가? 질병억제센터가 1994년에 발간한 자료에 따르면 끊임없는 스트레스와 다른 의학적 조건 때문에 발생하는 피로 말고도 다음의 증상들이 있다.

1. 짧은 기간이지만 기억력과 집중력이 떨어진다.

2. 목이 아프다.

3. 임파선이 붓는다.

4. 근육이 쑤신다.

5. 관절 부분이 부어 있지도 않은데 쑤신다.

6. 두통이 있다.

7. 자고 나도 개운하지 않다.

8. 운동 후에 오는 무기력이 스물네 시간 이상 계속된다.

만성피로증후군에는 위의 8가지 중 4가지 이상의 증상이 반드시 피로와 함께 나타난다.

만성피로증후군의 사촌뻘 되는 것이 우울증이다. 우울증과 만성피로증후군은 어떻게 다른가? 우울증의 경우에는 목이 아프다거나 림프절이 붙는 일은 없다. 우울증 환자는 운동을 하면 더 나아지지만, 만성피로증후군을 앓고 있는 사람은 운동 후 최소 스물네 시간 동안은 더 나빠진다.

어떤 분명한 이유도 없이 장기간 피로하다면 내과를 가봐야 한다. 현재로서는 무엇이 원인이 되어 그런 병이 생기는지 잘 모르기 때문에 나아지려면 도움을 줄 수 있는 사람들의 모임에 참여하기를 권한다. 전화번호부를 찾아보거나 인터넷을 사용해 보라.[4]

밤 교대하면서 일하는 때가 많기 때문에 집에 돌아오면 기를 쓰고 자려고 해요. 제 남편도 힘든 일을 하기 때문에 잠자리에서 피곤하기는 마찬가지예요. 공휴일이 유일하게 섹스를 할 수 있는 날이죠. 잠은 저에게 아주 특별합니다!

오늘날 흔히 볼 수 있는 이러한 젊은 부부들을 가리켜 '섹스 없이 수입은 두 배로'(Dual Income, No Sex)의 앞 글자만 따서 '딘즈'(DINS) 족이라고 부르기도 한다. 이 말은 현대의 많은 젊은 부부들의 결혼생활과, '여피들'(이렇게 부르기는 뭐하지만)의 결혼생활이 어떤지를 한마디로 보여 준다. 가치 체계의 근본적인 변화가 일어나지 않는다면 이 문제는 치료되기가 힘들다.

딘즈 족 부부 중에는 한쪽의 수입만을 가지고 가족이 살아남기가 점점 어렵기 때문에 어쩔 수 없이 일에 매달려야 하는 경우도 많다. 부인들 중에는 할 수만 있다면 기꺼이 집에서 아이들을 돌보고 싶어하는 사람도 있을 것이다. 맞벌이를 하면서 성적 친밀감을 쌓을 시간을 내기란 아주 어렵다. 따라서 성적인 문제가 보편적인 현상이라는 사실은 놀랄 만한 것이 못 된다.

그러나 우리는 어느 편이 더 유익한지 따져 보아야 한다. '만일' 딘즈 족의 삶이 용인되는 것이라면, 비록 잠시 동안이지만 결혼생활은 섹스 없이도 계속 '유지할 수 있을 것'이다. 그렇다면 우리가 해야 할 일은 지금 당장은 그들이 섹스에 대해 흥미를 별로 느끼지 못한다 하더라도 이런 상태를 비정상적으로 여기거나 죄책감을 갖지 않도록 마음을 편안하게 해 주는 것이 될 것이다. 우리도 대부분 다른 곳에 신경을 써야 할 일이 생기면 일시적이나마 성적 흥미가 줄어드는 경험을 하지 않는가? 예를 들어 암으로 투병중이라거나 아이들이 심각한 병에 걸린 경우에는 한동안 섹스에 대해 흥미를 잃을 수 있다.

시시때때로 발생하는 여러 가지 일들 때문에 섹스에 대한 흥미가 줄어드는 것은 아주 정상적인 일이다. 그러나 딘즈 족처럼 삶의 양식을 계속 그런 식으로 고정시킨다면, 부부 사이의 낮은 성적 연합이 장기적인 문제를 낳을 수도 있다.

일 때문에 받는 스트레스와 피로 때문에 여성에게는 성욕의 저하나 성적 흥분이 안 되는 문제가 생기고 남성에게는 발기를 지속할 수 없는 성적인 문제가 생길 수 있다. 부부가 섹스를 하려 할 때마다 이런 문제들이 생기기 때문에 점점 더 섹스를 기피하게 된다. 과도한 일이 성기능을 저하시키고 이것은 또다시 섹스에 대한 두려움을 가중시킨다.

딘즈 족 부부는 자신의 기대만큼 임무를 수행하지 못하면 죄책감에 시달린다. 일이 항상 노는 것보다 우선이라는 가치관 때문이다. 일만하고 놀지 않는다면 당신의 가치관은 불균형 상태이다. 당신은 우선순위를 바꿔서 남편(아내)과 노는 시간을 더 많이 갖도록 해야 한다!

딘즈 족 부부는 직장생활이 일 중심이기 때문에 성생활에서도 일이 중심이 될 수 있다.[5] 놀이가 일이 된다. 이들은 섹스를 너무 심각하게 생각한다. 기대가 클수록 일을 제대로 수행해야 한다는 압박을 스스로 느끼고, 압박을 더 세게 느낄수록 섹스는 점점 더 기쁨이 아닌 짐으로 다가온다.

에너지 고갈 문제를 해결하기 위해 딘즈 족 부부들이 할 수 있는 일이 있는가? 많다. 나아지기 위해서는 생활양식을 근본적으로 바꾸어야 하며, 일과 사생활이 균형을 이루려면 남편과 아내가 아래와 같은 여러 일들을 함께해야 한다.

- 오늘 받은 축복은 어떤 것인지 되돌아보라. 처한 현실에 만족하며 살도록 노력하라. 멈춰 서서 장미 향기를 맡아 보고, 매일 아침 일하러 가기 전에 마당에 있는 새들을 세어 보라. 너무 미래만 바라보고 살지 마라. 오늘을 그리고 현실을 직시하라.
- 일 외에 다른 흥밋거리를 개발해서 활력을 되찾아라. 미술과 음악과 교회생활과 취미활동 등은 모두 삶의 균형을 맞추는 데 도움이 될 수 있다.
- 속도를 줄여라. 한꺼번에 너무 많은 일들을 하려고 하지 마라.
- 당신의 몸과 대화를 나눠 보라. 당신의 감각과 감정이 무엇을 말하는지, 하나님께서 마음을 어떻게 움직이시는지 귀를 기울여 보라. 두통과 긴장과 졸음과 종기 등과 같은 몸이 주는 경고에 주의하라.
- "안 돼"라고 말하는 법을 배워라. 한계를 정하라. 당신은 초인이 아니다. 모든 것을 다 하려고 하지 말고 에너지를 쏟고 싶은 곳이 어디인지 선택하라.
- 당신의 배우자와 좋은 관계를 유지하도록 많은 시간을 할애하라. 알다시피 이것은 우선순위의 문제이다. 할 일은 많고 시간은 적다는 것을 우리의 달력을 보면 실감할 수 있다. 그러므로 어디에 시간을 쓰고 어디에 쓰지 말지 결정하라.

• 하나님과 끊임없이 교제하라. 많은 사람들에게 이 말은 그분과 함께하기 위해 삶의 속도를 줄이라는 의미이다.

기억할 점

1. 섹스하기에는 에너지가 부족하다는 문제는 많은 여성들에게 중요한 이슈라는 점이 두드러졌다. 아이를 키우는 주부의 55퍼센트와 아이가 없는 주부의 33퍼센트가 에너지 부족 때문에 불만을 토로했다.
2. 부부 중 한쪽 내지는 양쪽 모두가 과로와 스트레스, 수면 부족에 시달리고 우선순위가 잘못되어 있으며 아이들과 떨어져 둘만이 함께 할 시간이 없다면, 에너지 위기가 찾아올 수 있다.
3. 에너지 회복을 위해서는 적당한 휴식을 취하고, 노동 시간과 부부가 함께 하는 시간을 조화롭게 조정해야 한다. 효과적인 스트레스 해소, 식이요법, 운동 같은 자기 관리 역시 중요하다.

7
내 몸을 다스리는 호르몬

"겨울도 지나고 비도 그쳤고⋯⋯ (노래) 소리가⋯⋯ 들리는구나."

아가 2:11-12

사람들은 호르몬에 대해서 센 약품이라는 정도의 짧은 지식만
을 가지고 있다. 그러나 사람들은 약이라고 하면 이물질 혹은 몸
에 해로운 것 또는 병을 고치기 위해 복용하는 약물을 떠올리기
때문에 우리는 그런 식으로 호르몬에 접근하지 않을 것이다. 하지
만 호르몬은 우리의 기분과 마음에 강력한 영향을 줄 수도 있다는
점에서 보면 약이다.

우리 연구에 참여해 준 많은 여성들이 호르몬이 성감에 미치는
영향에 대해 잘 몰라 난감해했다. 이 여성들은 호르몬과 성에 대
해 자신의 의견을 밝히기도 했고 질문을 던지기도 했다. 여성들이
던진 질문은 아래와 같은 것이다.

호르몬과 월경 주기가 어떤 식으로 내 마음과 성욕에 영향을 끼치고 내 기분을 바꿔 놓습니까? 어떤 때는 내 속에서 무슨 일이 일어나고 있는지 정말 알 수 없어요.

성욕의 주기는 호르몬과 관계 있나요? 너무 이상할 정도로 기분이 올라갔다 내려갔다 하는 걸 보면, 무슨 일인가가 일어나 내게 영향을 주고 있는 것이 분명합니다.

여성의 호르몬 주기와 그것이 나에게 미치는 영향에 대해 좀더 알고 싶습니다. 도와주셨으면 합니다.

저는 월경전증후군과 이것이 성에 미치는 영향에 대해 알고 싶습니다. 이에 대해 도움을 받을 길이 있나요?

호르몬과 호르몬 주기가 우리의 기분과 성적 반응에 미치는 영향을 이해하는 일은 매우 중요하기 때문에 우리는 이 주제에 대해 별도로 한 장 전체를 할애할 것이다.
우리는 때때로 우리를 무기력하게 만드는 호르몬의 부작용들을 누그러뜨릴 수 있는 생활양식에 대한 지침과 자료들을 이야기하기에 앞서, 우리 연구에 참여해 준 여성들이 경험한 보다 일반적인 호르몬의 문제에 대해 먼저 말하려고 한다.

호르몬과 월경전증후군

먼저 호르몬과 성에 관한 이야기를 월경전증후군(이하 PMS로 표기)을 살펴보는 것으로 시작하려고 한다. 왜냐하면 우리의 조사 대상이 되어 준 사람들의 보고에 따르면, 건강문제 중 PMS가 가장 큰 관심사였기 때문이다.

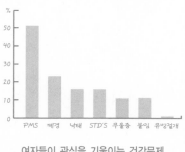

여자들이 관심을 기울이는 건강문제
(표 7.1)

응답자 중에 51퍼센트가 약하거나, 중간 정도이거나, 심한 PMS를 경험한다고 하였다(표 7.1을 보라). 39퍼센트가 자신의 성욕이 월경 주기에 의해 영향을 받는다고 했다. 23퍼센트의 여성들이 폐경기를 지나고 있거나 지났다고 보고하였다.

본 연구에서 우리는 다음과 같은 질문들을 여성들에게 하였다. "PMS를 경험한다면, 그 증상이 어느 정도로 심한가?" PMS를 경험한다고 한 사람들 중에 39퍼센트가 약한 정도라고 답했고, 43퍼센트가 보통 정도라고 하였으며, 17퍼센트는 심하다고 했다. PMS를 경험하는 미국 여성들 중 15-20퍼센트가 직장에서나 집에서 정상적으로 생활하기 힘들 정도라고 보고하였다.

우리가 연구한 바에 따르면, 약하게 PMS를 겪는 여성들 중에 25퍼센트가 그 기간 동안 섹스에 대한 관심을 잃는다. PMS를 보통 정도로 경험하는 여자들 중에 32퍼센트가 성적 관심이 사라진다고 했고, PMS를 심하게 겪는 여자들 중의 26퍼센트가 성적 관심이 상실된다고 했다. 성적 관심의 변화 다음으로 많은 것이 부부 싸움의 증가이다. 약한 PMS를 겪는 여성들의 19퍼센트, 중간 정도의 PMS를 겪는 여성들 중 31퍼센트, 심한 PMS를 겪는 여성들 중에는 34퍼센트가 부부 싸움을 한다. PMS는 모든 여성들에게 부정적인 영향을 끼치는 것은 아니다. 성적 관심이 높아지는 경우도 실제로 있다. 우리의 연구결과 PMS를 겪는 여성들 중의 17퍼센트 정도는 성적 관심이 증가했다.

PMS는 생리가 시작되는 사춘기가 지나면 어느 때든지 나타날 수 있고 마흔 살이나 그 이후까지 계속될 수 있다. PMS는 보통 월경으로 인한 출혈이 있기 사흘에서 열흘 전부터 시작되나 배란(월경 주기의 정점) 후에는 아무 때나 시작될 수 있다. PMS 증상의 세기는 월별로 그리고 삶의 주기별로 다를 수 있다. 최소 75퍼센트의 여성들이 경미하지만 드문드문 월경 전 변화를 경험한다고 말하고 있다. 연구결과에 따라 PMS를 경험한다고 추정되는 여성들은 20-50퍼센트로 다르게 나타난다. PMS를 겪는 여성들 중에 3-5퍼센트는 증상이 너무 심해서 '월경전불쾌장애'(DSM Ⅳ, 1994)에 해당한다.

PMS의 증상은 150가지에 달한다. 여기에는 가장 전형적인 월경전증후군 증상들을 뽑아 보았는데, 분노, 불안, '벼랑 끝에 있는' 초조한 심정, 무관심, 신체 부음, 어색함, 우울증, 절망감, 집중력 저하, 감정 분출(울음, 고함), 감정이 예민해짐, 피로, 무기력, 식탐, 두통, 불면증 등이다.

많은 사람들이 PMS 때문에 고통스러운 감정과 기분의 변화 외에도 머리가 아프고 피로하며 나른하고 성급해지고 참을성과 인내심이 떨어지고 사소한 일에 화를 잘 내고 긴장이 심해지고 불쾌해지고 자존감이 낮아지고 마음이 한바탕 심하게 흔들리는 증상을 이야기한다. 이 장의 뒷부분에서 우리는 이러한 증상들을 완화시키는 데 도움이 될 지침들을 제시할 것이다.

호르몬 주기와 PMS

많은 여성들이 호르몬 체계를 단순하게 설명해 달라고 부탁하였다. 그래서 한번 설명해 보고자 한다.

그림 7.1에서 보다시피, 뇌는 뇌하수체를 조절하고 뇌하수체는 난소를 조절한다. 난소는 황체호르몬인 프로게스테론과 난포호르몬인 에스트로겐을 분비한다. 이 두 호르몬은 월경주기(그리고 임신)를 조절한다. 전체적인 호르몬 주기는 뇌와 호르몬과 몸의 상호작용 결과이다. 따라서 병이나 스트레스, 부상, 감정적 충격, 먹는 습관 등이 호르몬 주기에 영향을 준다. 심지어는 카페인까지 PMS를 겪는 방식에 영향을 준다.

평균적인 경우, 월경을 하는 동안 여성의 몸에서 에스트로겐과 프로게스테론의 혈중 농

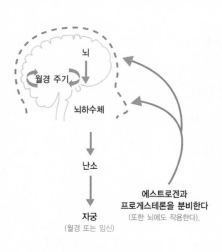

여성 호르몬 주기(그림 7.1)

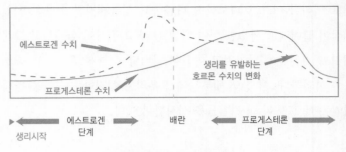

호르몬과 월경 주기(그림 7.2)

도가 변화한다. 배란 후에는 피를 몸 밖으로 내보낼 준비를 하면서 에스트로겐이 떨어지고 프로게스테론이 올라간다(그림 7.2을 보라)

그러나 혈중 호르몬의 농도, 즉 에스트로겐과 프로게스테론의 혈중 농도가 균형을 잃으면(몸에 필요한 양보다 너무 많거나 너무 적으면), 다음과 같은 PMS 증상들을 경험하게 된다.

- 에스트로겐이 과다할 경우 나타나는 특징: 낙관적, 확신감, 긍정적, 정신 집중, 합리적, 행복감, 사소한 갈등은 넘어감, 이상적, (배란이 가까이 옴에 따라) 성감을 느낌.
- 프로게스테론이 과다할 경우 나타나는 특징: 울적함, 침울함, 참을성 없음, 짜증냄, 소음에 민감함, 불안정, 균형을 잃음, 음식에 대한 갈망, 자기 회의, 자신감 결여.

호르몬과 성욕

우리 연구의 표본이 된 여성들은 월경 주기 때문에 성욕에 영향을 받아 힘들다고 했다. 성욕이 증가한 사람도 있고 감소한 사람도 있는데, 이러한 현상은 월별로 바뀌는 경우도 있었다. 성욕의 이러한 동요는 감정적 긴장과 인간관계에서 오는 긴장 때문에도 영향을 받는다.

한 여성은 어떤 날은 호르몬 때문에 섹스에 대해 더 생각하기도 하지만 어떤 날은 생각조차 하기 싫다며 자신의 성욕은 종잡을 수가 없다고 했다. 다른 여인의 말을 들어보자.

월경을 하는 동안 제 성감은 아주 고조됩니다. 남편과 저는 기초 체온법으로 자연피임을 하고 있는데, 이것 때문에 우리는 성적 만족을 제대로 누리지 못하고 있어요. 제가 가장 끌리고 성적으로 쉽게 흥분이 되는 배란 후의 가임 기간 동안에는 참아야 하거든요. 우리가 성교를 할 수 있을 때쯤이면, 대개 섹스에 대한 관심이 사라지고 없어요. 그래서 더 힘든 거죠.

정말이지 호르몬이 성에 미치는 영향이 어떤지 알고 싶어요. 저는 이것 때문에 결혼생활에서 좌절을 맛보거든요. 다양한 주기들을 겪는 동안 내 몸은 완전히 닫혀 있어서 성적으로 사랑하고 사랑받는 상태에 이르는 일은 마치 산을 오르는 것처럼 힘듭니다.

아는 바와 같이 PMS가 미치는 성적인 증상들은 매우 다양하며 어떤 경우에는 사람마다 반대로 나타난다. PMS가 주는 다른 작용에는 어떤 것이 있는지 물어본 결과, 우리 연구에 참여한 여성들은 "그 기간 동안 대개는 섹스를 하지 않습니다" "저는 가만히 있지 못하고 감정적으로 불안해요" "월경이 시작되기 전까지는 집중할 수가 없네요" "긴장해 있기 때문에 오르가슴에 도달하기가 더 힘들어요" "뭔가 부족하다고 느끼기 때문에 섹스를 더 많이 하려고 해요" "저의 우울증은 거의가 PMS 때문입니다. 한 달 중에 3주는 PMS의 영향을 받습니다"라고 이야기했다.

성기능은 생이학적으로 볼 때 월 단위의 성욕 주기에 영향을 받지만, 여성들이 제시하는 다른 많은 증상들에도 영향을 받는다. 당신이 피로 그리고 분노와 싸우고 있을 때에는 성적인 교감과 친밀감을 나누기가 아주 힘들다. '단지 긴장을 많이 하고 기분이 나쁠 때'에도 마찬가지다. 호르몬이 성적인 관심을 고조시키더라도 당신 삶에 찾아온 혼란은 성욕을 억누를 수 있다.

폐경

폐경 역시 여성들의 관심사이다. 여성들은 어떻게 하면 두려움 없이 기쁨으로 갱년기를 맞이할 수 있을지, 폐경기 이후 자신에게 무슨 일이 일어날지, 또 성에 어떤 변화가 올지 궁금해했다. 또 어떤 여성들은 "노화와 폐경이 저에게 어떻게 신체적, 감정적, 성적으로 영향을 미칠까요? 성욕이 커질까요, 아니면 줄어들까요?" "폐경기에 접어들기 전에 어떤 마음의 준비를 해야 할까요? 저에게 성적으로 영향을 미칠까요?"라고 묻기도 했다.

학술적으로 말하자면 폐경기는 월경의 마지막과 가임 기간이 끝나는 시점이다. 그러나 사람들이 '폐경기'라고 할 때는 보통

'갱년기'를 의미한다. 갱년기는 월경 주기가 끝나기 2년에서 10년 전의 어느 때부터 시작해서 월경 주기가 끝난 후 1년 내지 그 이상 지속될 수 있다. 의학적으로는 이 기간을 '폐경기'(climacteric)라고 부른다. 이 기간 동안 여성들은 신체적·감정적으로 힘든 증상들을 체험한다.

폐경기는 두 단계로 파악할 수 있다. '주폐경기'는 주로 생리가 끝나기 2-10년 전부터 시작되는 폐경기의 초기 단계로 마흔 살부터 마흔여덟 살 사이라면 주폐경기에 해당할 수도 있다. (그러나 20-30대에도 걸린다.) 월경 주기가 불규칙적이라든지 PMS 증상이 심화된다든지 등의 몇 개의 폐경 증상들이 생기면, 주폐경기가 아닌지 의심해 볼 필요가 있다. 우리는 뒤에서 주폐경기를 포함하는 폐경기 전 과정에 대해 이야기할 것이다.

우리는 폐경 증상을 겪은 여성들에게 증상이 어느 정도로 심한지 물어보았다. 32퍼센트가 심하다고 하였고 19퍼센트는 중간 정도라고 하였으며 49퍼센트는 약하다고 하였다. 거의 반 정도가 증상이 약하다고 하였다.

폐경이 성에 미치는 주된 효과는 무엇인가? 연구결과, 폐경이 성에 미치는 효과와 증상의 심한 정도는 대응한다는 점을 알 수 있었다. 증상이 약하다고 한 사람들의 41퍼센트는 아무런 영향이 없다고 말한 반면, 보통 정도라고 한 사람들 중에서 성적으로 아무런 영향을 받지 않은 사람들은 20퍼센트로 떨어졌다. 증상이 심한 사람들 중에는 단지 4퍼센트만이 영향이 없다고 보고했다.

가장 큰 영향은 성적 관심의 감소이다. 폐경에 대해 보통 정도

내지는 심한 정도의 반응을 보이는 여성들 중에 50퍼센트는 분명히 성적 관심을 덜 느낀다. 단지 한 여성만이 성적 관심을 더 느낀다고 보고하였는데 이 점은 PMS가 성에 미치는 효과와 비교해 볼 때 완전히 대조가 된다.

본 연구를 통해 여자들이 우리에게 털어놓은 이야기들을 들어 보면 폐경이 여성에게 미치는 영향을 더 실감나게 알 수 있을 것이다. 우리는 폐경이 성에 미치는 영향 중 우리가 열거하지 않은 것이 있다면 적어 달라고 부탁했다. 적어 보낸 내용들을 보면 다음과 같다. 불결하다는 느낌, 성교는 이제 끝났다는 안도감, 혼동, 좌절, 그저 그런 정도의 피곤함(그러나 단순히 평범한 정도의 피곤함이라고 쓴 글이 많았다).

어떤 여성은 폐경기로 들어가는 심정을 아래와 같이 설명하였다.

PMS의 악화는 폐경의 시작을 알리는 전조였고 호르몬 요법과 식이요법의 도움에도 불구하고 4-5년간 지속되었습니다. 공격적인 성향과 불면증과 건망증이 어떤 달은 호전되다가도 어떤 달은 악화되었습니다. 45년간 잘 움직여 왔던 몸을 이제는 통제하기가 힘이 듭니다. 의사는 들은 체 만 체 합니다. 의사와 남편 모두 인정이나 동정심이 부족한 것 같아 보일 때가 한두 번이 아닙니다.

신체검사를 마지막으로 받은 1년 전부터 나는 주기의 변화를 눈치 채 왔습니다. 그리고 다른 여성들과 상담한 끝에, 몇 가지 주폐경기 증상이 나타나기 시작한다는 사실을 알았어요. 남편은 내 기분이 왜 시시각각 바뀌는지 이해하지 못하는 것 같습니다. 생리학적인 원인 때문에 이러한 문제가 발생한다는 것을 남편이 안다고 하더라도, 감정 통제가 불가능하다고 하면 거짓말로 여길 거예요? 저는 감정이 분출될까 봐 불안합니다! 제 감정이, 아니 몸이 아픈데도 남편은 기분을 북돋아 줄 생각은 하지도 않고 있어요. 위로를 얻기 위해 하나님께 향하지만, 직접 느끼고 들을 수 있는 실제적인 위로도 여전히 필요합니다. 그래서 나는 여자친구들에게까지 찾아갑니다. 폐경이 진전되면 내 상태가 더 나빠지지는 않을까, 그리고 남편은 여전히 나를 이해 못하고 돌보지 않을까 두렵습니다. 의지할 것은 하나님의 위로와 힘뿐이라는 사실을 어떻게든 믿고 싶지만 지금으로서는 어찌할 바를 모르겠고 소외되었다는 느낌이 듭니다. 여자들이 신체적·감정적으로 특별히 어려울 때 정말로 도움이 되는 남자들은 찾아보기가 어렵네요.

많은 여성들이 이런 말들을 하고 싶어할 것이다. 폐경은 큰 좌절감을 안겨 줄 수 있다. 남편들은 교육받은 적이 없기 때문에 무슨 일이 일어나고 있는지 알지 못한다. 폐경이 뭔지 알고 있는 남편이라 할지라도 이 기간이 여성의 일생 중에서 특별히 더 많은 애정과 위안의 손길이 필요한 시간이라는 사실은 모른다.

호르몬과 폐경

호르몬과 관련해서 무슨 일이 일어나는가? 난소 안에 있는 난세 포와 난포가 퇴화되기 때문에 일어나는 것이 폐경이다. 이 난포들은 점점 더 적은 양의 에스트로겐을 분비한다. 월경 주기를 계속 돌게 하고, 멈추게 할 만큼의 충분한 에스트로겐 또는 프로게스테론이 나오지 않는다. 그러나 이러한 호르몬 분비의 감소는 점진적으로 일어나므로 여전히 정기적으로 난자는 자라서 배출된다. 그렇게 때문에 1년 동안 한 번도 월경 주기가 돌아오지 않아야 비로소 폐경기를 지났다고 하는 것이다. 폐경기는 보통 48세에서 55세 사이에 생긴다. 폐경을 겪는 미국인들의 평균 나이는 51세이지만, 40세를 전후로 일찍 겪거나 60세를 전후로 늦게 겪는 여성들도 정상이다. 이처럼 폐경기의 차이가 큰 이유는 여성마다 유전자가 서로 다르기 때문이지, 월경을 시작한 나이나 먹는 음식이나 피임약을 복용한 경험이나 임신 촉진제를 맞은 경험하고는 상관이 없다.

많은 여성들이 폐경기에 접어들면서 무슨 일이 일어날지 불안해한다. 우리가 서술한 일반적인 폐경 증상들을 보면 대부분 신체적으로나 감정적으로 좌절감을 안겨 줄 수 있는 것이지만, 꼭 모든 폐경의 효과들이 부정적인 것만은 아니다. 전형적인 폐경 증상들은 다음과 같다.

월경전증후군의 여러 증상들은 우울증, 감정 불안, 안면홍조와 도한(盜汗), 불면증, 불규칙한 생리, 에너지 부족, 피로, 낮은 성욕, 건망증, 여드름같이 생긴 뾰루지, 질의 건조함, 희미한 불안감이나 무서울 정도의 불안의 엄습 등이다.

어떤 여성들은 이런 갱년기를 거친 후 새로운 힘과 자유를 누릴 수 있었다고 한다. 〈타임〉의 기사를 보면, 불안 내지 우울증으로 고생하는 여성들의 비율은 55세 미만의 경우 11퍼센트이지만 이미 폐경기를 보낸 55세 이상의 경우에는 5퍼센트로 떨어진다.[1] 한 여성은 폐경기가 지난 소감을 "마침내 더 행복할 수 있으리!"라고 표현하였다.

폐경을 당신의 삶의 주기의 정상적인 한 부분으로 여기라. 이 기간은 도전과 변화의 시기이다. 가장 힘든 점은 주위 사람이나 심지어 주치의까지도 당신의 기분을 몰라줄 때이다. 폐경기라고 보기에는 너무 나이가 어리다는 말을 들을 경우, 호르몬 변화에 정통한 의사를 찾아가 여러 가지 치료를 받아 볼 것을 권한다. 참을성 있게 계속해 보라.

조기에 폐경을 겪는 여성을 위한 질문과 대답

후기 PMS와 조기 폐경기의 차이는?

여성은 PMS 동안 자신의 주기가 어떤 식으로 돌아가는지 파악하고 그 증상들을 대충 예측할 수 있다. 그러나 조기 폐경기 동안에는 모든 증상들이 한꺼번에 일어나는 것 같아 예측이 불가능하다. 폐경 증상과 격렬한 PMS 증상이 함께 일어날 수도 있고 따로따로 일어날 수도 있다. 성욕의 끊임없는 상실과 불규칙한 주기, 우울증, 수면 방해, 예측할 수 없을 정도의 비합리적인 과잉 반응,

분노의 폭발 또는 적은 양의 에스트로겐 때문에 생기는 질의 건조 등을 예로 들 수 있다.

피임을 계속 해야 하는가?

주폐경기 동안은 임신 가능성이 줄어들지만 불가능한 것은 아니다. 피임은 당신의 건강을 위해서라도 일부러 계속해야 한다. 적은 양이라도 피임약을 복용하면 자궁암의 위험을 줄일 수 있고 불규칙한 출혈을 고치는 데 도움이 된다.

심한 폐경 반응을 치료할 방법은?

PMS와 폐경의 경우, 호르몬 요법(이 경우는 에스트로겐의 주입)을 받으면 증상이 완화될 수 있고 골다공증과 심혈관 질환을 막을 수 있다. 그러나 에스트로겐 공급 요법이 위험한 여성들도 있기 때문에 의사와 상의하라. 중독되는 부작용은 없다고 알려진 보충물의 투입과 여러 자연 대체 요법도 있다. 지금이 인생의 나머지 반을 건강하게 보낼 계획을 세울 수 있는 좋은 시기이다. 운동하고 음식을 조절하고 스트레스를 줄이고 삶을 균형 있게 가꾼다면 이 과도기를 품위 있고 만족스럽게 보낼 수 있을 것이다. 이 장 뒷부분에 있는 '최적의 건강을 유지하기 위한 생활양식안'을 참고하라.

폐경기에 일어날 수 있는 5가지 변화

폐경기에는 질과 요로에서 불편함을 느끼거나 성욕과 오르가슴이 바뀌거나 피로감과 체중의 증가와 같은 신체적인 변화와 심리적인 변화가 흔히 나타난다.

심리적 변화

폐경과정에 대한 당신의 전반적인 마음가짐이 갱년기에 당신이 겪을 경험을 좌우한다. 5장에서 우리는 뇌가 가장 중요한 성 기관이라고 했다. 또한 인간관계, 심리적, 감정적 요인들이 얼마나 성욕에 중대한 영향을 미치는지 이야기했다. 폐경기 동안에도 이 요인들이 중요하다. 어떤 여성들은 실제로는 그렇지 않은데도 인격이 바뀌는 경험을 했다고 한다. 폐경기 동안의 호르몬과 심리적인 변화는 대개 이미 내재되어 있는 긴장과 어려움을 가중시킨다. 그 어려움과 긴장을 더 강렬하게 내지는 깊이 경험하는 것이다.

많은 여성들이 더 이상의 성생활을 하지 않기로 결정하는 데에는 많은 심리적 이유가 있다. 예를 들어, 고통스럽고 힘든 결혼 시절을 보냈거나 진정으로 섹스를 즐긴 적이 없거나 어릴 때 학대를 받았다면 여성들은 바로 이때야말로 마침내 섹스를 거절할 수 있는 변명과 자격이 있다고 느낀다.

성욕

우리 연구에 응답한 여성들은 성욕과 관련된 몇 가지 매우 긍정적인 변화들을 보고하였다.

"결혼 초기보다 요즘 섹스를 더 중요하게 여겨요." "아직도 섹스를 즐겨요. 왜냐하면 저는 늙었지만 매력적이고 온전한 사람이라고 느끼기 때문입니다. 섹스는 아주 중요합니다." "나이가 들어감에 따라 욕구는 더 커지는 것 같아요." "나이가 들어감에 따라 섹스가 더 즐겁습니다. 욕구를 억누르지 않고 좀더 열어 놓습니다."

그러나 모든 이야기가 긍정적인 것만은 아니었다.

때론 성적 관심과 충동의 결여가 정상인지, 호르몬 때문인지 나이 때문인지, 아니면 자신에게 뭔가 문제가 있는 것은 아닌지 궁금하다는 여성도 있었고, 섹스할 마음이 생기려면 자신이 20-30대에 기다렸던 시간보다 더 많은 시간을 기다려야 한다는 여성도 있었다. 그녀는 자신이 겪는 성충동의 대부분이 남편을 사랑하기로 결정하고 성행위를 즐기기로 결정하는 의지적인 것이어서, 다른 어떤 것보다도 남편의 태도 때문에, 자신의 성욕은 살아나기도 하고 죽기도 한다고 말했다.

"54세에 폐경기에 들어섰고 성적 욕구 불만은 저의 호르몬을 따르는 것같이 올라갔다 내려갔다 했습니다" 라고 말하는 이도 있었다. 폐경기 동안의 성욕 변화는 예상 가능한 일인가? 그런 것만은 아니다. 폐경기 증상을 이야기한 여성들 중 31퍼센트가 성욕이 감소한다고 하였으나 성욕이 증가한다고 한 여성도 한 명 있었다.

생활 에너지와 성욕은 밀접한 관련이 있다. 피로와 욕구 부족은 대개 함께 일어난다. 성교할 때의 고통, 질의 건조함, 빈번한 방광 감염, 불편한 오르가슴, 안면홍조, 불면증, 피곤함, 불쾌감 때문에 성욕이 영향을 받을 수 있다. 에스트로겐 요법을 쓰면 이러한 증상들의 많은 부분이 효과적으로 줄어들기 때문에 기분이 좋아져서 성적 관심도 증가한다.

질의 불편함

낮은 에스트로겐 수치 때문에 질로 흘러들어 오는 혈액의 양도 줄어든다. 질 조직은 점점 더 얇아지고 건조해지고 탄력이 떨어져서 성교가 불편하고 심지어는 고통스럽다. 불편함 때문에 생기는 성적 관심의 부족은 이 시기에 생긴다.

질이 건조해지는 것은 정말 문제가 될 수 있다. 불편할 정도로 가려울 뿐 아니라 성교할 때는 아플 수 있다. 윤활제로 문제를 해결할 수도 있지만 먼저 부인과에 가 보라. 이와 함께 호르몬 치료도 도움이 될 수 있다.

성교할 때에 불편을 느끼는 여성들은 국부용 대체 에스트로겐 크림을 바르거나 질에 넣는 링을 바꿔 보라.

요로의 불편함

방광 감염이나 질 염증과 감염 같은 문제가 자신에게 일어난 것 같아 섹스하는 것이 예전만큼 즐겁지 않고 더 힘들다는 여성도 있다.

요로 감염과 소변볼 때 매우 따끔거리는 요도 질병에 걸린 많은 여성들은 점점 악화된다. 그러나 이러한 병은 대개 치료될 수 있고 예방도 가능하다. 재차 감염된 경우는 부인과 의사나 내과 의사와 상의하라.

오르가슴

앞에서도 말했듯이, 마스터즈와 존슨의 연구를 보면, 여성들이 나이가 들어감에 따라 윤활액이 분비되는 시간이 오래 걸리고 그 양도 많지 않다는 사실을 알 수 있다. 또한 성적 흥분과 오르가슴을 약하게 느낄 수 있다. 오르가슴에 도달하기 위해 걸리는 시간이 길어진다거나 도달하는 횟수가 줄어든다는 점도 변화 중에 하나이다. 폐경기를 보낸 여성들에게 나타나는 성기능장애는 에스트로겐이 없어서 그런 것만은 아니다. 남성들의 발기 장애처럼 동맥 경화 때문에 그렇게 되기도 한다. 동맥이 막혀 피가 질과 음핵에 들어갈 수 없기 때문에 정상적으로 성적 흥분을 느끼는 데 방해를 받는다.

어떤 여성들은 음핵이 불편할 정도로 자극에 민감하고 아플 정도로 수축되어서 오르가슴이 고통스럽다고 한다. 그러나 나이가 들면 오르가슴이 강렬하지는 않지만 부드럽게 느껴진다. 오르가슴에 관한 장(6장)의 오르가슴과 폐경기 부분을 참고하라.

지침과 해결

이 장에서 우리는 호르몬이 성에 미치는 주된 영향들을 개괄적으로 다루었다. 결론적으로, 호르몬의 변동 때문에 겪는 어려움을 완화시키기 위해서 당신이 따를 수 있는 몇 가지 일반적인 원칙들을 제시하려고 한다.

언뜻 보기에는 이 원칙들이 너무 단순해 보일 것이다. 그러나 우리가 제안하는 '최적의 건강을 유지하기 위한 생활양식안'은 기본적인 것이지만, 건강 전반과 호르몬의 균형, 그리고 그 결과 나타나는 성기능 면에서 매우 가치가 높다는 사실이 증명된 것이다.

자신과 몸에 대해 알고 있어라

하나님께서 당신을 어떻게 창조하셨는지 이해하라. 당신이 겪는 호르몬의 기복은 여성이라는 존재의 복잡성과 경이로움의 한 부분이다. 호르몬의 갑작스런 변동 때문에 때로는 아주 힘들어 어떻게 할 줄 모를 때도 있겠지만 절망하거나 피해의식을 가질 필요는 없다.

당신이 고조될 때와 저하될 때를 알아 놓고 미리 대응하는 것부터 시작하라. 그렇게 하면 자신과 주위 사람들을 돌보는 일을 감당할 수 있을 것이다. 아직 준비가 안 되었다면 월경 주기를 기록하는 것부터 하라. 월경 주기 기록은 당신과 당신의 의사가 무슨 일이 언제 일어나고 있는지 파악하는 데 도움이 될 것이다. 기억하라. '당신은' 자신의 몸 안에서 무슨 일이 일어나고 있는지 가장 잘 아는 사람이다. 당신의 호르몬을 조절하고 증상들을 완화시키기 위한 몇 가지 유익한 방법들이 있다. 그러나 그러한 방법들을 사용하기에 앞서, 당신의 증상을 구체적으로 기록해 두는 것이 최우선이다.

신체적으로, 감정적으로, 영적으로 어떻게 느꼈는지 매일 일기를 써라. 또한 성충동이 줄어드는지 아니면 늘어나는지 확인하고 적어 놓아라. (더불어 당신에게 영향을 끼칠 수 있는 갈등이나 다른 외적인 스트레스는 무엇이었는지 적으라.) 모든 여성들이 자신만의 고유한 호르몬 프로필을 가지고 있어서 자신의 주기 전체를 통해 다양한 증상을 경험한다. 당신만의 고유한 유형은 무엇인지 알아 놓아라.

호르몬에 대해서 가능한 한 많이 배워라

호르몬에 관한 지식은 빠르게 변하기 때문에 시대에 뒤떨어지지 않게 하라. 더 많이 읽고 배울수록 더 안심하게 될 것이다. 인터넷과 책과 잡지와 부인과 의사를 통해 최신 정보를 알 수 있다. 주변에 있는 서점이나 도서관에서 확인해 보라.

본 연구를 통해 우리가 가장 많이 받은 질문은 "나는 정상인가?"였다. 다른 여성들의 경험을 알아 갈수록 혼란스러움과 자신이 혼자라는 생각은 줄어들 것이다. 어떤 여성들은 건강에 무슨 문제가 있는 줄 알고 몇 해 동안 진단을 받았는데, 결국 폐경기 때문에 그렇다는 사실을 알게 됐다. 많은 여성들이 건망증이 심해지고 섹스에 대해서 관심이 없고 피곤하고 우울한 것 때문에 자기 자신을 비난한다. 여성들은 이러한 증상들이 자신의 잘못이 아니고 호르몬의 불균형 때문이라는 사실을 알고 위안을 받는다.

당신의 주기 중 '컨디션이 좋은' 때가 호르몬과 건강에 대해 읽고 연구하기에 가장 좋은 기간이다. 기분이 가라앉게 되면 당신은 비관적으로 될 것이다. 기분이 나아질 때까지 기다린 다음, 당신이 배운 것을 실행해 보고 해결책을 찾아보라.

정기적으로 건강검진을 받아라

놀랍게도 많은 여성들이 병이 완전히 뿌리를 내리고서야 비로소 병원에 간다. 치료보다는 예방이 언제나 낫다. 최소한 1년에 한 번 정도는 건강검진을 받아라. 호르몬 불균형에 정통한 의사를 찾아가라. 당신의 건강문제에 대해서는 끈덕지고 고집스러워야 한다. 당신의 증상이 변하고 증가할 때 이 점은 특히 중요하다.

지식에 근거한 결정을 내리려면 조제된 약이 무엇인지, 대안적인 치료법은 어떤 것이 있는지 공부해야 한다. 예를 들어, 호르몬 치료를 받기 전에 당신의 나이와 가족력을 살펴보면서 유방암이나 자궁암에 걸린 사람은 없었는지 고려하는 것은 중요하다.

최적의 건강을 위한 PMS와 폐경기 생활양식안

식이요법과 보충 섭취

PMS는 대체로 당신이 무엇을 먹느냐에 따라 완화될 수 있다. 보통 식탐 때문에 음식을 먹고 상태가 악화되므로 이 식탐이 가장 큰 문제이다. PMS 동안 여성들은 대개 탄수화물과 설탕(대개는 초콜릿에 들어 있는 설탕) 또는 지방(소금과 함께)을 몹시 먹고 싶어한다. 처음에는 이런 음식을 먹으면 기분이 좋아지는 것 같지만, 실제로는 있지도 않은 에너지가 있는 것 같은 착각이 드는 것뿐이므로 단지 더 큰 피로감과 더 먹고 싶은 욕심만 생길 뿐이다. 칼로리만 높고 영양가는 없는 인스턴트 음식에 대한 욕심을 참아라!

건강한 영양 섭취의 기본은 충분한 양의 탄수화물 복합체와 어느 정도의 단백질과 소량의 지방과 많은 양의 물을 먹는 것이다. 가공되지 않은 질 좋은 자연 식품과, 파스타와 감자(굽거나 감미한) 같은 탄수화물 복합체와 쌀, 말린 콩과 완두콩과 곡류와 귀리 빵과 과일, 야채의 섭취를 늘려라. 대두 단백질 역시 아주 이로운 음식이다.

탄수화물 복합체는 혈당을 조절하고 몸에 원천적인 에너지를 제공한다. 세 끼를 많이 먹지 말고, 하루 동안 여섯 끼를 먹되 조금씩 먹어 보라. 그러면 신진대사가 활발해지고 몸무게도 줄어들 것이다. 가끔씩은 자신에게 한턱을 내서, 조금씩 여섯 끼 먹는 습관에 동기를 부여하라. 그날은 평소의 두 끼 분을 한 번에 먹어도 좋다. 며칠 지난 다음 다시 그런 날을 가져라.

술과 초콜릿과 유제품 그리고 카페인과 가공 식품은 될 수 있는 한 먹지 마라. 지방과 설탕과 소금을 줄여라.

미네랄이 함유된 좋은 복합비타민을 먹어라. 가능하다면 PMS 를 겪는 그리고 폐경기에 있는 여성들을 위해 특별히 추천된 비타민이면 더 좋다. 특별한 증상에 대해서는 부가적으로 보충 섭취해야 한다. 예를 들어 비타민 E(하루에 100에서 800IU)를 섭취하면 유방 통증을 줄이는 데 도움이 된다.

운동

정기적으로 운동하라. 전체적으로 볼 때 가장 좋은 운동은 하루에 20-30분 동안 거의 매일 빠른 걸음으로 걷는 것이다. 걷는 운동은 광범위한 PMS 증상과 폐경기 증상들을 줄이는 데 매우 효과가 있다고 알려져 있다. 또한 스트레스도 줄어들고 에너지도 늘어나며 기분이 좋아진다.

케겔 운동을 잊지 마라! 케겔 운동은 힘을 강화시켜 주고 치골미골근을 자유자재로 움직일 수 있게 해 준다. 치골미골근은 요도구멍과 질 외부까지 싸고 있다. 치골미골근을 확인해 보려면, 소변을 볼 때 오줌을 나오게 했다가 멈추게 할 수 있는지 시험해 보라. 케겔 운동은 당신이 오줌을 참을 때처럼 이 치골미골근을 조였다가 그 다음에는 푸는 것이다. 처음에는 케겔 운동을 하루에 10회 하다가 점점 그 횟수를 늘려 시작한 지 10주째에는 하루에 50-100회까지 하도록 하라.

휴식과 기분전환

호르몬 변화와 수면 방해 때문에 생기는 일반적인 피로는 일상생활과 성욕에 아주 악영향을 줄 수 있다. 될 수 있는 한 많이 쉬고 긴장을 풀어라. 필요하다면 낮잠을 자고 가능하면 뜨거운 거품목욕을 하고 일찍 잠자리에 들어라. 긴장을 다스려야 할 사람들에게는 특히 중요하다. 긴장을 다스리는 다른 방법으로 빠른 걸음으로 걷기, 허브 향 맡기, 차 마시기, 숨 깊이 들이마시기, 일기 쓰기나 친구와 수다 떨기 등이 있다. 이 말은 당신에게 스트레스를 가중시키고 당신을 악화시키는 활동들을 피할 수 있도록 생활 스케줄을 짜라는 것이다.

경건의 시간

우리는 모두 하나님의 말씀과 기도가 영적으로 우리를 강건하게 한다고 알고 있지만, '호르몬이라는 안개' 속에서는 예수님과 교제하는 일이 얼마나 힘든지 모른다. 호르몬 때문에 어려움을 겪고 있는 동안에는 조용히 앉아서 단순하게 그분의 성품과 이름을 묵상하거나 좋아하는 성경구절을 읽고 찬송하는 것이 기분 전환에 도움이 될 수 있다. '제대로' 하려고 너무 과도하게 애쓰지 마라.

많은 여성들이 분노와 좌절과 마음대로 떠돌아다니는 긴장 같은 감정적인 문제와 싸우고 있다. 당신의 감정과 행동에 영향을 미치는 이러한 증상들은 실제로 아주 신체적인 원인에 기초하고 있다. 자신이 영적인 싸움 중에 있다는 사실을 깨달아라. 그러나 하나님께서 당신을 조건 없이 그리고 영원히 용납하셨고 사랑하셨다는 사실을 확신하라. 당신을 향한 그분의 사랑은 결코 '곧 없어질 증상' 이 아니다.

의사소통: 본질적인 것

한 여성은 남편과 대화하고 그에게 호르몬 때문에 지금 마음 상태가 안 좋고 성적 관심도 없다고 미리 알려 주니까 좋더라는 말을 했다.

참으로 현명한 제안이다. 미리 경고를 받았기 때문에 미리 대비할 수 있다. 많은 남편들의 말을 들어 보면, 아내들이 호르몬 때문에 분열을 경험하는 기간이 돌아왔다는 사실을 아는 것만으로도 남편은 더 참을성 있고 사려 깊어진다. 남편과 그리고 당신 주위 사람들과 대화하라.

일단 자신의 호르몬 주기와 증상을 알고 있다면, 매달 힘든 시기는 어느 때인지 더 잘 예상할 수 있다. 달력에다 당신의 주기를 표시하고 호르몬 때문에 생길지 모르는 변화를 염두에 두고 계획을 세워라. 남편과 가족 또는 당신과 가까운 사람들과 이야기하고 그들에게 경고하라. 예를 들어, 한 여성은 남편의 도움으로 사전에 계획했던 디즈니랜드 여행을 연기했다. 그녀는 자신의 주기로 볼 때 18일에, 늦도록 밖에 나가 하루 종일 더위 속에 걸어 다니고, 한참 동안 줄 서 있고, 많은 사람들을 헤집고 다니는 일은 감당하기 힘들다는 것을 알았다. 그렇게 했다면 부인은 벼랑 끝으로 밀린 기분이었을 것이고 며칠 동안 좌절감에 빠졌을 것이다!

감정적으로 통제가 안 되고 과민반응하고 화를 내서 다른 사람들과 사이가 안 좋아지는 때도 있다. 이럴 때는 상대방에게 나중에 보상을 해 주고, 용서와 이해를 구하고, 당신이 얼마나 힘들었는지를 설명하면서 당신의 호르몬 변화에 대해 책임을 져라.

가능하다면, 데이트하고 섹스하는 날을 당신의 주기에 맞게 계획하라. 예를 들어, 한 여성은 남편과 함께 생일 기념으로 주말여행을 떠나기로 몇 달 전부터 계획했다. 생일 한 달 전에 그 여성은 자신의 주기가 앞으로 어떻게 될지 살펴본 뒤, 남편에게 자신의 여행 중 주기를 일러주고 그때는 섹스할 기분이 나지 않을 것이 거의 확실하다고 하면서 마음의 준비를 시켰다. 그리고 그 부부는 이를 염두에 두고 주말 계획을 세웠기 때문에 여행 내내 책을 읽으면서 편안하고 즐겁게 보냈다. 이런 계획이 없었다면, 밖에도 못 나가고 하루 종일 집에서 있어야 했을 것이다.

주로 피임 방법 때문에 어려움을 겪고 있다면 방법을 바꿔라. 부족한 잠을 보충하고 경건의 시간을 갖고 긴장을 풀거나 운동을 하라. 어떤 대가를 치르고서라도 당신이 필요한 바를 요구하고 일일 스케줄을 조정하라. 당신과 남편이 함께 행복하려면 호르몬이 당신에게 영향을 미친다는 사실을 받아들이는 것이 아주 중요하다. 몸을 '거스리지' 말고 몸에 '맞춰라'. 당신의 주기를 잘 극복하기 위해서는 될 수 있는 한 남편과 함께 노력하라.

기억할 점

1. 우리 연구에서 여성들의 가장 일반적인 건강 관심사는 PMS와 폐경이었다. 이 둘은 호르몬 때문에 일어나는 것이고 성기능에도 영향을 줄 수 있다. 많은 여성들이 PMS와 폐경기를 이해하는 데 도움이 될 만한 정보들을 달라고 요구하였다.
2. 모든 여성들은 자신의 호르몬 주기와 호르몬이 몸과 감정에 끼치는 영향을 이해해야 한다. 월별로 나타나는 증상들에 대해서 일기를 쓰거나 표를 만들면 유익하다.
3. 우리 연구에서 51퍼센트의 여성들이 PMS를 경험한다고 했고, 이 가운데 60퍼센트는 자신의 증상이 심하거나 중간 정도라고 하였다.
4. 우리 연구에서 많은 여성들이 폐경기에 대한 관심을 표명했다. 폐경기는 2-10년, 또는 그 이상 지속될 수 있는 과정으로서 일찍 시작되기도 하는데 40대(심지어는 30대)부터 시작되기도 한다.
5. 폐경기 초기 단계에 겪는 미묘하지만 분명하게 나타나는 신체적·감정적 증상들을 알고 있어야 이 과정을 더 효과적으로 극복하고 생활양식을 이에 맞게 미리 조절할 수 있다.
6. 폐경기 동안의 호르몬의 변화는 성욕을 증감시키고, 질을 불편

하고 건조하게 만들고, 오르가슴에 대한 경험을 바꿈으로써 성
기능에 영향을 줄 수 있다. 폐경기와 노화를 맞이하는 마음가짐
은 신체적·감정적·성적 건강과 바른 인간관계에 중요한 영
향을 끼친다.

8
행복한 결혼생활과 섹스

대부분의 사람들은 결혼하면서 따뜻한 관계와 많은 감정의 위로와 굉장한 섹스를 기대한다. 불행하게도 이러한 기대들이 다 이루어지는 것은 아니다.

결혼할 때 기대한 섹스를 그대로 맛보는 이들도 있다. 그러나 많은 사람들은 그렇지 않다. 사람들은 일반적으로 성욕과 성적 흥분, 그리고 오르가슴의 문제를 가지고 있다. 처음 결혼할 때의 열렬한 마음이 시들고 아이들이 태어나면서 섹스에 대한 강한 흥미를 계속해서 유지하는 일이 생각보다 쉽지 않다는 사실 때문에 너무 실망한다.

우리는 연구를 통해 행복한 결혼생활과 만족스러운 섹스 사이에는 관련이 매우 많다는 점을 발견했다. 크리스천 여성들이 자신의 결혼생활과 섹스에 대해 이야기하는 것을 검토하면서, 결혼생활에서의 성적 만족과 행복의 핵심은 무엇인지 밝히려고 한다.

많은 부부들이 결혼생활을 통해 높은 수준의 성적 조화와 친밀감과 이해와 성적 성취감을 누리고 '살 수 있고' 또한 '살고 있다'. 서로 조화를 이루려면, 남성과 여성 사이의 독특한 차이점들을 극복하고 이해하려는 힘든 노력과 굳은 헌신이 있어야 한다. 모든 부부는 필수적으로 이러한 이해를 가지고 있어야 한다. 단순히 섹스 테크닉만을 배우는 것으로는 충분하지 않다. 제아무리 능숙한 테크닉을 알고 있어도 다른 사람의 감정에 대한 배려, 성 차이에 대한 관용, 자주 변하는 성적 반응에 대한 이해를 갖추지 않고는 성공할 수 없다.

섹스와 결혼의 연관성

그렇다면 결혼한다고 성적 만족이 달라지는가? 아니 한층 더 기본적인 질문을 해 보자. "섹스를 하려면 꼭 결혼해야 하는가?"

오늘날 우리는 섹스가 하나님께서 허락하신 결혼이라는 테두리 밖으로 멀리 달아나고, 결혼의 필요성에 대해 의문을 품는 시대에 살고 있으므로 우리는 먼저 섹스를 하기 위해서는 결혼이 중요하다는 점을 검토해야 한다. 슬픈 일이지만 어떤 그리스도인들은 섹스가 결혼 안에서만 허락되는 것임을 받아들이지 않는다.

건강한 성인들의 성이 가지고 있는 중요한 특징은 한 명의 섹스 상대에 집중할 수 있는 능력이다. 그러므로 우리는 여기서 섹스 상대가 한 번에 한 명이어야 할 뿐 아니라, 일생 동안 한 명이어야 한다는 사실을 말하고자 한다. 어떤 이들에게는 극단적으로 들릴 수도 있다. 하지만 그것이 우리를 향한 하나님의 뜻이다.

물론 이 세상이 병들어 있어 하나님의 뜻대로 살기에는 아주 힘든 곳이다. 많은 결혼이 실패한다. 이혼한 모든 사람들이 이혼을 스스로 선택한 것만은 아니다. 감사하게도 우리의 하나님은 다시 기회를 주시는 분이시다. 만일 그렇지 않다면 우리가 어떻게 살아남았겠는가? 당신이 새로운 상대와 다시 한 번 결혼생활을 시작했다면 그 결혼 안에서만 당신의 성을 나누어야 하는 것이 하나님의 뜻이다.

왜 우리는 이 점을 강조하는가? 우선 성경적이기 때문이다. 또한 평생 일부일처로 사는 것이 여전히 당신의 성이 성숙하기 위한 가장 좋은 조건이다. 우리의 연구뿐 아니라 다른 많은 연구결과가 가장 만족스러운 최상의 섹스는 결혼 안에서 경험할 수 있다는 것을 보여 준다.

이러한 주장에 대한 가장 설득력 있는 증거는 우리의 연구에 참여한 여성들의 개인적인 이야기이다. 이 여성들은 한 상대와 결혼했거나 이혼한 적이 있거나, 또는 결혼 전에 난잡한 성생활을 한 사람들이다. 많은 사람들이 여러 섹스 상대가 있었다. 어떤 이들은 그리스도인이 되고 나서 자신의 삶의 한 부분이었던 이러한 생활과 결별했다. 어떤 이들은 그리스도인이 되고 나서도 넘어졌고 다시 일어나려고 싸우고 있다. 이 여성들은 자신의 인생경험에 비추어 볼 때 '프리섹스'로부터는 아무런 선한 것이 나올 수 없다고 한다.

젊었을 때 너무 많은 남자들과 관계했던 게 가장 후회가 됩니다. 그러나 이런 애정 행각에 제 마음을 주지는 않았어요. 남자들은 나를 이용했고, 저도 남자들을 이용했죠. 얻은 것이라곤 아무것도 없고 시간만 완전히 낭비했죠. 성적인 자존감도 사라졌습니다. 지금의 결혼생활을 통해서 비로소 그 자존감을 회복했어요.

10대에는 아주 난잡한 성생활을 했습니다. 섹스에는 아무런 한계도 없다는 생각에 그냥 마음껏 즐겼죠. 그러나 사실은 그러지 못했어요. 저는 비참했죠. 열일곱 살에 그리스도인이 된 후 하나님께서 저의 삶에 기적과 같이 역사하셨습니다. 지금은 결혼했고 그분의 치유하심과 용서하심을 매일 찬양하고 있습니다.

처녀로 지내다가 스물한 살에 결혼했습니다. 몇 년이 지난 후 우리의 결혼생활에 도움이 될 것 같아, 저와 남편 모두 다른 사람과 성관계를 가졌습니다. 그러나 그렇지 않았습니다. 우리는 삶을 주님께 다시 헌신했고 지금은 오르가슴도 나아지고 더 만족스럽습니다. 과거 어느 때보다 지금이 가장 행복합니다. 우리의 결혼생활을 제자리로 되돌리지 않았다면 이런 일들은 일어나지 않았겠죠?

대체로 미국인들은 한 상대에게 충실하다. 《섹스 인 아메리카》

는 약 80퍼센트의 미국인이 이제까지 한 명 이하의 성 상대를 취했다고 했으며 〈타임〉도 대부분의 미국인들이 이와 같다고 보도한다.[1] 그러나 〈펜트하우스〉는 이를 부인하면서 미국 남성들은 평균 1년에 다섯 명의 서로 다른 사람들과 섹스한다고 주장한다. 아마도 〈펜트하우스〉를 구독하는 남성들은 그럴지도 모르겠다. 하지만 그들이 미국 사람들을 대표한다고는 볼 수는 없다.

행복한 결혼생활

우리는 결혼만이 인생의 행복과 자기실현으로 이끄는 길이라고 말하고 있는 것이 아니다. 결혼경험이 있건 없건 간에, 많은 독신 남녀들이 아주 높은 수준의 자기실현과 행복을 누리고 있다.

우리는 행복한 결혼생활과 만족스러운 섹스에 관한 문제를 생각하게 하려고 상당히 많은 질문들을 만들었다. 우리는 다음과 같은 것들을 알고 싶었다. 만족스러운 섹스와 행복한 결혼생활과는 어떤 관계가 있는가? 성생활이 만족스럽지 않더라도 결혼생활이 행복할 수 있는가? 만족스러운 성생활에 도움이 되는 요소들은 무엇인가? 가장 중요한 것으로, 그리스도인이 된다고 해서 달라지는 것이 있는가? 달라지는 것이 있다면, 더 만족스러운 섹스와 더 행복한 결혼생활을 하는가?

결혼생활에 관한 첫 번째 질문은 아주 단순한 것이었다. "결혼했다면 모든 면을 고려해서 당신이 결혼생활에서 느끼는 행복의 정도를 가장 잘 표현하고 있는 단계에 표시하라." 이에 대한 대답이 표 8.1이다.

아주 중요한 결과가 나왔다. 응답자들 가운데 84퍼센트는 어느 정도(28퍼센트는 대단히 행복함, 34.5퍼센트는 매우 행복함, 21.5퍼센트는 행복함) 행복하다고 말했다. 단지 각각 8퍼센트의 응답자만 조금 불행하거나 대단히 불행하다고 말했다.

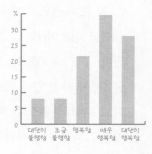

결혼생활에서 느끼는 행복의 정도
(표 8.1)

《섹스 인 아메리카》의 연구결과를 보면, 지난 1년 동안 일주일에 한 번 이상 섹스를 한 여성들 중에 35퍼센트가 때때로 상당히 불행하다고 했고, 27퍼센트가 불행하다고 느끼는 시간이 대부분이라고 했다.[2] 이 말은 정기적으로 섹스하는 여성들(그 연구는 결혼 여부를 기준으로 하지 않았기 때문에 정기적으로 섹스하는 여성들이 우리의 표본 중 기혼여성에 가장 가깝다) 중에 62퍼센트가, 비록 늘 그런 것은 아니지만 대체적으로 불행하다는 의미이다. 우리는 결혼한 여성 중 크리스천 여성을 연구대상으로 했으므로 동일 선상에서 비교할 수는 없지만, 우리의 경우 14퍼센트만이 자신의 결혼생활이 불행하다고 했다. 이 점은 그리스도인들의 결혼이 낫다는 점을 보여 주는 확실하고 강력한 증거이다! 크리스천 여성 중 8퍼센트만이 자신의 결혼생활이 대단히 불행하거나 상당히 불행하다고 한 반면, 《섹스 인 아메리카》의 연구대상이 된 여성들은 27퍼센트가 불행하다고 해서 아주 상반된 결과를 보여 주고 있다.

이러한 단순 비교가 부적절하다는 것을 고려하더라도, 위의 통계 결과를 보면 우리의 표본이 된 여성들이 《섹스 인 아메리카》의 표본이 된 여성들에 비해 훨씬 더 행복하다는 사실을 확실히 알 수 있다. 그러나 혹시 우리의 연구대상이 된 기혼여성들이 자신의 결혼생활이 멋있다는 것을 과시하고자 하는 욕망에서 자신을 속이지는 않았을까?

우리는 그렇지 않다고 믿는다. 만족스러운 섹스에 관한 이야기를 보면 그 이유를 알 수 있을 것이다. 즉 우리 연구에 참여한 여성들이 '만족스러운 섹스'에 대해 보인 반응은 '행복한 결혼생활'에서 보인 반응만큼 긍정적이지 않다.

만족스러운 섹스

'만족스러운 섹스'에 관해 다음처럼 질문했다. "모든 면을 고려해 볼 때 당신이 느끼는 성적 만족의 정도를 가장 잘 표현하고 단계에 표시하라." 그 결과는 표 8.2에서 볼 수 있다.

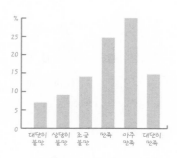

기혼여성의 성 만족도(표 8.2)

우리 연구에 참여한 기혼여성들 중에 70퍼센트는 어느 정도(25퍼센트가 만족, 30퍼센트는 아주 만족, 15퍼센트는 대단히 만족) 만족스러운 섹스를 한다는 사실을 알아냈다. 단지 9퍼센트만이 상당히 불만족스럽고, 7퍼센트는 대단히 불만족스럽다고 하였다.

흥미롭게도 53퍼센트의 부인들이 지금의 성교 횟수에 만족한다고 했지만, 남편도 그럴 거라고 말한 사람은 28퍼센트에 불과했다. 부인들 중 40퍼센트가 좀더 자주 섹스하고 싶다고 했지만 더 자주 하길 원하는 남편은 70퍼센트나 되었다.

행복한 결혼생활과 만족스러운 섹스

행복한 결혼생활과 만족스러운 섹스 사이의 관계를 검토하면서, 우리는 아주 중요한 연관성을 한 가지 발견했다(표 8.3을 보라). 만족스러운 섹스를 한다고 한 여성들 중에 63퍼센트가 결혼생활도 행복하다고 하고 있다. 결혼생활이 불행하다고 한 여성들 중에 6퍼센트만이 만족스러운 성생활을 한다고 말했다.

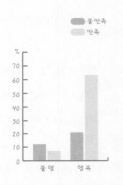

행복한 결혼생활과 만족스러운 섹스 사이의 관계(표 8.3)

만족스럽지 못한 섹스를 하는 여성들 중에도 21퍼센트가 결혼생활은 행복하다고 말한 점은 흥미롭다. 즉, 성생활이 만족스럽지 못하더라도 결혼생활은 행복할 수 있다는 것이다. 닐 워렌(Neil Warren) 박사는 성공적인 결혼에 관한 연구에서 "서로에게 만족을 주는 성관계를 영위해 간다면 결혼생활의 질은 높아질 것이 확실하지만, 멋진 섹스 없이도 멋진 결혼생활은 얼마든지 가능하다"라는 사실을 발견했다. 그러나 부부가 서로 멋진 섹스를 즐길 수 있다면 결혼생활에서 오는 스트레스를 풀고 부부가 결혼을 통해 이루려는 공동의 목표를 달성하는 데 참으로 도움이 된다."[3]

결혼생활이 행복함에도 성생활이 만족스럽지 못한 데는 그럴 만한 이유가 있을 수 있다. 질병, 수술, 남편의 발기 불능 등의 신체적 장애, 아니면 심리적인 진단과 치료를 받아야만 되는 그런 원인 때문일 수도 있다.

그렇다면 결혼 기간과 행복한 결혼생활에는 어떠한 관련이 있을까? 놀랍게도 아무런 연관성이 없었다. 젊은 부부들은 정확히 노년 부부들만큼 행복했다. 그리고 결혼 기간과 만족스러운 성생활 사이의 관계도 마찬가지로 아무런 연관성이 없었다. 섹스의 만족 정도는 결혼 기간과는 상관없이 천차만별이었다. 더군다나 종교적인 집안에서 자랐느냐의 여부도 행복한 결혼 내지는 만족스러운 섹스와 관련이 없었다. 당신이 종교적인 집안에서 자라지 않았더라도 종교적인 배경을 가지고 성장한 사람과 똑같이 행복한 결혼생활을 할 수 있다. 당신의 행복과 만족을 좌우하는 것은 그리스도인이 된 후에 한 헌신이다.

섹스 시간과 횟수

남편들은 대개 섹스 횟수가 적다고 불평하지만 여성들은 주로 섹스하는 데 걸리는 시간에 관심이 있다. 그렇다면 여성의 경우, 섹스에 소요되는 시간과 섹스 횟수는 행복한 결혼생활과 만족스러운 섹스에 어느 정도 의미가 있는가?

표 8.4를 보면, 대부분의 여성들은 주 1회 섹스를 하고, 그 다음으로는 주 2-3회이다(30%). 14퍼센트만이 월 1회 섹스를 한다. 섹스 횟수가 더 적은 사람들의 비율은 그 다음에 급격히 떨어진다.

여성들의 70퍼센트 정도는 주 1회에서 2-3회 정도 섹스한다는 사실을 알 수 있다. 기혼여성 중에 단지 4퍼센트만이 전혀 섹스를 하지 않는다고 했고, 1 퍼센트는 연 1회 한다고 했다. 이렇게 섹스하는 횟수가 적은 이유는 여성들이 써 놓은 글들을 읽어 보면 알 수 있다. 어떤

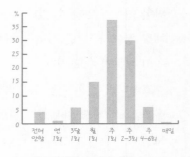

기혼여성이 섹스하는 횟수(표 8.4)

여성들은 섹스 속에서는 어떤 즐거움도 찾을 수 없기 때문에 섹스가 싫을 따름이라고 했다. 그들은 남편이 나이 들어 자기처럼 섹스에 흥미를 잃게 되자 해방감을 느꼈다고 한다. 어떤 여성들은 섹스를 하고 싶지만, 남편이 섹스에 흥미가 없거나 여러 가지 사정으로 발기가 안 되기 때문에 할 수 없다고 한다. 어떤 여성들은 결혼은 했지만 남편과는 감정적으로 별거 상태인 사람도 있으며, 섹스를 할 수 없는 피치 못할 사정이 있다고 하는 경우도 있다.

우리가 받아 본 글들에 비추어 보았을 때 표 8.4의 결과는 아마도 이 책을 읽고 있는 많은 독자들에게 위안이 될 것이다. 많은 사람들이 자신들은 남들만큼 성적으로 왕성하지 않다며 걱정한다. 섹스할 기분이 한참 동안이나 들지 않으면, 자신에게 무슨 문제가 있는 게 아닌가 생각한다. 다른 한편으로, 위의 결과는 그리스도인들은 성적으로 둔감하고 억압되어 있으며 불행하다는 통념이 사실이 아님을 보여 준다. 본 연구결과를 볼 때, 그리스도인 기혼여성들의 대다수는 만족한 성생활을 하고 있다고 말할 수 있다.

우리가 낸 섹스 횟수 통계는 미국인 전체와 개신교인이라는 두

표본집단을 비교한《섹스 인 아메리카》의 연구결과에서 개신교인 집단이 보여 주는 통계와 거의 유사하다. 이 중에서 섹스를 조금 더 자주 하는 집단은 우리 연구의 표본이 된 크리스천 여성들이지만 그 차이는 아주 미미하다.

섹스 횟수는 성적인 만족에 영향을 미치는가? 표 8.5는 이에 대한 데이터인데, 여기서 우리는 통계적으로 다시 한 번 섹스 횟수와 성적 만족 사이에는 대단히 밀접한 연관이 있다는 사실을 발견하게 된다.

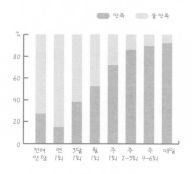

기혼여성의 섹스 횟수와
성적 만족 사이의 관계(표 8.5)

이러한 사실에 비추어 볼 때, 우리는 어떤 부부들에게는 섹스 횟수가 증가하면 할수록 성적 만족도가 높아지고 어떤 부부들에게는 높은 성적 만족도 때문에 섹스 횟수가 늘어난다고 결론을 내릴 수 있다. 당신의 성생활을 윤택하게 하려면 더 자주 섹스를 하고 섹스가 서로에게 더 즐거운 경험이 되도록 하라.

섹스하는 데 걸리는 시간은 어떤가? 연구에 참여한 여성들의 절반 정도는 보통 30분 정도라고 했고, 25퍼센트는 15분 걸린다고 하였다. 결과적으로 섹스한 지 15분 만에 오르가슴에 도달하기란 신체적으로 거의 불가능하다. 여성의 몸은 천천히 그리고 오랜 섹스를 하게끔 디자인되어 있다.

표 8.6은 섹스 지속 시간과 성적 만족 사이의 관계를 보여 준다.

섹스 시간이 단지 5분 정도 일 때, 성적인 만족을 느끼는 여성들은 32퍼센트로 가장 적다. 시간이 길어질수록 통계는 점점 높아지다가, 30분에 이르러서는 73퍼센트가 되고, 한 시간 내지 그 이상은 78퍼센트가 된다.

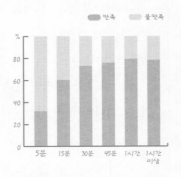

기혼여성의 섹스 지속 시간과 성적 만족 사이의 관계(표 8.6)

우리는 높은 수준의 성적 만족감을 얻기 위해서는 30-45분 동안 섹스하는 것이 적당하다는 결론을 내렸다. 어떤 여성은 "우리는 보통 2-3시간 걸리는데, 나한테는 너무 길어요!"라고 했다. '섹스 마라톤'을 하는 것은 무리가 될 수 있다.

섹스와 의사소통

만족스런 섹스는 단순한 성교 이상의 의미이다. 계속되는 감정 표현이 있어야지만 처음부터 끝까지 제대로 된 성경험을 할 수 있다. 처음에는 관심의 표명(의사소통)으로 시작하다가 가까워지고 (육체적, 감정적 친밀함), 성적인 흥분 상태에 들어간 다음(성적인 매력) 마지막으로 성교한다(섹스). 내용을 표시하면 다음과 같다.

관심 표명 → 가까워짐 → 성적인 흥분 상태 → 성교

좋은 섹스와 좋은 의사소통은 병행한다. 많은 부부들이 자신의 성적인 느낌이나 섹스할 때 좋고 싫은 것에 대해 서로에게나 다른 사람들에게 터놓고 이야기하지 않기 때문에, 조화로운 성생활을 하려고 애써도 나아지는 것은 거의 없다. 이 점에 대해 여성들은 다음과 같이 말한다.

> 남편과 저는 섹스에 대해 이야기하는 게 아주 힘들어요. 대부분 저는 섹스에 대해 만족하는 편이지만, '더 좋을 수 있었는데'라고도 생각합니다. 하지만 이 문제를 꺼내면 그는 화를 냅니다. 남편에게는 아주 민감한 주제거든요.

> 섹스는 단순히 일회적인 행위가 아니라 온종일 서로 얘기하고 만지며 시간을 보내는 과정이죠. 때론 서로가 피곤하고 스트레스와 아이들 때문에 시달려 지치면, 그냥 이야기를 나누다가 자러 갑니다. 섹스는 헌신이지 단순히 일회적인 행위에 그치는 것이 아니에요.

> 우리는 의사소통에 문제가 있습니다. 말은 하지만 진지한 게 하나도 없고 감정 표현도 하긴 하지만 진실하진 못해요. 제 남편은 자기가 감정 표현을 잘한다고 자부하지만 말이죠. 섹스는 먹고 자는 것처럼 우리가 하는 여러 가지 것들 중에 하나일 뿐이라고 생각해요. 다음주에 우리는 부부문제로 상담을 받으러 가려고 해요.

물론 모두 의사소통에 실패한 이야기만 하는 건 아니다.

의사소통은 멋진 성생활을 위한 핵심 조건입니다. 하나님께서는 남성과 여성을 다르게 창조하셔서 서로에게 기쁨을 줄 수 있도록 하셨지요. 만일 당신이나 당신의 배우자가 하고 싶어하는 것이 있으면 그것에 대해 이야기해서 그런 것을 해도 괜찮은지 서로 확인해 봅니다.

그러면 여성들은 자신의 성경험들을 누구와 이야기할까? 기혼여성의 65퍼센트는 배우자, 23퍼센트는 친구 한 명, 12퍼센트는 여러 명의 친구들, 그리고 15퍼센트는 없다고 대답했다. 그렇다면 남성은 어떤가? 《남자도 잘 모르는 남자의 성》을 보면 기혼남성의 64퍼센트 역시 배우자에게 말한다고 했다. 결론적으로 그리스도인의 경우, 섹스에 대해서 배우자와 터놓고 이야기하는 수가 남성과 여성이 거의 같은 비율로 나온다는 사실을 알아냈다. (비그리스도인에 대한 데이터는 우리가 가지고 있지 않다.)

응답한 여성 중 15퍼센트인 7분의 1 정도는 섹스에 대해 이야기할 사람이 한 명도 없다고 했고, 6퍼센트는 오로지 하나님께만 이야기한다고 대답했다. 우리는 자신의 신상에 대해 하나님께 아뢰어야겠지만 같이 이야기할 사람도 필요하다.

결혼생활에서, 섹스 전후나 혹은 도중에 나누는 대화는 좌절과 분노와 불신을 불식시켜 준다. 남편과 아내가 육체적이고 정신적인 성적 친밀감을 누리기 위해서는 얼마나 자주 성욕이 생기는지,

어떻게 해야 만족스러운지, 섹스할 때 무엇이 좋고 싫은지 이야기해야 한다. 대화를 하다 보면, 이제까지 서로가 이기적이었음을 알 수 있다. 남성들은 조금 시간을 늘리고 여성들은 수용하는 법을 배워야 한다. 남성과 여성 모두 자신이 원하는 바를 조절하면서 상대방에게 반응해야 한다.

애정 표현도 의사소통의 한 형태이다. 성관계 외에 다른 방법으로 애정을 나누는 부부는 얼마나 되겠는가? 살펴본 바에 따르면 93퍼센트의 여성들이 성관계 외에 다른 방법으로 애정을 나눈다고 대답했다. 부정적으로 대답한 7퍼센트 중의 절반은 결혼생활이 불행하다고 했고, 7퍼센트 중 3분의 2는(63%) 섹스가 만족스럽지 못하다고 했다. 행복하다고 느끼는 부부들은 섹스하는 동안 말고도 자주 서로에게 애정을 표현하는 사람들이다. 이러한 애정 표현이 만족스러운 섹스와 행복한 결혼생활에 긍정적인 영향을 미친다.

아래의 다섯 가지 원칙은 섹스에 대해 터놓고 이야기할 때뿐 아니라 부부생활 전반에 좋은 지침이 될 것이다. 서로 이야기할 시간을 따로 떼어놓고 자주 그렇게 하라. 의사소통의 문을 항상 열어 놓아라. 의사소통을 위한 기본 원칙은 다음과 같다.

- 자기 생각을 말하라. '당신은'을 주어로 해서 말하지 말고 '나는'을 주어로 해서 말하라.
- 당신이 생각한 것만 이야기하지 말고 느낀 점에 대해서도 말하라. 가능한 한 감정을 표현하는 단어를 많이 사용하라. 혼자만

말하지 말고 상대방과 번갈아 가면서 말하라.

- 듣는 것은 의사소통에서 가장 중요한 부분이다. 상대방의 말을 끊지 마라. 상대방이 말하고 있는 동안 무슨 말을 할지도 생각하지 마라. 진짜로 들어라!
- 상대방이 말하는 것을 분명히 알아듣지 못한 경우에는 무슨 말인지 물어보라. 정확히 들었는지 확인하라.
- 대화하는 사람들이 반드시 상대방의 견해를 받아들여야 하는 것은 아니지만, 서로 나눈 것들을 존중하면서 상대방을 인정할 필요는 있다.

성적인 만족과 결혼생활의 행복을 저하시키는 요인

건강문제

많은 여성들이 설문지의 맨 마지막에 의학적인 문제와 정신상의 문제로 인해 자신들의 결혼생활이 영향을 받았다고 적고 있다. 또한 섹스에 대한 흥미와 성적인 반응도 그러한 문제들에 영향을 받았다고 하고 있다. 우울증은 가장 흔한 문제이다. 결혼한 여성 중에서 10퍼센트가 우울증 때문에 고생한다고 보고했다. 미국 국립정신보건연구원(NIMH)은 성인 인구의 10퍼센트가 우울증에 시달린다고 추정하였는데, 이것을 보면 우리의 발견이 확실하다는 사실을 알 수 있다. 일생 동안 우울증에 걸릴 확률은 다섯 번 중에 한 번 정도이지만, 이 중에 33퍼센트 정도만이 치료가 필요한 경우이다.

우울증에 걸릴 위험은 여성이 남성의 두 배 가량 더 크다는 사실을 고려해 보면, 결혼한 여성들 중에 우울증에 시달리는 사람이 많은 것이 이해가 된다. 어릴 때 학대받은 경험, 불임, 만성적인 육체적 질병, 낮은 자존감, 무력감, 불행한 결혼생활 등은 물론이고 다른 여러 요인들 때문에도 우울증이 생긴다. 우울증은 성기능에 어떤 영향을 미치는가? 우울증이 성욕을 증진시키는 경우도 가끔은 있지만, 대개는 성욕 감퇴의 원인이다. 여성 우울증 환자 중 60퍼센트 정도가 섹스에 대한 흥미를 잃었다고 한다.

그렇다면 우울증은 행복한 결혼생활에 어떤 영향을 끼치는가? 연구결과에 의하면, 결혼생활이 행복하다고 말한 수치가 88퍼센트(우울증이 없는 여성들의 경우)에서 70퍼센트(우울증이 있는 여성들의 경우)로 떨어졌다. 이러한 차이는 통계학적으로 볼 때 중요하다. 우울증에 걸린 배우자와 같이 사는 일은 매우 힘들 수 있고, 결혼생활에 부담이 된다. 반면, 불행한 결혼생활은 우울증의 원인이 될 수 있다.

또한 우울증은 성적 만족과 밀접한 관계가 있으며, 그 연관성은 통계학적으로도 매우 중요하다. 성적인 만족은 72퍼센트(우울증이 없는 여성들)에서 52퍼센트(우울증이 있는 여성들)로 떨어진다. 우울증에 걸린 사람들은 보통 섹스에 대해 관심이 거의 없으며 일반적으로 삶을 즐기기가 힘들기 때문에 성적으로 만족하지 못한다. '우울증은 행복한 결혼생활을 방해하고 성적 만족도 감소시킨다.'

앞에서 말한 것과는 다른 측면에서 우울증이 성적 만족에 영향을 미치기도 한다. 항우울제인 세로토닌재흡수억제제(SSRI) 중 일부는 오르가슴에 이르지 못하게 하거나 지체하게 만들며 성욕을 감퇴시키는 부작용을 낳는다. 복용하는 양을 적당히 조절하거나 다른 약으로 대체하는 것도 이 문제를 해결하는 방법이 될 수 있다. 이 점에 대해 의사와 상의하라.

본 연구에 참여한 여성들이 많이 언급한 건강문제는 우울증 이외에도 PMS와 폐경이다(7장 참조). 성기능에 영향을 주는 다른 건강문제로 불안(6%), 고혈압(6%), 만성적인 고통(4%), 갑상선 기능 저하(2%), 만성피로(2%)를 들 수 있다.

혼외정사

우리의 표본대상에 나타난 혼외정사의 수치는 어느 정도 될까? 자신들의 남편이 한 번 이상 바람을 피운 적이 있다고 한 여성이 11퍼센트 정도였고 남편이 바람을 피운 적이 있는지 확실히 알 수 없다고 대답한 사람이 13퍼센트였다.

한 여성은 내게, 자신이 과거에 겪은 두 가지 요인이 자신의 성에 부정적인 영향을 끼쳐 왔다고 말했다. 한 가지는 자신의 아버지가 포르노에 빠져 있었다는 것이었는데, 그 때문에 자신이 여자인 것이 수치스러웠다고 했다. 그리고 다른 한 가지는 자기의 첫 남편이 바람을 피워서 이혼하게 된 일이라고 했다. 그 일로 인해 그 여인은 아무도 믿지 않다가 하나님의 도움으로 지금의 결혼생활을 할 수 있었다고 고백했다.

여자들은 어떤가? 25퍼센트가 혼외정사의 경험이 있다고 인정했다. 그러나 많은 경우 그리스도인이 되기 전에 한 일임을 알 수 있다. 과거에 행한 성적인 행동들에 대한 기억들 때문에 이들은 커다란 곤혹을 겪고 있으며 죄책감을 느끼고 있었다. 여성들이 쓴 글을 읽어 보라.

> 혼외정사에 대해 좀더 많은 질문을 해 줬으면 했는데……. 저는 오랫동안 혼외정사로 인한 죄책감에 시달려 왔기 때문에 익명으로라도 모든 사실을 털어놓고 고백했더라면 도움이 됐을 거예요.

> 저는 한 번 바람피운 적이 있었어요. 남편에게 그 사실을 말했는데, 남편은 제게 돌을 던질 수 없다며 용서해 주었어요. 지금 우리의 결혼생활은 어느 때보다 좋습니다. 주님께 감사해요! 남편은 저를 좀더 배려하게 되었고, 저는 남편이 얼마나 저를 사랑하는지 그리고 제 삶에서 진정 바라는 것이 무엇인지 깨달았어요.

아래의 글은 여성들이 혼외정사에 약할 수밖에 없는 이유를 잘 보여 준다. 남편들이여, 주의 깊게 읽어 보라!

> 섹스는 남편에게 받는 사랑과 조건 없는 인정에 비하면 그리 중요하지 않습니다. 남편이 저를 좀더 인정해 주고 덜 비판했다면, 저는 자신감도 잃지 않았을 테고 성욕도 줄어들지 않았

을 거예요. 저의 몸무게가 조금씩 계속해서 늘어났는데, 이 문제는 남편의 큰 관심사였죠. 모든 종류의 다이어트는 다 해 보았어요. 남편은 제가 추하고 쓸모없는 사람이라고 느끼게 만들었어요. 저의 성욕은 사라졌지만, 남편은 여전히 이틀에 한 번 꼴로 자신을 만족시켜 주기를 원했기 때문에 의무감에서 그의 욕구를 채워 주었지요. 너무 좌절한 나머지 제 자신이 매력 있는 존재라는 것을 증명해 보이려고 외도 직전까지 갔어요. 그리스도에 대한 헌신이 없었더라면, 아마 선을 넘었을 거예요!

그리스도인들 사이에서도 혼외정사는 일어난다. 그러나 혼외정사로부터는 '어떤 선한 것'도 나오지 않는다. 이러한 배신은 버림받았다는 뿌리 깊은 상처를 안겨 준다. 근본적인 신의를 저버림으로서 신뢰는 깨진다.

물론 혼외정사를 한 사람들의 결혼관계가 회복될 수 없는 건 아니다. 사실 우리는 외도로 인해 깨어진 결혼생활을 회복시키는 일을 해 왔다. 회개와 피나는 노력과 하나님의 은혜가 임하면 관계를 반드시 회복할 수 있다.

혼외정사가 낳는 황폐함 때문에 우리는 행복한 결혼생활과 만족스러운 섹스를 갖도록 권고한다. 행복한 결혼생활과 만족스런 섹스야말로 외도를 막는 최선의 길이기 때문이다.

많은 연구결과가 보여 주듯이, 성공적인 결혼생활을 할 때 건강의 증진과 개인의 성장과 높은 수준의 자아실현을 얻을 수 있다.[4] 결혼의 성공 여부는 섹스의 만족도와 결혼생활의 행복 정도로 가

늠해 볼 수 있다.

기억할 점

1. 크리스천 부부의 경우, 행복한 결혼생활을 하는 수가 많았다. 우리가 연구한 여성들 중의 48퍼센트가 행복하거나, 아주 혹은 대단히 행복하다고 했다.
2. 본 연구에서 많은 크리스천 여성들(70%)이 섹스에 만족해했다. 행복한 결혼생활과 만족스러운 섹스 사이에는 밀접한 관련이 있다.
3. 만족스러운 섹스와 성행위의 빈도와는 관련이 있다. 우리 연구에 참여한 여성들의 대부분은 일주일에 1-3회 정도 성교를 한다고 했고 섹스가 만족스럽다고 했다.
4. 성행위를 지속하는 시간 역시 만족스러운 섹스와 관련이 있다. 30분에서 1시간 동안 성관계를 갖는 여성들의 성적 만족도가 가장 높았다.
5. 건강상의 요인도 행복한 결혼생활과 만족스러운 섹스를 좌우한다. 건강상의 요인으로 들 수 있는 것들은 월경전증후군, 폐경, 우울증, 불안, 고혈압, 만성적인 고통, 갑상선 기능저하, 만성적인 피로가 있다.
6. 결혼생활을 풍성하게 하고 외도를 방지하는 가장 좋은 방법은 서로 대화하며, 포용하며, 상대방을 위하며, 영적으로 정신적으로 자라는 법을 배우는 것이다.

9

치유받아야 할 기억, 성적 외상

"성 안을 순찰하는 야경꾼들에게 얻어맞고 성루를 지키던
파수병에게 겉옷을 빼앗겼네." 아가 5:7, 공동번역

연구과정에서 우리의 마음을 가장 아프게 한 것은 성적 외상(성
이나 성적인 반응을 손상시키는 행동이나 경험의 총칭) 때문에 결혼생
활을 망치고 있다는 여성들의 사연이었다. 여성들은 마음속에 숨
겨 놓은 이야기들을 털어놓았는데, 아래의 글은 성적 충격으로 인
한 정신적 외상이 많은 사람들의 성에 얼마나 큰 악영향을 미칠
수 있는지 잘 보여 준다.

열여섯 살 때에 부모님의 친구에게 강간을 당한 뒤, 난잡한 성
생활을 하게 됐어요. 아주 짧은 시간 동안 여러 명의 남자들을
갈아 치웠죠. 신경성 식욕부진까지 걸렸어요. 저는 제 몸이 싫
었고 아주 더럽게 느껴졌어요. 그러한 느낌은 결코 사라지지

229

않을 것 같았죠. 저는 수많은 활동들로 스케줄을 꽉 채워서 늘 제 자신을 바쁘고 피곤하게 만들었죠. 강간당하고 나서 제가 취했던 소극적인 행동 때문에 죄책감이 들어요. 부모님께 그 사실을 알려야 했는데⋯⋯. 그러나 그때에는 아버지가 살인을 저지르고 감옥에 가시는 것은 원하지 않았어요. 그 사람(저를 강간한 남자)은 아무렇지도 않은 듯이 태연하게 걸어 나갔지만, 저는 그날의 악몽을 잊기 위해 지난 12년을 보내야만 했어요.

아버지의 죽음과 어릴 때 받은 성추행은 저의 성에 엄청나게 부정적인 영향을 끼쳤어요. 저는 섹스와 사랑은 같은 거라고 생각했어요. 제가 받은 성교육은 학교에서 배운 게 전부라서 건전한 사랑이나, 욕구, 관계에 대해서는 아무것도 아는 것이 없었어요. 제가 저지른 많은 일들은 이런 지식에서 나온 거였어요. 저는 어른이 돼서야 사랑과 섹스의 차이를 알게 됐지만, 과거의 영향은 아직도 계속되고 있어요. 늘 저에게 영향을 끼치죠.

우리 집에서 함께 지내던 우리 가족의 친구라는 사람에게 1년 동안 성추행을 당했어요. 그 일 이후 저는 성에 눈을 뜨게 되었고, 제 자아관은 삐뚤어져 제 자신을 성적인 측면에서만 바라보고 그것만 중요하다고 생각했어요. 알코올 중독자인 아버지에게 받지 못한 사랑을 보충하려고 다른 남자들과 자고 다녔어요. 한 남자에게 몸을 줄 때마다 심한 죄책감에 시달렸기 때문에 얼마 사귀다가는 곧 바로 모든 연락을 끊어 버렸죠. 문제는 제 남편과 섹스할 때에도 여전히 죄책감이 든다는 거예요. 마치 그것을 즐겨서는 안 되는 것처럼 말이에요. 이런 이야기는 (가끔씩 남편을 제외하고는) 정말이지 누구와도 할 수 없을 것 같아요. 어떻게 이 문제를 해결해야 할지 모르겠어요. 노력하면 될까요?

어릴 때 받은 성추행 때문에 심한 정신적 고통을 경험했어요. 지금은 대학 시절과 결혼 전의 난잡한 성생활이 몹시 부끄러워요. 성추행 경험과 난잡한 성생활은 어떤 관계가 있나요?

성적 외상. 이것은 생각만으로도 대부분의 여성들에게 소름을 끼치게 한다. 그런데 여기서 말하는 '외상'(trauma)이란 무엇인가? 그 말은 '상처'(wound)에 해당하는 헬라어에서 유래한다. 따라서 외상은 (상처와 같이) '외부적인 인자에 의해 야기된 생체 조직의 손상'이다. 그러나 오늘날 사람들은 '외상'이라는 말을 단순히 신체적인 상처를 가리키는 말로만 사용하지 않는다. 우리에게 (신체적으로나 정신적으로) 해를 끼치는 것들은 모두 '외상'의 한 형태라고 볼 수 있다. 따라서 성적 외상은 우리의 성에 해를 끼치는 모든 것이다.

6가지 성적 외상

우리는 여기에서 성추행, 포르노, 강간과 성폭행, 신체상(像)의 왜곡, 낙태, 성병과 같은 여섯 가지 유형의 성적 외상에 대해 논의할 것이다. 당신이 만일 성적 외상의 희생자라면, 이 장의 마지막 부분에서 제시하는 내용들을 통해 도움을 받을 수 있을 것이다.

성추행

여기서의 성추행은 어린아이들에게 하는 모든 성적인 행위를 의미하는 것으로 어린아이에게 노골적으로 성적인 일을 하게 하거나 적절하지 않은 신체 부위를 노출하는 행위, 애무, 질 또는 항문에 성기를 넣는 행위까지 포함할 수 있다. 다음은 성추행 유형의 예다.

1. 보거나 만지기 위해서 어린아이에게 옷을 벗으라고 하는 것.
2. 어린아이의 성기를 만지는 것.
3. 어린아이에게 자신의 성기를 보여 주는 것.
4. 어린아이에게 자신의 성기를 만지게 하는 것.
5. 입으로 성적인 접촉을 하는 것.
6. 손으로 성적인 접촉을 하는 것.
7. 질이나 항문에 이물질을 집어 넣는 것.
8. 성기를 질이나 항문에 넣는 것.
9. 어린아이와 성교하는 것.
10. 어린아이를 대상으로 포르노를 찍는 것.

이 책을 읽고 있는 독자 중에는 위의 목록에다 자신이 당한 추행을 추가하고 싶은 이도 있을 것이다.

　요약하면, 나이와 정신적인 성숙과 가정에서의 역할에 비해 부적절하게 어린아이를 성적 자극에 노출시키는 모든 행위는 성적으로 학대하는 것이다. 아이는 단지 '아이'일 뿐이지 성적인 대상이 아니다. 어린아이의 성은 아직 완전히 형성되지 않았기 때문에 너무 일찍 성적 행위에 노출되면, 겁을 먹거나 상처를 입을 수 있고 신체적으로 정신적으로 해가 될 수 있다. 어느 누구도 어린아이를 자신의 성적 만족을 위한 수단으로 삼아서는 안 된다.

　어린아이에 대한 성추행은 범죄 중에서 가장 비열한 것이다. 따라서 대부분의 문명국가에서는 이런 종류의 성범죄에 대해서 무거운 형벌을 부과하고 있다. 그런데 우리는 왜 이 책에서 그런 행위들을 논의하고 있는가? 왜냐하면 그리스도인들도 순진하고 힘없는 어린아이에 대한 극악한 범죄에서 자유로울 수 없기 때문이다. 그리스도인들 사이에 성추행이 점점 늘어나고 있다. 교회 지도자들, 교사들, 부모들, 가족들, 친구들이 아이들을 추행한다. 〈크리스채너티 투데이〉의 최근 기사에 따르면, 교회에서 일어난 성추행은 50퍼센트가 교회 일에 자발적으로 봉사하겠다고 나선 사람들이 저지른 것이었고,[1] 30퍼센트가 목사를 포함한 유급 지도자들, 20퍼센트가 다른 아이들이었다. 이처럼 기독교문화에서도 성추행은 더 이상 남의 이야기가 아니다. 우리의 아이들에게 성추행에 대해 이야기하고, 어떤 행동들이 성추행에 해당하는 것인지를 설명해 줄 때가 왔다. 만약 아이들에게 모든 유형의 성추행에 대해 설명하고 대비하도록 하지 않는다면, 우리는 그들에게 큰 잘못을 범하고 있는 것이다.

어떤 연구결과를 보더라도, 믿을 만한 연구는 모두 성추행을 당하는 아이들의 숫자를 우리 눈을 의심해야 할 정도로 높게 추정하고 있다. 얼마나 되는가? 현재 세 명의 여자아이 중에서 한 명이, 다섯 명의 남자아이 중에서 한 명이 일종의 성추행을 당한 경험이 있다고 한다.

보통 75-95퍼센트 정도는 아는 사람이 범한다. 아버지, 의붓아버지, 어머니, 의붓어머니, 형, 이복형, 누나, 삼촌, 사촌, 친한 친구, 옆집 사는 사람, 소아과 의사나 간호사, 학교 교장, 고등학교 교사, 목사나 중고등부 담당 전도사도 추행자일 수 있다. 그들은 무신론자, 불가지론자일 수도 있고 믿는 사람일 수도 있다. 가난한 사람일 수도 있고 부자일 수도 있다. 교육을 많이 받은 사람일 수도 있고 고등학교 중퇴자일 수도 있다. 모든 연구결과가 사회적 신분과 장소와는 상관없이 성추행을 한다는 사실을 보여 준다. 그리고 불행하게도 교회도 예외가 아니다.

우리의 표본집단에 속하는 2천 명의 여성 중에는 얼마나 많은 사람들이 성추행을 당한 경험을 가지고 있을까? 50퍼센트가 원하지 않는 신체접촉을 경험했다고 했다(표 9.1을 보라).

많은 여성들이 어릴 때 당한 성추행 때문에 정신적인 고통을 겪어 왔다고 썼다. 40대 후반인 한 여성은 다음과 같이 썼다.

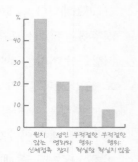

크리스천 여성들이 겪은
성적 외상(표 9.1)

제가 소망하는 성경험은 아주 단순해요. 어릴 때 당한 성추행의 기억 때문에 남편과의 섹스가 방해받지 않는 것, 성추행으로 인한 어려움을 남편이 충분히 이해해 주는 것뿐이에요. 성추행 경험 때문에 남편과 섹스하면서도 기쁨을 누리지 못합니다. 제 마음속에서 무슨 일이 일어나고 있는지, 왜 제가 가끔씩 얼어붙는지, 왜 제가 가끔씩 폐쇄공포증에 시달리는지를 나누거나 남편에게 이야기할 엄두가 나질 않아요. 남편이 제 상황을 알고 이해해 준다면 우리의 성생활은 나아질 텐데요.

다른 여성은 이렇게 말했다.

두 달 전에 저는 평생 동안 존경해 온 아버지가 저를 추행했다는 사실을 알아냈어요. 남편을 포함해서 모든 남자에 대한 신뢰가 거기서부터 완전히 무너졌어요. 제가 열일곱 살 때에 첫번째 일한 직장의 상사에게 강간당할 뻔했어요. 저의 이런 과거가 현재에도 여전히 영향을 끼치고 있다는 사실에 대해서 전혀 이해를 못하겠어요.

우리가 조사한 여성들 중에 3퍼센트는 걸음마할 당시에 당한 성추행까지 기억해 냈다. 10퍼센트는 취학 전에 성추행을 당했다고 했다. 23퍼센트는 초등학교 다닐 때 원치 않는 신체접촉을 당했다고 했고, 15퍼센트는 10대 때에 그런 일을 당했다고 했다(표 9.2를 보라).

원치 않는 신체접촉으로 인해 가장 상처 입기 쉬운 나이는 취학 전이나 초등학교 다닐 때이다. 성추행이 성에 악영향을 미친다는 것은 매우 분명한 사실이다. 어떤 여성은 이렇게 썼다.

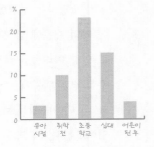

원치 않는 신체접촉을
경험한 연령(표 9.2)

다섯 살 때에 성추행을 당했는데 지금까지도 섹스를 즐기기가 힘들어요. 어떻게 해야 과거의 기억을 극복하고 남편과 섹스를 즐길 수 있을까요?

그러나 성추행에는 접촉만 있는 것이 아니다. 약 20퍼센트의 여성들이 어른들이 자신들을 만지지는 않았지만 성적으로 부적절한 행동을 했다고 생각한다. 성 도발적인 행동, 음담패설, 적절하지 못한 신체 노출도 모두 성추행의 형태이다.

성적으로 부적절한 행동을 하는 것은 만지는 것이 아니기 때문에 아이들에게 별로 해가 되지 않을 것이라고 생각하기 쉽다. 그러나 성적으로 부적절한 행동을 당한 아이들 중에 상당수가 신체접촉을 할 때와 동일한 문제와 증상을 보여 준다. 자신이 직접 당하지는 않았을지라도 형제나 자매가 추행당하는 것을 알거나 목격한 아이들도 훗날 그 일을 직접 겪은 아이들과 똑같은 증상을 경험하는 수가 많다.

음란물

우리가 연구대상으로 삼은 여성들 가운데 어릴 때 포르노 사진이나 잡지, 영화를 우연히 보게 된 적이 있다고 말한 사람은 21퍼센트였다. 그들 중 60퍼센트가 그러한 경험이 자신들에게 해악을 끼쳤다고 느끼고 있었다. 그러한 경험을 하게 된 나이는 네 살부터 점점 증가하기 시작하여 열 살에서 열두 살에 이르면 최고조에 달한다. 그 이후부터는 점차적으로 떨어진다.

보통 열세 살이나 열네 살에 음란물을 접하게 되는 남자들보다 여자들은 더 일찍 그런 경험을 하게 된다는 사실에 우리는 놀랐다. (하트 박사의 책 《남자도 잘 모르는 남자의 성》의 표 6.1을 보라.) 그러나 음란물을 접한 경험이 있는 사람들의 수는 여성(23%)이 남성(96%)보다 훨씬 적었다.

남성들은 음란물에 강하게 마음이 끌리는 반면, 여성들은 그렇지 않다. 분명히 여성들은 남성들처럼 음란물에 중독되지 않는다. 그러나 음란물에 빠진 남성들 때문에 여성들도 간접적으로 음란물을 접하면서 영향을 받는다. 남편들이 보는 음란물은 많은 여성들을 화나게 하고 성적으로 흥분되는 것을 막는다.

제 남편이 음란물과 성적 환상에 빠져 있기 때문에 섹스 횟수가 점점 줄어들고 있어요. 어떤 방식으로 성교해야 남편이 만족할지 늘 걱정입니다.

제 남편은 정욕의 문제 때문에 몇 년 동안 씨름해 왔고 여자문제도 있었어요. 남편은 음란물과도 씨름하고 있었는데, 제가 임신 중이던 네 번의 기간 동안은 특히 그랬어요. 저는 남편의 정욕(저에 대한 것은 아니었지만)을 늘 감지하고 있었기 때문에, 이러한 남편의 상황은 저의 자아상과 성에 커다란 영향을 미쳤고, 두려움과 고통을 가중시켰어요.

한 여성은 자신의 아버지가 포르노에 빠져 있었다고 말하면서, 그 일은 자식들에게 영향을 끼쳤다고 썼다.

저는 세 살 이후로 심각한 성적 환상에 중독되어 있었어요. 제 생각에는 아버지의 음란잡지 때문에 그렇게 된 것 같아요. 아버지는 음란잡지를 방에 두고는 문을 잠그시지 않았기 때문에 쉽게 볼 수 있었죠. 이런 일은 제가 그리스도인이 된 스물두 살까지 계속되었지만 기도를 통해 극복했어요. 음란물이 아이들의 마음을 얼마나 황폐하게 만드는지 사람들이 알았으면 좋겠어요.

우리는 매체를 통해 음란물은 해롭지 않고 아무도 해치지 않는다고 계속 들어 왔다. 그러나 정부 기관에서 일하는 음란물 전문가들은 그와는 전혀 다른 결론을 내렸다.

1. 법을 집행하는 사람들의 말을 빌리자면, 성 범죄자의 집에서 대량의 음란물이 발견되는 경우는 일반인과는 비교도 되지 않을 만큼 많았다. "음란물과 성범죄는 서로 관련이 있다."[2]

2. 음란물 제작에 참여한 아이들과 청소년들은 부정적인 영향을 지속적으로 경험한다.
3. 강압적인 섹스 행위를 쾌락적으로 묘사하는 음란물은 실제의 성관계에서도 폭력의 사용을 증가시킨다.
4. 폭력적인 음란물은 여성에 대한 범죄 행위를 증가시킨다는 실험 결과가 있다.[3]

미국 법무부 위원으로 일하면서 음란물에 관한 연구를 한 범죄 심리학자 파크 디츠(Park Dietz) 박사는 음란물의 실체에 대해 설득력 있게 말하였다.

음란물은 대부분 인간의 성에 대해 잘못되고 비정상적인 데다가 심지어는 위험한 정보까지 주기 때문에 의학적인 문제이고 공중 건강의 문제이다. '미성년자 절대 구독 불가' 라고 써 있는 미국의 음란물 출판물로부터 인간의 성에 대해 배운 사람은, 섹스해 보지 않고도 남녀가 결혼할 수 있고 심지어는 사랑에 빠질 수 있다는 사실은 상상조차 못한다. 또한 두 사람이 다른 사람들의 시선을 두려워하거나 죄책감을 느끼지 않고도 마음껏 사랑을 나눌 수 있다는 사실이나 부드러운 전희나 삽입 중에 질 안에서 사정하는 것은 상상조차 못한다. 출산이 성적 연합의 목적 중에 하나라는 것은 상상조차 못한다.[4]

여성들 중에는 노골적으로 성애를 다룬 작품들(특히 로맨틱한 장면들)이 주는 자극을 즐기는 사람도 있지만, 대부분의 여성들은 그런 것들에 관심이 없다고 보는 것이 옳다. 남성들은 지배적으로 묘사되고, 여성들은 한갓 성적 대상으로 폄하되기 때문이다. 여성들은 자신들이 단순히 남성들의 성욕 해소를 위한 분출 통로가 되는 현실을 싫어한다.

남편들이 음란물에 집착하면 아내들은 두려움을 느낀다. 비록 사진에 불과하지만, '다른' 여성이 부부 사이에 끼어드는 것이다. 남편이 부정을 저지르고 있는 것처럼 느껴지고, 자신이 그 여성들과 비교당하고 있는 것 같아 더욱더 비참해진다. 누가 정교하게 조작된 비현실적인 이미지와 경쟁할 수 있는가? 대부분의 부인들은 음란물에 등장하는 가짜와는 경쟁 상대가 되지 않는다.

묘사되는 성행위도 여성의 가치를 떨어뜨리며 매우 비도덕적이다(난교〈亂交〉, 수간〈獸姦〉 등등). 이런 행위들은 평생을 헌신하겠다고 약속한 부부간의 관계에 전혀 도움이 되지 않는다.

마지막으로, 《남자도 잘 모르는 남자의 성》에서 살펴본 것처럼 음란물을 장기간 보게 되면 성이 심각하게 왜곡될 수 있다. 연구 결과, 음란물을 보았던 사람이나 우연히 음란물을 몇 번 접한 남성들 중에서 그들에게 그런 경험들이 유익이 된다고 말한 경우는 거의 없었다.

그렇다면 음란물에 집착하는 남편을 위해 여성들이 할 수 있는 일은 무엇인가? 남편에게 얼마나 배신감이 드는지 그리고 음란물이 부부간의 관계를 어떻게 망치고 있는지 말하기 전에, 음란물 중독에 대해 좀더 배우고 이해하라. 이러한 중독을 치료하고 극복하는 과정은 오래 걸릴 수도 있으므로 마음을 단단히 먹어라.

음란물을 보는 남성들의 습관은 끊기가 얼마나 힘든 것인지를 이해하려고 노력해 보라. 남성들의 대다수는 아주 어릴 적부터 음란물을 보는 습관에 빠져 있었기 때문에 그 습관을 바꾸기가 매우 어렵다. 상대방을 거부하고 잔소리를 퍼붓는 것은 도움이 안 된다. 이 문제에 대해 느끼는 당신의 감정을 존중해 달라고 확고하게, 그러나 사랑을 가지고 요구할 때, 결국 남편은 회복될 수 있을 것이다.

환상 속의 섹스는 장기적으로 볼 때 현실 속의 섹스보다 만족스럽지 못하다. 좀더 만족스러운 성생활을 위해서 함께 노력해 보자고 남편에게 동기 부여를 하라. 또한 당신을 위해 기도해 주고 도와줄 사람들을 찾아보라. 당신은 이 싸움에서 혼자 서 있는 것이 아니다. 당신이 무력하다고 느낄 때 함께 기도해 줄 사람들은 힘이 될 수 있다. 비슷한 처지에서 음란물 문제와 씨름하고 있는 다른 여성들을 찾아보라. 안심이 되고 그들로부터 조언을 얻을 수도 있을 것이다.

남편이 음란물에 집착하는 정도가 심하고 여성으로서 당신의 가치가 몹시 훼손당하고 있다면, 당신은 남편에게 문제 해결을 위해 전문가의 도움을 받을 것을 요구할 권리가 있다. 남편이 현실과 환상을 구분하지 못한다면, 말 그대로 그는 중독되었다고 말할 수 있다. 이런 생활은 알코올 중독에 걸린 남편과 사는 것과 다르지 않다. 당신은 '모진 사랑'을 가지고 접근해야 한다. 무슨 일을 하려고 하든지 간에, 현명한 목사님이나 상담가 또는 친구와 상의를 거치도록 하라. 당신 스스로 이 문제를 뚫고 나가기에는 너무 벅차다.

강간과 성폭행

제 인생에서 섹스가 언제나 화근이었죠. 열여섯 살 때 말이 통하는 한 사람(남자친구)에게 빠졌어요. 그리고 곧 임신했죠. 제 부모님은 저를 강제로 멕시코의 티주아나에 있는 '의사'에게 보내 낙태를 하게 했어요. 낙태 수술을 끝낸 직후 그 '의사'라는 작자가 저를 강간했어요. 저는 침대에 묶여 있었고 마취도 완전히 풀리지 않은 상태였기 때문에 소리를 지를 수도 없었어요. 20년이 지나고 상담치료를 받고 나서야 비로소 이 이야기를 꺼낼 수 있었어요.

성폭행이란 상대(여성이나 남성)의 의사에 반하여 그 사람에게 성적인 행동을 가하는 것이다. 성폭행은 원치 않는 접촉에서부터 의사에 반하는 모든 종류의 삽입까지 그 범위가 넓다. 캘리포니아 주에서 정의하는 바에 따르자면 강간이란 "폭행과 협박으로 인한 강제적인 상태나 의사가 자유롭지 않은 상태에서 성기를 삽입하는 것이다. (삽입만으로 바로 강간이 된다)."[5]

1993년에 미국에서 104,810건의 강간 사건이 보고되었으나,[6] 강간은 강간범에 대한 두려움이나 수치심으로 인해 모든 범죄 가운데 가장 인지율이 낮은 범죄 중의 하나라는 것이 경찰 기관의 설명이다.

성폭행은 힘과 폭력으로 저질러지는 범죄이지 성적인 정욕 때문에 발생하는 것이 '아니다'. 성폭행은 보통 상대방을 지배하고 통제하고자 하는 욕구, 수치심이나 모욕을 주려는 동기 그리고 분노와 화로 인해 일어난다. 성폭행 사건 중 85퍼센트가 물리적인 폭력과 협박을 사용한다. 피해자는 종종 공포 때문에 움직이지도 못하는데, 피해자 중 90퍼센트가 성폭행 도중에 죽을 수도 있다는 두려움을 가진다고 한다. 모든 강간의 60-80퍼센트는 자신의 집에서 친구나 이웃, 친척이나 아는 사람에 의해 일어나는데, 60퍼센트가 아는 사람에 의해 저질러진다.

성폭행은 나이, 외모, 빈부, 인종, 교육받은 정도와는 아무 상관없이 일어나며 여성들과 소녀뿐 아니라 남성들이나 소년들도 성폭행의 대상이 될 수 있다.

성폭행범은 성적인 흥분 때문이 아니라 분노와 적대감에 이끌려 범행을 저지르게 된다고 한다. 사후에 조사해 보면, 그들은 피해자를 통제하고, 모욕을 주고, 힘이 있다는 것을 보여 주려고 범행을 저질렀다고 고백한다.

많은 강간범들이 기혼자이며, 다른 사람과 지속적인 성관계를 맺고 있는 사람들이다. 대부분이 성학대와 성폭행을 당한 경험을 가지고 있으며, 자신들의 고통과 분노를 폭력과 폭행을 통해 표출하려는 사람들이다. 성폭행 중에 무기를 사용하는 경우도 적지 않지만, 일반적으로는 협박과 기만, 약물과 술, 완력을 사용한다.

불행하게도 많은 여성들이 남편에 의해서 강제로 섹스를 당한다. 다이아나 러셀은 기혼여성 일곱 중 한 명이 남편에게 강제적인 섹스를 당하고 있다고 말한다.[7] 이러한 결과는 본 연구에서도 나타났다.

> 20년 결혼생활 동안, 남편은 자신이 성적으로 원하는 것을 얻기 위해 강압과 위협을 행사해 왔어요. 남편이 제게 했던 일을 생각하면, 구역질이 나고 더러워서 몸을 북북 문질러 닦게 되요. 남편은 제 가슴을 애무해 준 적이 없어요. 항상 아플 정도로 젖꼭지를 짜거나 비틀어 대죠. 그 사람은 섹스가 자신에게는 권리이고 제게는 의무라고 여겨요. 자기가 바라는 것은 뭐든지 할 수 있다고 생각하죠. 더 이상 할 말이 없군요.

> 첫번째 남편은 아주 폭력적인 사람이어서 저는 맞지 않으려고 섹스를 했죠. 자다가도 그 사람 때문에 섹스하려고 일어난 적도 많아요.

강간이 의미하는 바를 볼 때, 우리는 이러한 행동 역시 강간의 한 유형이라고 생각한다. 그것은 성폭행이지 사랑의 표현이 아니다. 따라서 이러한 행동이 낳는 결과도 강간만큼이나 파괴적이라는 사실은 놀라운 것이 아니다.

성폭행을 당한 사람들에게 매우 전형적으로 나타나는 정신과 행동의 변화가 있다. 첫번째 반응 단계에서 피해자는 정신적인 긴장을 경험한다. 그 여성(남성)은 우울증에 걸릴 수도 있고, 자주 울음을 터트릴 수도 있고, 아주 침울한 기분이 들고 위축될 수도 있다. 결정을 내리거나 잠을 자거나 집중을 하기가 힘들어지고, 두려움과 죄책감이나 불안을 느끼며, 자신을 제어할 수 없어서 점점 미쳐 가고 있다는 생각이 들기도 한다. 이 단계는 며칠 동안 지속되는데 어떤 경우에는 6주나 가기도 한다. 이 단계는 일상적인 기능이 정상으로 되돌아오는 것처럼 보일 때 끝난다.

두 번째 단계는 몇 주 혹은 몇 년 동안 지속된다. 피해자는 학교와 직장에서 정상적인 상태로 되돌아가 "이제 모든 것이 지나갔다. 나는 이제 다 잊었어"라고 말한다. 그러나 거기에는 성폭행으로 인한 상처의 끊임없는 부인(否認)과 합리화가 있다. 이 기간 동안 피해자는 대개 상담자나 상담 그룹을 찾아가는 일을 그만두고 가해자에 대한 고소를 취소하는 경우도 있다. 피해자의 가족이나 친구들은 성폭행의 문제가 이처럼 아주 만족스럽게 해결되어 안도감을 느끼기도 한다.

어떤 피해자는 여기서 끝난다. 그러나 그렇지 않은 사람들도 있다. 세 번째 단계가 나중에 찾아온다. 첫 번째 단계에서 겪은 정신적인 긴장 상태로 돌아가게 만드는 사건이 일어난다. 피해자가 다시 성폭행을 당할 뻔하거나, 어떻게 하다가 과거의 가해자가 떠오른 경우를 예로 들 수 있다. 첫 번째 단계의 고통이 다시 살아난다. 이러한 세 번째 단계는 4년 이상 지속될 수 있다. 피해자는 다시 우울증에 빠지고 분노에 휩싸인다. 자신의 감정에 대해 이야기해야 할 필요를 느끼며 과거의 성폭행이 끼친 영향에 대해 재고하게 된다. 피해자는 이제 가족이 겪는 어려움이나 성적인 문제 그리고 손상된 자존감의 문제처럼 미처 해결하지 않은 문제들이 무엇인지 찾아내어 그것들을 극복하기 위해 노력해야 한다.

신체상의 왜곡

건강이나 몸이나 체중에 대한 모든 연구결과를 보면 '날씬한 것이 아름답다' 라는 우리 문화의 강조가 잘못된 것이라는 사실을 알 수 있다. 그러나 대부분의 여성들은 자신들의 체중이 정상적인 몸무게보다 약 4-11킬로그램까지 더 나간다고 생각하고 있다. 1990년에 700명의 여성을 대상으로 한 조사를 보면, 78퍼센트의 여성들이 과체중이라고 생각하는 것을 알 수 있다. 의학적인 자료에 의해 실제로 과체중이라고 인정된 숫자의 거의 세 배에 해당하는 수치이다. 2퍼센트 미만의 여성들만이 자신들의 몸무게가 적게 나간다고 생각하고 있었다. 자신의 몸무게가 정상이라고 생각하는 여성들은 대략 다섯에 한 명이었다.[8]

약 25퍼센트의 여성들이 자신이 살쪘다고 느껴질 때에는 섹스를 피한다고 하는 연구결과도 있었다. 우리의 연구에서도 27퍼센트의 여성들이 자신들의 몸무게가 성욕에 영향을 준다고 말하며, 65퍼센트의 여성들은 몸과 관련된 여러 문제들이 성욕에 영향을 준다고 하였다(4장을 보라).

프린스턴 대학에서 실시한 조사를 보면, "사춘기 때는 자기 몸에 만족해하는 소녀들의 숫자가 급격히 떨어지나, 소년의 경우에는 자신의 몸이 성장하는 것에 대해 꽤 만족해하는 것으로 드러난다."[9] 이 문제는 평생을 가는 것 같다. 다음의 글들은 이러한 현상을 잘 설명해 준다.

10대에 혼전 성경험을 하고 성인잡지에 실린 여성들의 이미지를 접하고 나서, 저는 과체중의 문제에 시달리게 되었어요. 결과적으로 저는 낮은 자존감 때문에 고생하고 있고, 남편과 섹스할 때에도 몸이 굳어 버려요.

저는 아주 건강하지만, 패션잡지에 등장하는 조작된 이미지, 즉 미국인들의 이상적인 여성상에는 미치지 못한다는 것 때문에 낮은 자아상으로 고생하고 있어요. 남편은 제 몸매가 사랑스럽다고 하지만, 정말인지 아닌지 믿을 수가 없어요.

이러한 신체상의 왜곡을 부추기는 산업들이 도처에 퍼져 있다. 잡지 코너에 가서 몇 권만 훑어보라. 당신은 다음과 같은 제목들을 보게 될 것이다. '많이 먹고 살찌지 않는 비결' '날씬하게 보이는 법' '몸무게를 줄일 수 있는 21가지 식사' '더 젊어 보이는 비법' '5주 만에 지방을 근육으로 만드는 법'. 여성들은 자신의 신체상에 대해 심각하게 생각한다. 그러나 대부분의 여성들이 튼튼한 몸과 건강의 중요성보다는 어떻게 보이는지에 과도한 관심을 쏟는다.

한 여성은 아기를 가졌을 때 불어난 몸무게만 빠져도 지금보다는 더 섹시하게 보일 거라며 아쉬워했다. 이 여성의 관심은 자신의 건강이 아니라 외모이다. 그리고 그것이 바로 딜레마이다. 우리 몸을 엄격하게 관리하지 않는다면, 남편이나 친구들 또는 가족들 중에는 우리의 외모(우리의 건강이 아니라)에 대해 비판하는 사람이 나올 것이다. 한 여성은 다음과 같이 말했다.

제 몸이 멋있다고 남편에게 인정받을 때 비로소 사랑과 배려를 받고 있다고 생각할 거예요. 이 불안한 기분에서 벗어나고 싶어요.

신체상의 왜곡은 다이어트 강박증이나 운동 강박증, 거식증, 식욕 부진 외에도 성기능 장애를 일으키는 여러 가지 외상의 원인이 되기도 한다. 성기능 장애뿐 아니라 건강에 아주 위험하기까지 하다. 얼마나 많은 모델들, 댄서들, 연예인들, 심지어는 평범한 10대들이 이로 인해 건강을 해치고 심지어는 죽게 되는가?

미봉책으로는 효과를 보지 못한다. 거의 모든 여성들이 올바른 신체상을 갖기 위해 씨름하고 있다. 그러나 심각한 신체상의 왜곡을 뿌리 뽑는 작업은 성령께서 주시는 깊은 통찰과 전문적인 치료가 필요한 어려운 일이다.

하나님께서는 당신의 외모가 아닌 당신 자체를 귀하게 여기신다. 남편들도 아내와 함께 '이상적인 몸'에 대한 우리 사회의 왜곡을 시정해 나가야 한다. 남성들이 몸에 관한 진실이 무엇인지 잘 알고만 있어도, 크리스천 남성들이 우리 문화의 이러한 왜곡과는 반대로 행동하는 데에 앞장서기만 해도, 지금처럼 문제가 심각하지는 않을 것이다.

낙태

미국 여성들 중 대략 130만 명이 1996년에 낙태를 했다. 처음에는 많은 사람들이 안도의 한숨을 내쉬었지만, 장기적으로 보면 문제는 여전히 남아 있다. 전국적인 여론조사를 보면 최소 56퍼센트의 여성들이 자신들의 결정에 죄책감을 가지고 있다.[10] 우리 연구에 참여한 한 여성이 아래와 같이 썼다.

두 번에 걸친 낙태의 영향은 시간이 지나면 사라질 것이라고 믿었어요. 수년 동안 성교통에 시달렸고 성욕은 점점 줄어들었지만, 낙태 때문에 그렇다고는 생각하지 않았어요. 제 삶을 다시 한 번 그리스도에게 헌신하고 신앙이 성장했을 때, 비로소 그것들이 낙태의 결과였다는 사실을 깨달았지요.

낙태로 인한 고통은 실제로 있다. 증상은 약한 것에서부터 외상후 스트레스 장애처럼 심각한 경우까지 다양하다. 수면의 문제, 악몽, 계속되는 낙태의 기억, 어린아이들이나 임신한 여성에 대한 기피 현상, 유산이나 임신 그리고 양육에 대한 무관심, 짜증, 집중장애, 이전에 즐기던 일들에 대한 소홀, 식욕 문제, 우울증, 자살 충동이 있을 수 있다.

우리가 조사한 대부분의 여성들이, 낙태한 다음 해에 그러한 증상들을 경험한다고 했다. 한 여성이 아래와 같이 고백했다.

낙태한 뒤, 그 여파 때문에 3년 반 동안 사귄 남자친구와 헤어

졌어요. 최근에야 비로소 낙태가 제 삶에 미친 영향이 무엇인
지 알기 시작했고, 그러지 말았어야 했다는 것을 깨달았어요.
이제 그리스도를 영접했으므로, 그분의 도우심을 받아 이 문제
와 싸워 나가렵니다.

표 9.3을 보면 낙태한 다음 해에 어떤 영향이 있었고 현재에는
어떤 영향을 받고 있는지를 알 수 있다.

죄책감(52%)이 낙태한 다음 해에 나타나는 영향 중에서 가장 크
다는 사실이 분명한데, 시간이 지나면 그 수치가 반으로 떨어진
다. 낙태 후 1년이 지나면 증상은 바뀌고, 우리가 보낸 설문지를
작성할 때에는 많은 여성들이 낙태의 감정적인 그리고 신체적인
영향들을 극복한 것같이 느끼고 있었다. 그러나 26퍼센트나 되는
여성들은 아직도 죄책감에 시달리고 있다.

성병(성전염성질환; STDs)

미국 안에서 하루 평균 3
만 3천 명이 성병에 걸리는
것으로 추정하고 있다. 그러
나 이들 중 80퍼센트는 그
사실을 알지도 못한다. 따라
서 이 사람들이 성 상대를
많이 바꾸면 바꿀수록 성병
은 점점 더 빨리 퍼질 것이

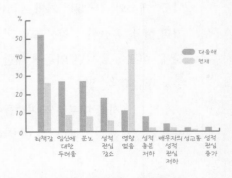

낙태가 여성들에게 미친 영향(표 9.3)

다. 심각한 성병의 종류는 현재 20가지가 넘는다.[11] 미국인 다섯 중 한 명이 바이러스성 성병에 걸린 것으로 추정하고 있고, 클라미디아(질을 감염시키는 미세 기생충에 의해 생기는 성병. 보통 심각한 합병증이 생기기 전까지는 아무런 증상도 나타나지 않는다), 매독(세균 감염에 의해 생기는 성병으로 뇌 손상이나 심장병, 실명을 일으키며 사망하는 경우도 있다), 임질(질에서 분비물이 나오게 하고 불임, 심장병, 실명의 원인이 될 수도 있다)과 같은 세균성 성병에 걸린 사람들도 매우 높게 나타난다. 성병 환자의 절반 이상이 만 25세 이하이다.

많은 사람들이 아직도 성병을 병원에 가서 약을 타 먹으면 낫는 것쯤으로 생각하고 있다. 그러나 많은 성병이 불임의 원인이 되고 암으로 이어지기까지 한다. 에이즈나 포진(얼굴 위, 입이나 생식기 주위에 물집이나 발진을 일으키는 바이러스에 의한 성병)은 치료가 불가능하다. 임질이나 클라미디아는 항생제로 치료할 수 있으나 흔적이 남는 경우도 있기 때문에 장래에도 치료를 계속 해야 하는 경우가 많고, 두 가지 모두 불임의 원인이 될 수 있다.

본 연구에 참여한 여성들 중에 13퍼센트의 여성들은 성병에 걸린 적이 있다고 하였다. 《섹스 인 아메리카》에서는 이 수치보다 조금 높게 나왔다.[12] 많은 성병의 경우에 그 증상이 매우 약하기 때문에, 성병에 걸린 것도 모른 채 살아가는 사람들을 고려하면 그 숫자는 늘어날 것이다. 가장 많이 걸리는 아홉 가지 성병은 다음과 같았다.

- 질염: 모든 종류의 질 감염이나 염증, 곰팡이, 트리코모나스균 또는 다른 세균에 의해서 생기는 병이다. 질염은 꼭 성관계를

통해서만 옮는 것은 아니다. 질 분비물에 변화가 있으며 가렵고, 소변을 볼 때 따가우며 성교 시에 통증이 있다.

- 클라미디아: 가장 흔한 성병이다. 미세 기생충이 질을 감염시켜 생기는 병인데, 질 분비물에 변화가 있다. 감염된 여성들 중에 80퍼센트는 불임의 원인이 될 수 있는 골반염과 같은 합병증이 오기 전에는 아무런 증상도 보이지 않는다.

- 생식기 사마귀: 생식기 사마귀는 보통의 피부 사마귀를 일으키는 것과 비슷한 바이러스에 의해서 생긴다. 처음에는 대개 질이나 항문 주위, 그리고 자궁 경부에 작은 뾰루지 같은 것이 생기면서 가렵고 따갑다. 이 병에 감염된 사람과 섹스를 한 뒤 1-6개월 지나야 증상이 나타난다. 생식기 사마귀는 치료를 받지 않으면 없어지지 않는다. 생식기 사마귀와 자궁 경부 암과는 밀접한 관련이 있다.

- 포진: 포진은 바이러스에 의해 생긴다. 전염성이 아주 높다. 감염이 되면, 입이나 얼굴, 입술 주위에 발진과 물집이 생기는데 생식기 주위에 생기는 경우도 있다. (키스나 신체접촉에 의해서 옮는데) 감염이 되면 처음에는 가렵고 따가우며 화끈거리며, 조금 지나야 발진과 물집이 올라온다. 섹스한 후 2-3일 지나면 증상이 나타나지만 증상을 안 보이는 사람도 있다.

- 비임균성 요도염: 비임균성 요도염은 여러 종류의 세균에 의해서 생긴다. 소변볼 때 따가우며 질 분비물이 바뀌는 증상이 있다. 그러나 대부분의 여성들은 아무런 증상을 보이지 않는다. 증상은 섹스를 한 뒤 1-3주 지나야 나타난다. 이것은 더 심각한 병

으로 이어질 수 있으며 불임을 야기할 수도 있다.

● 이: 음모 주위에 붙어사는 기생충이다. 몹시 가려우며 보통 샴푸 말고 약물 처리된 샴푸로 씻어야 한다.

● 매독: 심장병, 뇌 손상, 실명, 사망까지 일으킬 수 있는 세균성 감염이다. 섹스한 후 1-12주 있다가 발진이 나타난다. 발진은 사라지지만, 매독까지 사라지는 것은 아니다. 나중에 온몸에 뾰루지가 생기면서 감기와 비슷한 증상이 나타난다.

● 임질: 임질은 세균성 감염이다. 대부분의 여성들은 증상을 보이지 않는다. 증상이 나타나려면 섹스 후 2-21일 정도의 시간이 걸린다. 진한 노란색 내지는 흰색의 분비물이 질에서 나오기도 하고 소변볼 때 아프거나 따끔거리며 대변볼 때 통증이 있기도 하다.

● 에이즈(후천성면역결핍증): 에이즈를 일으키는 바이러스인 HIV에 전염되고 나서도 그 증상이 나타나기까지는 짧으면 몇 달에서 길면 몇 년까지 걸린다. 에이즈는 섹스(보통의 섹스 말고도 항문 섹스, 오랄 섹스)를 통해서나 (함께 사용한) 정맥주사를 통해서 확산된다. 감기 같은 증상이 계속되고, 체중이 줄어들며, 설사를 하고, 입 주위에 하얀 반점이 생기고, 피부나 입 안쪽 그리고 코나 직장에 자주색 뾰루지가 난다.

우리가 조사한 것 중에 여성들이 가장 많이 걸렸던 성병 세 가지는 생식기 사마귀, 포진, 클라미디아였다.

성병은 출산 시에 아이에게 쉽게 옮겨진다. 우리가 할 수 있는 유일한 조언은 성병이라는 의심이 들면 즉시 의사를 찾아가 치료를 받으라는 것이다. 조기에 발견되면 대부분은 치료가 가능하다.

성회복을 위한 제안

성적 외상에서 벗어나 성이 회복될 희망은 있는가? 하나님은 우리에게 '재 대신 화관'을 주신다(사 61:3). 우리가 앞에서 논의한 성적 외상의 결과는 실로 엄청나고 말로 하지 못할 만큼 큰 해악이었다는 점을 상기해 보면, 예수님께서 이루실 회복에 대한 약속만이 우리 희망의 기초가 될 수 있다.

이 문제를 놓고 씨름하는 당신을 위해 몇 가지 제안을 하면 다음과 같다.

당신의 성이 어떠한 영향을 받았는지 검토하라

성학대는 심각한 영향을 끼치고 그 증상도 우울증, 자기 파괴적인 행동, 수면 장애, 식욕 이상 등으로 다양하게 나타난다.

성적 장애는 다른 성문제를 야기시킨다. 여성에게 가장 많이 나타나는 증상으로는 다음과 같은 것들이 있다. 섹스를 두려워하거나 기피하고 성적인 접촉에 대해 부정적인 반응(분노, 혐오, 죄책감)을 보인다. 섹스 도중에 정신이 멍해지고, 섹스 도중이나 평상시에 성적인 생각과 이미지가 교란되며 성강박증세를 보인다. 친밀한 관계를 맺는 것을 기피하거나 고의적으로 망치고 성교 도중 고통을 느낀다. 섹스 도중 온몸이 무감각해지고 자신의 몸에 대해 혐오감을 느낀다.

이러한 증상들은 성폭행을 당한 직후에 나타날 수도 있고 한참을 지나고 나서야 나타날 수 있다. 천천히 나타날 수도 있고 갑자기 나타날 수도 있다. 보통의 경우는 그 증상들을 무시한다고 해서 없어지지 않는다. 이 문제를 해결하는 데는 공식이나 쉬운 해답이 있는 것도 아니고 미봉책이 들어 먹히지도 않는다. 단지 열심히 치료받고 기도하라.

마음을 굳게 먹고 성문제가 치유되도록 노력하라

성문제가 치유되려면 시간과 노력이 필요하다. 그것은 감정적으로나 신체적으로 진을 빼는 일이 될 수도 있고 큰 좌절을 안겨줄 수도 있다. 따라서 여성들 중에는 기도를 통해서건 아니면 상담을 통해서건 치유받기를 두려워하는 사람도 있다는 것을 이해해야 한다. '언제' 그 긴 여행을 떠날 것인지는 당신 마음에 달렸다. 우리는 그 치유과정을 천천히 그리고 부드럽게 시작하기를 권한다.

도움을 받아라

도움을 받는 것은 치유로 가는 관문이다. 성학대와 성문제의 경우에는 경험이 풍부한 사람에게 받는 전문적인 도움을 받는 것이 당신의 성적 외상을 극복할 수 있는 가장 효과적이고 능률적인 방법이다.

이 외에도 정기적으로 모임을 갖고 서로 도와주는 그룹을 만들거나 참여하라. 또한 기독교 상담센터나 교회를 통해 그런 그룹을 소개받을 수도 있다. 당신이 사는 지역에서 그런 도움을 받을 수 있는지 목사님에게 물어보라. 그리고 당신의 회복을 위해 도와주고 기도해 달라고 친구들이나 가족들에게 부탁하라.

성에 대한 마음가짐을 새롭게 하라

성적 외상은 성을 왜곡시킨다. 따라서 당신의 감정이 완전히 나았을지라도 당신의 마음가짐 때문에 성기능은 아직 정상적으로 작동하지 않는다. 성이 왜곡되면, 우리는 하나님께서 섹스를 만드시면서 의도하신 참된 의미를 잃어버린다. 성에 대한 마음가짐이 어떻게 왜곡될 수 있는가 신랄하게 보여 주는 예가 있다.

> 섹스는 추접하고 더러워요. 섹스는 남자들만 즐길 수 있도록
> 만들어진 것이 아닌가요? 섹스를 통해 사랑을 얻으려고 하지
> 만, 결코 얻을 수 없어요. 섹스의 유일한 목적은 아이를 얻는
> 거죠. 끔찍해요. 섹스보다는 화장실을 청소하는 편이 낫죠. 섹
> 스는 곤혹스러운 일입니다.

성적 외상을 입은 사람들을 광범위하게 돕고 있는 치료사 웬디 말츠는 성에 대한 건강한 시각과 학대로 인해 왜곡된 시각을 다음의 표와 같이 비교하였다.[13]

우리가 자주 강조한 바와 같이 가장 중심이 되는 성기관은 두뇌이다. 왜냐하면 성에 대한 시각과 신념이 머무르는 곳이 두뇌이기 때문이다. 우리는 오직 마음을 '새롭게 함으로' 섹스의 참된 의미

를 회복할 수 있다.(로마서 12:2을 보라.) 건강한 성생활을 누리기 위해서는 성적 외상으로 입은 손상을 회복하는 데 최우선순위를 두어야 한다.

성에 대한 왜곡된 시각	성에 대한 건강한 시각
섹스는 의무이다.	섹스는 자유이다.
섹스는 중독이다.	섹스는 자연적인 욕구이다.
섹스는 상처를 준다.	섹스는 유익을 주고 상처를 치유한다.
섹스는 사랑받기 위한 조건이다.	섹스는 사랑의 표현이다.
섹스는 비밀스러운 것이다.	섹스는 사적인 것이다.
섹스는 상대방에 대한 착취다.	섹스는 상대방을 존중하는 것이다.
섹스는 한 사람에게만 유익을 준다.	섹스는 서로에게 유익한 것이다.
섹스는 안전하지 않다.	섹스는 안전하다.
섹스는 상대방에 대한 힘의 행사이다.	섹스는 상대방에게 힘을 주는 것이다.
섹스는 악이다.	섹스는 하나님의 선물이다.

기억할 점

1. 모든 성적 외상은 여자의 성에 심각한 손상을 입힐 수 있다.
2. 무고한 어린아이에 대한 성추행은 가장 비열하고 사악한 범죄이다. 성적으로 아이를 만지고 폭행하는 것도 성추행의 일부이다. 농담하고, 빗대어 말하고, 성적인 암시를 하는 것만으로도 해가 될 수 있다.
3. 교회도 어린아이에 대한 성추행으로부터 자유롭지 못하다. 우리는 어떤 행동이 성추행인지 아이들에게 가르쳐야 하고 그런 일이 일어났을 때 싫다고 소리 지를 수 있는 용기를 심어 주어

야 한다.

4. 음란물은 오늘날 여성들을 성학대하는 가장 보편적인 도구다. 음란물은 남자의 성을 왜곡시킬 뿐 아니라 그 왜곡된 성으로 여성들에게 온갖 성적인 상처를 입힌다.

5. 강간과 성폭행은 성적인 정욕이 아닌 분노와 화 때문에 일어나는 범죄이다.

6. 신체상의 왜곡, 낙태, 성병은 모두 여자의 성에 외상을 입힌다. 따라서 증상이 발견되면 될 수 있는 한 바로 도움을 구해야 한다.

7. 손상된 삶의 모든 영역을 회복하고 구속하는 것이 하나님의 목표이다. 성적 외상에 의해 왜곡된 우리의 성도 치유될 수 있다.

1 0

성과의 끝없는 싸움, 독신생활

"⋯⋯우리가 마음껏 사랑하기까지는 제발, 흔들지도 말고 깨우지도 말아 다오."

아가 8:4, 표준새번역

독신여성들이 적은 이야기 형식의 답변들은 우리에게 깊은 감동을 주었다. 많은 여성들이 독신생활에 적응하고 있었지만, 그들 중 몇몇의 말 속에는 슬픔이 배어 있었다. 우리는 이 장에서 그 독신여성들의 이야기를 할까 한다.

우리 연구에 참여한 독신여성들의 답변은 아주 다양했다. 섹스를 갈망하지도 않고 섹스 없이 사는 삶이 편하고 만족스럽다고 느끼는 여성, 반대로 강한 성욕이 있지만 일부러 독신생활을 택한 여성들도 있었다. 그들은 결혼보다는 더 큰 삶의 목표가 있다고 생각하면서 하나님께서 자신들에게 독신의 은사를 주셨다고 믿는 사람들이었다.

또 남성과의 친밀한 관계를 통해 자신의 성을 표현하고 싶지만 아직 기회가 오지 않아 낙담하고 있는 여성들도 있었다. 그 여성들은 아직 배필을 만나지 못했지만 만날 날을 기다리며 기도하고 있었다. 또 독신인 것을 아주 감사하게 받아들이고 있는 여성들도 있었다. 그들 역시 한때는 낙담했었지만 이제는 독신을 인정하고 삶의 모든 영역에서 성장하려고 애쓰면서 다른 사람들을 섬기고 있었다. 이 외에도 과거에 성적인 관계에서 심하게 학대받았거나 감정적인 상처를 받아서 독신을 선택한 여성들도 있었다.

독신여성에 관한 가장 중요한 정보는 형식에 매이지 않고 자유롭게 자기 이야기를 써 준 여성들로부터 얻었다. 우리는 독신여성들의 마음속에 있는 이야기들을 알고 싶었기 때문에 광범위한 답변을 얻기 위해 일부러 질문에 어떠한 제한도 두지 않았었다. 결국 우리는 미국 전역에 사는 독신여성들의 속내를 들을 수 있었다.

우리는 독신여성들의 이야기를 가장 효과적으로 전하기 위해 그 여성들이 한 말을 있는 그대로 실을 것이다. 다만 많은 여성들이 한 말을 다 실을 수가 없어서 우리는 그것들을 주제별로 정리해서, 그 중에 대표적인 이야기들을 선택했다. 우리는 독자들이 우리가 인용한 글을 읽고 거기에 언급되어 있는 실수들을 저지르지 않게 되기를 바란다. 특별히 혼전 섹스에 관한 이야기에 주의를 기울이기 바란다.

다음에 이어질 이야기들은 아주 특별하다. 우리는 이 글들을 읽고 감동을 받았는데, 얼마나 지혜가 가득한 글인지 모른다. 당신도 한번 읽어 보라.

저는 결혼관계 밖에서의 섹스는 옳지 못하다고 믿기 때문에 아직 한 번도 섹스를 해 본 적이 없는 독신이에요. 그리고 제 생활이 늘 바빠서 그런지 섹스가 제게는 그렇게 중요한 것 같지 않아요. 섹스는 사람들 사이에서 많이 과장되어 있는 것 같아요. 제가 아는 부부의 말을 들어 보면, 섹스는 기쁨을 주기보다는 문제를 일으키는 것 같아요.

저는 사랑과 섬김과 상대방에 대한 헌신들을 섹스를 통해 표현하고 싶어요. 지난 6년 동안 독신으로 지냈지만, 여전히 섹스는 제게 중요합니다. 그렇지만 슬프게도 이제까지 제가 선택할 수 있었던 것은 고통을 수반한 것이거나, 제한적인 관계이거나, 독신뿐이었어요. 세상에는 아무것도 절대적으로 선한 것은 없지만, 우리가 사는 세상은 여성들로 하여금 두세 가지의 고통스러운 선택의 여지만을 주고, 분별력 있게 초감량 다이어트를 하라고 요구해요. 살기가 정말 힘드네요!

아직 미혼이기 때문에 관계를 갖지 않아도 만족해요. 저는 섹스를 아주 진지하게 받아들이고, 건전한 관계를 위해 중요한 요소라고 생각해요. 하지만 섹스가 어떤 관계의 주된 관심이 되어서는 안 된다고 봐요. 육체적인 즐거움도 맛보고, 섹스를 하는 동안 상대방과 친밀함을 나누며, 상대방이 마음을 열고 자유롭게 되는 것을 보고 싶어요. 하지만 그렇게 보낸 다음날 아침에 느끼는 죄책감과 영적인 결과를 생각하면 그런 순간적인 쾌락은 별 가치가 없는 것 같아요. 제 가장 큰 바람은 하나님의 말씀을 경외하고 결혼 때까지 섹스를 참고 기다리는 저의 노력을 존중해 주는 진정한 그리스도인을 찾는 일입니다. 힘든 일이죠!

개인적으로 독신인 저에게는 성욕이 있다는 것을 알면서도 남자와 함께 그 성욕을 해소할 수 없다는 사실을 인정하기가 쉽지 않습니다. 성생활을 하지 않고도 살 수 있다고는 믿지만, 저는 정말 하나님께서 모든 사람들을 위해 섹스라는 걸 만드셨다고 생각해요. 이 타락한 세상에서 섹스는 여전히 우리들 모두에게 미스터리예요. 제 생각에 자위행위가 성욕을 그나마 충족시킬 수 있는 작은 선물인 것 같아요.

저에게 섹스는 딜레마입니다. 섹스를 초월해서 살기로 했기 때문에 기본적으로 섹스는 중요하지 않아요. 그리고 섹스는 결혼한 사람들을 위한 것이라고 믿어요. 저는 이제껏 독신으로 살아 왔기 때문에, 제가 성적인 표현을 한 상황은 대부분 불법적이거나 비도덕적인 상황이었어요. 이런 탈선행위로 인해 스트레스를 받고, 죄책감을 느끼며, 부정직하다는 생각을 하게 되어 결국에는 관계가 악화된 경우가 많습니다. 때때로 저의 성적인 본능은 제 자신, 저의 도덕적 · 관계적 자아와는 별개인 것 같습니다. 저는 가능하면 성적인 생각들을 떨쳐 버리려고 애써요. 제 자신이 별로 자랑스럽지 않습니다. 하지만 절제하려고 하는 것은 분명해요!

제 자아를 찾기 위해 시작한 난잡한 성생활을 비롯해 그 모든 고통스러운 과거로부터 벗어나, 지난 5년 반 동안 독신으로 살았어요. 그리고 마침내 나이 오십에 제 인생을 예수 그리스도께 헌신했어요. 저 역시 다른 많은 여성들처럼, 엉뚱한 곳에서 사랑을 찾으려고 했어요! 이제 저는 제 인생과 사랑, 웃음과 삶의 목표 그리고 섹스를 같이할 헌신적인 크리스천 남성을 만나길 바라고 있어요. 과거에 저는 잘못된 선택들만 했었어요. 하지만 이제는 하나님께서 제가 좋은 선택을 하도록 도와주실 거라고 믿어요.

유행이 된 독신생활

날이 갈수록 독신으로 사는 사람들이 많아지고 있다. 1954년에는 미국 성인의 고작 17퍼센트가 독신이었는데, 오늘날에는 49퍼센트의 성인여성이 독신으로 살고 있다.

이런 유행에는 몇 가지 이유가 있는데 그 중 한 가지는, 결혼 연령이 높아지고 있다는 것이다. 전체의 90퍼센트가 언제 하든지 결국에는 결혼을 하는데, 첫 결혼 연령이 상당히 높아졌다. 현재 초혼 연령은 미국 정부가 처음 조사를 시작한 1890년 이후 가장 높다.[1] 결혼 연령이 높아지는 또 다른 이유는, 대학을 마치거나 직장에 다니면서 인생을 먼저 경험해 보고 싶어하고 또 일생을 한 사람에게 헌신한다는 것을 두려워하기 때문이다.

이것이 바람직한 현상인가? 우리 연구에 참여한 한 여성은 그렇게 생각하지 않는다고 말했다.

저는 우리 그리스도인들이 예전보다 늦게 결혼함으로써 어느면에서 보면 그리스도인 됨을 잃어버리고 있다고 생각해요. 구약 시대 사람들은 성욕이 가장 강한 10대에 거의 모두가 결혼을 한 것 같아요. 요즘 사람들은 그런 중요한 결정(결혼)을 내리고 가족들을 부양할 능력을 갖추려면 더 성숙해야 한다고 생각하면서 나이를 더 먹을 때까지 기다리죠. 그러나 섹스에 있어서는 완전히 예외에요. 하나님의 말씀에 순종하기 위해서는 결혼할 때까지 우리의 욕구를 눌러야 한다고 생각해요.

결혼 연령이 높아지는 또 한 가지 중요한 이유는, 성도덕의 상실이다. 결혼은 더 이상 성행위의 전제 조건이 아니다. 사람들은 더 이상 가정과 믿을 만한 성 상대를 찾는 일에 급급해하지 않는다. 비그리스도인들은 특히 그렇지만, 불행하게도 그리스도인들 중에서조차 그렇게 믿는 사람들이 있다.

남성들 사이에서는 특별히 결혼이 최우선순위가 아니다. "공짜로 우유를 얻을 수 있는데, 뭐 하러 암소를 사나?"라는 말은 많은 남성들의 결혼 철학이다! 어떤 연구가들은 이러한 경향이 굳어졌다고 말한다. 남성들은 헌신하는 것이 싫어서 결혼을 미룬다. 결혼에 따른 책임을 지지 않고도 성욕을 만족시킬 수 있기 때문에 남성들은 더 이상 결혼에 매력을 느끼지 못한다.

독신은 옛날처럼 사회적으로 그렇게 치욕스러운 것이 아니다. 실제로 많은 사람들이 독신을 선호하고 있다는 사실을 미국사회가 알고 이에 맞추려고 하기 때문에 독신을 오히려 유익하다고들 생각한다. 따라서 점점 동거가 결혼을 대신하고 있고, 알다시피 이것이 문제다.

이혼의 증가로 많은 여성들이 몇 년의 결혼생활 뒤에 다시 독신이 된다. 어떤 여성들은 재혼을 하지만 그렇게 하지 않는 여성들도 있다. 미국사회에서 편부모 가정은 가장 빠른 속도로 증가하고 있다.

힘든 싸움

대부분의 크리스천 여성들이 결혼할 때까지 성적으로 순결한 상태를 유지하는 것을 이상적 목표로 삼고 있다. 이 일을 이루기 위해서는 고투해야 한다. 이 이상을 이루는 일이 얼마나 어려운지를 경시하지 않기 바란다.

한 크리스천 독신여성은 섹스를 참는 일이 아주 어렵다는 걸 안다고 했다. 또한 자신은 한창 왕성하게 성생활을 할 나이이기 때문에 결혼할 때까지 섹스를 참는 것이 거의 불가능해 보인다고 고백했다.

그리고 또 다른 여성은 설문지에서 가장 곤혹스러웠던 부분은 자신이 지난 6개월 동안 세 번(이제까지는 총 열다섯 번) 성 상대를 바꿨다는 사실을 시인하도록 하는 부분이었다고 했다. 그녀는 자기가 아무리 예수님과 동행하는 걸 느낀다 해도 나이를 먹는 것은 어쩔 수 없다는 걸 깨달았으며, 남자들의 관심을 끌지 못하게 될까 봐 두렵다고 했다. 덧붙여 독신이 편하다고 느껴 본 적은 없다고 했다.

반면에 다음 섹스 상대자는 남편이 되었으면 하고 바라며 지난 7년 동안 성적으로 절제하며 살아온 여인도 있었다. 그녀는 기다리는 일이 늘 쉬운 게 아니어서 어떤 때는 그저 성욕을 만족시켜 줄 남자를 찾을 생각을 해 보지만, 아직까지는 자신과의 싸움에서 이기고 있다고 했다.

그리고 서른두 살의 한 여성은 결혼 때까지 섹스를 참고 있다며, 자신의 성욕을 어떻게 다루어야 할지 몰라 주로 하나님께 기도한다고 했다. 그녀는 경건한 가정에서 자신을 키워 주시고 예수 그리스도와 인격적인 관계를 맺게 도와주신 부모님 덕분에 순결을 각오하게 되었다고 고백했다.

성적으로 특히 힘든 시기는 약혼하고 결혼을 기다리는 시기이다. '거의 결혼한 거나 다름없는데 뭐가 문제냐?'는 유혹이 있기 때문이다. 한 젊은 여성의 고백이다.

약혼한 크리스천 여성인 제게는 성이 가장 큰 영적 싸움이에요. 지금 당장은 온당치 못한 방법이지만, 단지 몇 달 후 사랑을 표현하는 것이 아무 문제가 없고 올바르다는 것을 알기 때문에 성행위를 자제하는 것이 아주 힘들어요. 하지만 하나님께서 기다린 우리를 축복해 주실 겁니다.

결혼하지 않은 독신여성들의 힘든 싸움

그렇다면 독신여성들은 어디서, 그리고 어떻게 로맨틱한 요구들을 만족시킬까? 표 10.1을 보자.

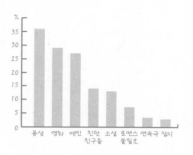

독신여성들의 로맨틱 요구 충족 방법
(표 10.1)

가장 많은 답변은 몽상(36%)을 통해서 만족시킨다는 것이었다. 그 다음이 영화(29%), 남자친구(27%)였다. 로맨스가 필요 없다고 말한 독신여성들은 7퍼센트에 불과했다.

우리는 한 번도 결혼한 적이 없는 여성들에게 언제 처음 성교를 했느냐고 물었다. 응답자의 거의 75퍼센트가 성교를 경험한 사람들이었고, 현재 성생활을 하고 있다고 답한 독신여성은 17퍼센트였다. 얼마나 자주 섹스를 하는가에 대한 답변이 표 10.2이다.

이 표는 섹스의 빈도를 보여 준다. 한 번도 결혼하지 않은 독신여성들 중에 현재 성생활을 하고 있는 사람들의 섹스 빈도수는 일주일에 1-3회 정도며, 결혼한 여성들과 비슷했다. 나머지 83퍼센트는 섹스를 하지 않는다고 답했다.

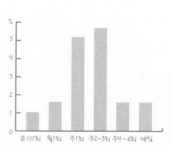

미혼여성들의 섹스 횟수
(표 10.2)

독신여성들을 비난하기 위해서 이런 정보를 공개하는 것은 아니다. 결혼할 때까지 섹스를 참는 것이 힘들다는 것은 이견의 여지가 없다.

도덕이 상대화되고, 쾌락을 좇는 생활스타일이 삶 깊숙이까지 침투해 있는 오늘날의 문화는 성적 순결을 지향하는 행위와 배치된다. 우리 문화의 이런 왜곡된 도덕적 입장 때문에 순결을 지키기 위한 싸움은 더욱 치열해진다. 섹스와 관련된 모든 것이 점점 도덕과 무관한 것이 되어 가고 있다. 미디어는, 섹스가 단순히 놀이에 불과하기 때문에 누구나 자신만의 놀이 규칙을 세워 즐기면 된다고 말한다.

이혼했거나 사별한 독신여성들의 힘든 싸움

이혼 이후에 저는 이 남자 저 남자 경험해 보리라고 결심하고는 실제로 실행에 옮겼어요. 그러나 결과는 너무 당황스럽고 실망스러웠어요. 그때는 예수님을 믿기 전이었지요.

결혼 11년 동안 저는 하루 걸러 한 번 꼴로 섹스를 했어요. 그렇기 때문에 독신으로 지낸다는 것이 거의 고문에 가까웠죠. 하지만 결혼하지 않고 있는 것이 하나님의 뜻이라고 믿어요. 독신을 좋아하지는 않지만, 이것이 하나님과 저와의 관계를 깊게 만드는 기회라고 생각해요. 그런 영적인 친밀함은 제게 아주 만족스럽고 평온한 안정감을 가져다 줘요. 이제 저는 하나님께서 저와의 관계를 어떻게 이끌어 가실지 참고 기다릴 수 있어요.

결혼경험이 없는 여성들이 자신들의 성욕을 놓고 힘든 싸움을 벌이고 있다면, 정기적인 섹스에 익숙해 있었던 여성들이 독신이 되면 얼마나 더 힘든 싸움을 해야 할지 상상해 보라.

우리 연구의 표본집단 중에 이혼한 여성들은 어느 정도가 성생활을 하고 있는가? 31퍼센트가 최근에 섹스를 했다고 대답했다. 이혼한 여성의 약 3분의 1이 성생활을 하고 있는 셈이다. 이것은 한 번도 결혼하지 않은 여성들의 두 배에 달하는 수치이다.

미망인과 관련해서는, 불행하게도 우리 연구에는 유효한 통계 분석을 할 수 있을 정도의 미망인들이 참여하지 않았다. 그렇기 때문에 우리는 미망인들이 다른 독신여성들과 얼마나 다른지 이야기할 수가 없다.

순결 선물하기

앞에서 말한 것처럼, 성이란 우리의 태도와 감정 등을 모두 포괄한다. 예를 들어, 여자로 태어난 것, 여자의 몸을 가진 것, 남자와 연예를 하거나 어떤 관계에 들어가는 것, 감정, 성기 접촉 등이 모두 성의 범주에 들어간다. 모든 여성은 아동기나 청년기, 즉 독신일 때 성에 눈뜨고 성을 알아가기 시작한다. 성을 알아 가는 과정에는 결혼할 때까지 성교를 하지 않고 기다릴 것인지 아닌지를 결정하는 문제도 포함된다. 성교를 참고 기다리느냐 안 기다리느냐는 나중에 결혼해서까지도 영향을 미친다. 당신이 아직 처녀이고 '기다리는 것'이 무슨 소용이 있겠냐고 생각하고 있다면, 다음의 이야기를 잘 들어 보라.

저는 딱 한 번만 줄 수 있는 '그 선물'을 일생동안 저를 사랑할 오직 한 남자에게 주기로 어릴 때부터 마음먹었어요. 그리고 저와 같은 목표를 가진 남자와 결혼하는 축복을 얻었죠. 얼마 안 있으면 우리가 소중히 여기는 그 선물을 기념하는 1주년이 다가와요. 저는 우리 사회가 사람들에게 하는 혼전 섹스에 대한 거짓말을 생각하면 슬프다 못해 화가 나요. 우리 사회는 얼마나 많은 젊은이들에게서 그 아름다운 경험을 빼앗아 가는지 모르겠어요. 결혼까지 참고 기다린 것이야말로 제 인생에서 최상의 선택이었어요.

제가 결혼할 때만 해도 처녀성을 지키는 것은 도덕적으로 매우 가치 있는 일이었어요. 성적인 경험이라고는 지금의 남편과 키스를 하거나 친밀함을 나누는 정도였죠. 저희 부부가 이제까지 제일 잘한 일은 결혼 전에 성교를 하지 않은 것입니다.

결혼 전에 저와 남편이 모두 순결했다는 사실이 성적 만족도를 높이는 데 큰 역할을 하고 있어요. 우리는 비교 대상이 없어서 다른 사람과 비교해서 더 낫다거나 못하다고 말할 수 없어요. 그래서 각자 서로에게 최상인 셈이죠.

남편과 저는 결혼 전까지 섹스를 절제하는 일은 하나님께 순종하는 일이라고 믿고 자랐어요. 신혼 첫날밤, 저희 부부는 서로를 위해 기다렸다는 사실과 이제 상대방의 성을 알 수 있다는 사실 때문에 흥분이 고조됐으며, 아주 만족스러웠어요. 우리는 상대방과 하나님 앞에 순결을 지켰고, 하나님께서는 결혼에 대한 명령을 지킨 우리를 축복해 주셨어요.

우리에게는 앞에서 인용한 몇몇 사람의 말을 일반화하려는 마음은 없다. 단순히 처녀인 상태로 결혼했다고 해서 모든 사람이 축복을 보장받지는 않는다. 처녀성을 유지하는 것은 중요한 일이지만, 처녀성 자체가 성적인 환희를 계속해서 보장해 주지는 않는다는 사실이다. 앞에서 말한 여성들의 이야기 뒤에는 극복해야 했을 부부간의 갈등이나 심지어는 성적인 문제들도 있다. 그러나 그 여성들은 한결같이 기다리는 것이 기다리지 않는 것보다 낫다는 지혜를 실천한 것이 얼마나 기쁜 일인지를 표현하고 있다.

결혼까지 성교를 참고 기다렸던 것이 향후 결혼생활에 해를 끼쳤다고 쓴 사람은 없었다. 하나님의 방법이라고 믿고 순종했던 사람들은 분명히 넘치는 평안을 느꼈다. 더 나아가 기다렸던 사람들이 누린 혜택은, 결혼 전에 맺었던 다른 사람과의 성적인 관계로부터 옮아서 잠재되어 있을지도 모르는 질병이 나타나지는 않을까 하는 두려움이 없다는 것이다. 또한 그 전 사람과 늘 비교하며 살지 않아도 되었다.

결혼한 여성들만이 결혼 전에 섹스를 참은 것에 가치를 부여하는가? 그렇지 않다. 많은 독신여성들도 기다리는 것에 헌신했으며 그런 결정을 한 몇 가지 이유를 설명했다. 한 젊은 미혼여성은 자기는 아직 진지하게 사귀는 남자친구가 없지만, 혹 자신의 이상형을 만나 서로 사귀게 되더라도 결혼할 때까지는 섹스를 하지 않고 지내고 싶다고 했다.

우리 연구에 참여한 많은 독신여성들이 결혼할 때까지 섹스를 하지 않는 것이 자신들의 목표라고 입을 모았다. 우리는 이러한 목표를 모든 사람이 열망하도록 만들어야 한다. 우리는 이 장에서 결혼할 때까지 섹스를 참는 것이 하나님의 의도이고, 그렇게 절제하는 행위에는 여러 가지 유익이 뒤따른다는 것을 밝히고자 한다. 그 유익들을 우리 크리스천 공동체에서 장려할 필요가 있다.

순결 포기의 대가

하나님은 일정한 방식으로 피조 세계가 돌아가도록 의도하셨기 때문에, 우리가 그 의도를 어길 때, 비록 미리 알 수 없는 경우도 있지만, 확실한 대가를 치르게 된다. 심은 대로 거두는 것이 바로 사람 사는 이치인 것이다. 하나님께서는 성행위에도 마찬가지로 이 법을 적용하신다.

결혼할 때까지 섹스를 참도록 하나님께서 경계를 설정하신 것은 바로 우리 자신의 유익을 위해서이다. 성경을 통해서 하나님은 끊임없이 우리에게 순결을 유지하고 성적 비도덕을 피하라고 말씀하신다(골 3:5; 고전 10:8; 엡 5:3; 살전 4:3). 이는 우리를 혼외정사로 인한 부정적인 결과로부터 보호하고, 결혼 안에서 참되고 건강하고, 지속적인 친밀감을 맛보도록 하기 위해 설정되었다. 한 여인의 말을 들어 보자.

어린 시절에나 10대에 예수님을 알았더라면 좋았을 거예요.

그랬더라면 섹스와 사랑에 대한 하나님의 의도와 한 사람의 섹스 상대만을 두라고 하신 명령을 알 수 있었을 테니까요. 우리가 주님께서 의도하시고 명령하시고 계획하신 것 밖으로 나가면 거기에는 당연한 결과가 따라요. 감정적 · 정신적 · 육체적으로 말이죠.

기다리지 않았거나 기다릴 수 없어 섹스를 선택한 여성들에게 따르는 고통스러운 결과들을 다음과 같이 네 가지 범주로 묶을 수 있을 것 같다.

후회, 죄책감, 감정적 고뇌

결혼 전 600명이 넘는 사람과 관계를 가졌던 여인은 그 관계 하나하나가 후회스럽다고 했으며, 어떤 여인은 결혼 전에 몇 사람과 관계를 맺은 것 때문에 결혼 이후 순결을 지켜 온 남편에게 말할 수 없는 죄책감을 느꼈다고 했다. 하지만 지난 과거는 자신이 극복해야 할 장벽임을 인정했으며. 첫아이를 낳은 지금은 거의 욕구가 없다고 말했다.

그리고 결혼한 직후에 그리스도인이 된 한 여인은 자신이 혼전순결을 지켰다면 얼마나 좋았을까 하는 생각이 간절하다며 그랬다면 남편에게는 더할 수 없이 큰 선물이 되었을 거라고 후회했다. 또 어떤 이는 고등학생 때 혼전순결을 결심하고선 순결을 지켜 오다가 약혼 기간에 남편과 섹스를 하고 말았다며 결혼까지 기다리지 못한 걸 후회했다.

또 어떤 이는 결혼 전 남편과 딱 한 번 섹스했던 일로 결혼할 때까지 긴 시간 동안 죄책감에 시달렸다고 했다. 그녀는 기다림이라는 좁은 길을 선택할 때 얻는 더 큰 축복을 놓친 것을 슬퍼했다.

결혼 전 여러 남자들에게 자신의 몸을 쉽게 내 주었던 한 여인은 결혼하고 성인이 된 후, 자신의 과거를 후회하면서 자신의 과거 행동은 성적인 자존감이 낮아서 그랬던 것 같다고 고백했다.

열여섯 살 때, 함께 가출했던 남자애의 강요에 못 이겨 섹스를 경험한 어떤 여인은 그 일 이후 될 대로 되라는 식으로 몇 년 동안 여러 남자와 관계를 가지며 자신을 망쳤는데, 그때마다 죄책감이 떠나지 않았다고 했다.

세월이 흐른 후에도, 이 여성들은 여전히 결혼관계 밖에서의 성관계를 실수라고 생각하고, 후회와 죄책감, 슬픔에 시달렸다. 이 여성들의 이야기를 통해 우리는 성적인 죄가 다른 죄들과 다르다는 것을 재확인한다.

원치 않는 임신, 낙태와 입양

결혼관계 밖에서 이루어지는 섹스의 심각한 결과 중에 하나는 임신할 위험(이로 인해 결혼을 강요당할 수 있다), 편부모, 낙태, 입양 등이다. 어떠한 산아제한 방법도 완벽하지 않다. 결혼한 사람들도 임신을 조절하기가 쉽지 않은데, 결혼과 무관한 관계에서 임신이 안 될 거라고 하는 것은 뭘 모르고 하는 소리다. 열정은 우리를 부주의하게 만들고, 산아제한 방법도 실패할 수 있다. 여러 여성들의 말을 들어 보자.

저는 결혼 전에 몇 번 낙태를 했어요. 지금의 남편하고 약혼했을 때, 우리는 자신의 욕망과 씨름하면서 결혼 첫날밤까지 섹스를 하지 않으려고 애썼어요. 그러나 막상 결혼을 하고 나니, 섹스하고 싶은 저의 열망과 욕구가 사실상 멈춰 버렸어요. 낙태와 관련해서 다각도로 치료를 받았지만, 여전히 그것이 저와 하나님, 저와 남편과의 관계에서 장애로 작용하고 있는 것 같아요.

3년 반 전에 남자친구와 헤어진 것은 낙태의 충격 때문이었어요. 최근에 와서야 제가 받은 충격, 제가 정말 하고 싶지 않았던 일로부터 벗어나기 시작했어요. 이제 예수님을 제 삶에 받아들였고, 그분의 도움으로 그 짐을 벗고 있는 중이에요.

아들을 입양시켰다는 사실을 쉬쉬하면서 숨기고 산다는 것이 슬퍼요. 자식을 입양시켰다고 말하는 것은 낙태를 했다고 말하는 것보다 사회적으로 이해받지 못하고, 받아들여지지 않는 것 같아요. 저는 아들을 사랑했고, 입양이 그 애를 위하는 길이라고 생각해서 그 애를 포기했어요. 하지만, 여전히 죄책감을 느끼고 두려워요. 육체적으로나 감정적으로 기능이 정지된 느낌이에요. 저의 정신과 감정의 상태가 육체의 욕구에도 커다란 영향을 미치는 것 같아요.

하트 박사는 임상정신과 의사로서 일을 시작한 초기에 만난 환자를 기억한다. 그 환자는 가장 안 된 케이스 중에 하나였다. 그 여성은 10대에 아무하고나 관계를 맺다가 임신을 하였는데, 부모가 애를 입양시키라고 강요했다. 세월이 흐른 후에 결혼을 했지만 그 여성은 심한 우울증에 빠졌다. 결혼생활은 무너지기 시작했고, 직장 일은 진작에 망쳐 버렸다.

우울증을 일으킨 원인은 무엇인가? 그 여성은 자신이 다시는 아이를 가질 수 없다는 것을 알게 되자 자신이 입양시킨 아이(자신의 아들)에게 점점 집착하기 시작했다. 아이를 찾아내어 그 아이가 사는 집 근처 공원에서 노는 모습을 보려고 매일같이 몇 시간씩 기다렸지만, 한 번도 그 아이에게 다가가지는 않았다. 자기 아이에게 사랑을 표시할 수 없다는 사실이 그녀를 망가뜨리고 있던 것이다. 그러나 이 여성은 나중에 상담과 기도를 통해 어느 정도 회복되었다.

섹스를 향한 하나님의 계획은 우리를 황폐화시키는 상황을 막으시기 위함이다.

부부간의 갈등과 성적인 문제

우리가 각자 결혼 전에 여러 사람과 섹스를 했다는 사실이 우리 부부의 성관계에 가장 큰 영향을 미치는 것 같아요. 그 사실 때문에 섹스에 집중하면서 기쁨을 경험하기가 힘들었어요. 죄책감이 몰려와 성적 흥미를 상실하는 바람에 신혼여행도 망쳤고요. 저는 계속해서 남편의 옛 애인들을 질투하지 않으려고

애를 썼죠. 결혼하고 8년이 지난 지금에서야 우리 부부가 과거
에서 벗어나기 시작하는 것 같아요.

결혼할 때까지 성교를 참고 기다렸다면 결혼생활이 지금보다
는 훨씬 더 만족스럽고 충만했을 거라는 생각이 떨쳐 버릴 수
가 없네요.

남편은 결혼 때까지 숫총각이었어요. 저는 아니었죠. 지금까지
도 저는 남편을 옛 애인들과 비교하면서 절망하고 남편이 저의
옛날 애인들이 대해 준 것처럼 해 주기를 바라고 있어요. 저는
혼전 섹스 때문에 심한 죄책감에 시달리고 있어요.

저는 결혼한 지 몇 년 되었는데, 꽤 행복한 편이에요. 하지만
옛 애인을 잊을 수가 없어요. 그 남자가 그리워요. 남편과 섹스
할 때도 가끔 그 남자와 다시 함께 있었으면 좋겠다는 생각을
해요. 그게 잘못이라는 걸 알아요. 감정대로 행동하지는 않지
만, 그 사람을 머릿속에서 지울 수가 없어요.

앞에서 말한 여성들은 현재 결혼생활에서 겪는 많은 어려움들
이 혼전 성관계에서 비롯됐다는 사실을 보여 준다. 죄책감을 느끼
는 것과는 별개로, 그 여성들은 자기가 다른 여성과 비교되는 것
을 두려워하는 동시에 남편을 전 남자와 비교한다. 남편의 옛 애
인을 질투하면서 지난날의 안 좋은 성경험들이 재현될까 봐 염려

한다. 옛 애인과의 사이에 남은 감정이 현재의 성생활을 방해하며 부부 사이의 친밀함을 해친다.

우리 문화는 혼전 섹스의 이런 파괴적인 효과들을 사람들에게 제대로 알려 주고 있지 않다. 우리 독자들은 앞에서 나눈 여성들의 경험담을 읽고 교훈을 얻기 바란다.

성병

결혼 전에 성행위를 했을 때 뒤따르는 치명적인 결과 중에 하나는 성병(STD)을 피하기 어렵다는 것이다. 우리는 이미 성적 외상에 관한 장(9장)에서 성병에 대해 논의하였다. 이번 장에서는 성병이 성인 독신자들에게 끼치는 문제들을 간략하게 개관하고자 한다. 성병은 미국에서 특히 많이 걸리는 전염성 질환 중의 하나로서 세계 어느 선진국보다도 발병률이 높다. 그 이유 가운데 하나는 성교를 일찍 시작하기 때문이다. 고등학교 3학년이 될 때까지 미국인 중 70퍼센트가 성교를 경험하고, 40퍼센트는 이미 여러 명과 관계를 갖는다. 그런데 역설적이게도 우리 문화는 혼전 섹스를 막을 생각은 안 하고 성병에만 신경을 쓴다.

성병이 급속도로 퍼진다는 사실은 상당히 많은 것을 함축하고 있다. 치료가 안 되는 변종이 항상 나타난다. 물론 에이즈는 사람들이 가장 두려워하는 전염병이지만, 성병 전체에 비해서는 그리 심각한 편은 아니다. 성 치료 센터(MISH)에 따르면, 1년에 거의 5백만에 가까운 미국인들이 공립 성병 치료기관을 찾는다고 한다. 어떤 사람들은 사설 병원을 찾기도 하지만, 아무 치료도 받지 않는 사람들도 있다. 성행위를 하는 10대 청소년 중에 3분의 1 가량이 이미 클라미디아에 감염되어 있다.

10대에 절제해야 하는 가장 큰 이유 중에 하나는 10대 소녀들이 나이든 여성들보다 성병에 감염되기 쉽기 때문이다. 연구자들의 평가로는 15세에 성행위를 하는 청소년은 여덟 명 중 한 명꼴로 골반 내 감염(PID)에 걸리는 반면, 24세 여성의 경우에는 여든 명 중에 한 명꼴로 걸린다고 한다.

우리가 조사한 독신여성들 중에서 성행위를 하는 사람들의 10퍼센트가 지난 1년 동안 성병에 걸린 적이 있었고, 30퍼센트는 이제까지 살아오는 동안에 성병에 한 번 이상 걸린 적이 있었다. 섹스 상대의 수와 성병 사이에는 분명한 상관관계가 있었다. 에이즈에 걸린 사람과 매독에 걸린 사람도 한 사람씩 있었다.

우리는 독신들에게 결혼관계 밖에서 섹스를 하는 데 따르는, 특히 여러 사람과 관계를 맺는 경우에 따르는 위험들을 신중히 고려하라고 권하고 싶다. 그런 관계는 결혼할 기회를 망쳐 버릴 수도 있고, 성병에 걸려 안전하고 건강하게 아이를 낳을 기회를 잃어버릴 수도 있다. 캐서린은 성병에 걸린 한 여성과 상담한 이야기를 우리에게 한 적이 있다. 그 여성이 어렵게 한 남성에게 사랑한다고 말하고 결혼하자고 했을 때, 그 남성은 결혼의 결과가 자신이 감당하기에는 너무 벅차다고 하면서 그 여성과의 관계를 청산해 버렸다.

"하지만, 그런 것에 걸리지 않도록 미리 조심하면 되지 않나요?"라고 말할지 모르지만, 간편하게 할 수 있으면서 절대적으로 안전한 예방책은 없다. 콘돔도 찢어지고, 새고, 벗겨진다. 섹스를 하려는 상대방은 자신이 성병에 걸린 것에 대해, 이전에 몇 명과 관계를 했었는지에 대해 거짓말한다. 포진은 수년 동안의 잠복 기간을 거치고 나서야 발병하기 때문에 상당한 위험이 뒤따른다.

성적 순결의 회복

어떠한 이유로 독신이 되었든지 간에, 독신에게는 공통적으로 고투가 따른다. 어떻게 성적인 면에서 하나님이 기대하시는 것과 자신의 신념을 지킬 것인가? 독신여성들의 말을 들어 보면 그 싸움은 그다지 쉽지 않다. 외부의 도움을 받아야 한다. 다음에 이어질 내용은 성적 순결을 삶의 중요한 목표로 삼는 사람들을 위한 간단한 조언이다.

결혼관계 밖에서 이루어지는 모든 성교는 성경의 입장에서 보면 부도덕한 것이다.(히 12:4; 살전 4:3) 우리는 독자들이 이 점을 이해하길 바라지만, 모든 독자들이 동의할 것이라고 생각지는 않는다. 다음에서 우리가 충고하려는 것들은 섹스가 결혼 안에서만 즐길 수 있는 것이라는 전제를 바탕한 것이므로, 이 조언에 구미가 당기지 않은 사람은 너그러이 읽어 주었으면 한다. 아마도 이 장을 마감하는 다음 부분이 꽤 유익하다는 것을 알게 될 것이다.

우리는 순결이 하나님이 우리를 위해 의도하신 것이라고 확신한다. 당신이 어떤 일은 하지 말아야 한다는 것을 알고 있을 때, 당신이 그 행동을 못하게 하거나 하고 싶지 않도록 만드는 가장 큰 동기는 무엇인가?

결혼할 때까지 절제해야 한다고 믿는 사람들은 보수적인 그리스도인들뿐인가? 아니다. 그렇지 않다. 비그리스도인들 역시 '절제'라는 말이 욕이 아니라는 것을 알고 있다. 결혼을 하기 전까지 처녀성을 지키는 것에 대한 강조가 다시금 제기되고 있다.

예를 들어, 놀라운 속도로 증가하는 10대의 임신을 제대로 다루지 못한 의회는 최근 들어 성교육에 획기적인 전환을 시도하고 있다. 새로운 절제 프로그램으로 승부를 내보려고 실제로 여러 가지 시도를 하고 있다. 지난 1년 동안 사회복지법은 절제 교육에 필요한 보조금으로 2억 5천만 불을 책정했다. 피임에 대한 정보를 주는 다른 프로그램은 효과를 보지 못했다. 이런 프로그램들은 10대의 임신을 줄이는 데 도움이 되지 않는다. 그래서 의회가 다음과 같은 슬로건을 대문짝만하게 내걸고 새로운 시도를 하고 있는 것이다. "처녀, 총각이란 말은 욕이 아니라는 것을 당신의 자녀들에게 가르쳐라."

이제야 절제가 우리 사회의 시급한 문제를 해결하기 위한 방법으로 떠오르기 시작했다. 그러나 이것은 개인적으로도 코앞에 닥친 딜레마를 해결할 수 있는 방법이 되기도 한다. 여러분들 중에 많은 수가 성생활은 이미 이미 갈 때까지 간 데다가 엉망진창이라고 말할지 모른다. 하지만 우리는 이 점을 분명히 하고자 한다. 다시 시작할 수 없을 만큼 너무 늦은 때는 결코 없다. 그리스도 안에서 삶은 '새로운 시작'이다. "그런즉 누구든지 그리스도 안에 있으면 새로운 피조물이라 이전 것은 지나갔으니 보라 새것이 되었도다"(고후 5:17). '새로운 피조물'이 된다는 것은 과거의 성생활이

다른 죄나 실패와 마찬가지로 당신의 뒤편으로 사라진다는 말이
다.

계속 처녀성을 유지하고 있는 사람들은 이런 논의가 자신들에
게 별 의미가 없다고 할지도 모르지만 앞으로 만날지도 모르는 성
적인 유혹에서 자신을 보호하려면 지금부터 조치를 취해야 한다.
다음 제안들은 독신들뿐만 아니라 그렇지 않은 사람들을 위해서
도 유용하다.

어떻게 하면 성을 바르게 회복할 수 있을까? 여기에 우리의 제
안을 요약해 놓았다.

1. 예수 그리스도와의 관계를 당신의 삶에서 가장 중요한 것으로 삼고, 그리스 도의 방법대로 살고자 결심하라

우리 연구에 참여한 여성들 중에 몇 사람은 그리스도인이 되기
전에 겪은 가슴 아픈 성경험들을 털어놓았다. 하지만 그 여성들은
그리스도와의 관계와 그의 방법대로 살고자 하는 헌신 덕분에 회
복의 길로 선회할 수 있었고, 믿음으로 지금까지 성적 순결을 유
지하고 있다.

섹스를 참고 주님과 친밀한 관계를 맺었더라면 하는 마음이 들
어요. 결혼 전에 섹스를 참고 기다려야 한다는 것은 모든 사람
에게 다 적용되는 말인 것 같아요. 너무 어릴 때부터 섹스를 시
작한 데다가, 주님과 동행하는 삶도 살지 못한 것이 잘못이었
어요.

그리스도인이 된 후로 제 생활방식이 바뀌었어요. 예수님을 만나기 전까지는 사랑받는다고 느낀 적이 한 번도 없었어요. 제가 저지른 낙태가 살인이라는 걸 깨닫고 저는 완전히 뒤집어졌어요. 하나님께서는 제가 그분의 용서를 알기 전에 저의 죄부터 고백하게 하신 것 같아요. 순결과 결혼에 대해 이야기하는 성경구절은 제게 아주 중요합니다. 하나님께서는 결혼 안에서 하나 되게 하시려고 우리에게 섹스를 주셨어요.

제 10대 시절은 아주 난잡했어요. 하지만 열일곱 살 때 그리스도인이 되고 나서 하나님께서 저를 바꾸시는 기적을 경험했어요. 그때 하나님께서 제 삶에 개입하시지 않으셨더라면, 제 성격상 저는 십중팔구 아주 안 좋은 길로 계속해서 갔을 거예요. 하나님의 치료와 용서로 인해 찬양을 드립니다.

그리스도인이 되기 전에 저는 여러 명과 관계를 가졌고 성욕을 모두 발산하면서 살았어요. 예수님을 안 지 5년이 지나자, 그런 옛날 감정들과 생활들은 저절로 없어졌어요. 남편과 저는 주님을 만나기 전에 아주 안 좋은 성경험들을 했지만, 지금은 서로를 인해 감사하고 있어요. 그 사람과의 관계에서 저는 처음으로 친밀함을 느낄 수 있었어요.

상당히 오랫동안 예수님을 알고 교회를 다녔으면서도, 여전히 여러 이유로 성적 부도덕과 씨름하고 있는 사람들이 있다. 중요한 것은 우리 삶을 향하신 하나님의 의도를 따르는 것이다. 비록 그 계획이 따르기 어려울지라도, 궁극적으로는 그것이 우리를 위한 최선의 길이라는 점을 이해해야 한다. 우리 연구에 협조한 여성들 중에서, 하나님의 방법대로 살았더니 삶을 망쳤다고 불평한 사람은 한 사람도 없었다. 오히려 정반대였다!

제대로 선택하는 것이 어려울 수도 있다. 그러나 자기 마음대로 살면서 순간적인 욕구를 채우는 삶이 가져다 주는 후회 그리고 대가와 비교해 볼 때, 하나님의 방법을 믿고 자신을 통제하려고 애쓰는 삶은 어떤 것과도 비교할 수 없을 만큼의 가치가 있다. 좀더 큰 안목으로 내다보는 것이 중요하다.

2. 당신의 과거를 치유하고 깨끗케 해 주시는 하나님의 은혜와 용서를 구하라

과거에 매여 과거가 당신을 괴롭히게 놔두지 마라. 실패했다고 해서 자신을 벌주지 마라. 자기 정죄는 그리스도께서 십자가에서 하신 일을 쓸데없는 것으로 만들 뿐이다. 자신에게 벌주면서 동시에 하나님의 용서를 받는 일은 불가능하다. 자신에게 계속 벌을 주든지, 아니면 하나님의 용서를 믿든지 둘 중에 하나만 해야 한다.

우리 연구에 참여한 많은 여성들이 어떻게 하나님의 용서를 받았고, 자신을 용서하는 법을 배웠는지 이야기해 주었다.

저는 결혼 전에 성관계를 가진 것과 결혼 후에 바람 한 번 피운 것에 대한 죄책감을 극복하기 위해 지금까지 계속 씨름하고 있어요. 가끔 남편이 그 때문에 아직도 저를 경멸하는 것이 아닌가 하는 의문이 들 때가 있어요. 하나님께서 저를 용서해 주셨다는 사실을 알지만, 막상 저는 10년 전 그리고 16년 전에 일어난 일인데도 제 자신을 용서하기가 힘드네요.

과거의 부끄러운 행동들이 떠올라서 설문지를 작성하면서 힘들었어요. 그러나 저를 깨끗하게 해 주신 하나님을 찬양해요.

당신이 먼 과거나 혹은 최근에 어떤 일을 했든지 간에 하나님께서 이미 대가를 치르셨기 때문에 당신은 용서받을 수 있다. 당신이 회개를 하기만 하면, 깨끗하게 되고 회복할 수 있다. 이것이 바로 그리스도인들이 가진 영광이다. 하나님으로부터 오는 용서와 치유를 받아들이면, 그분께서는 새로 시작할 수 있는 희망과 용기를 우리에게 주신다. 이는 단순히 '마음을 고쳐먹는' 일이 아니다. 실제로 깨끗하게 되고 과거로부터 벗어나 자신의 싸움을 이겨낼 힘을 얻게 된다.

여러분 중에는 강제로 섹스를 당해 순결을 선택할 기회조차 없었던 사람도 있을 것이다. 그래서 인생을 망쳤다고 여기며 되는 대로 살려고 마음먹었을 수도 있다. 그러나 희망을 품을 수 없을 만큼 망가지는 경우는 결코 없다. 당신이 하나님께 속해 있고 당신이 하나님께로 나오기만 한다면 그런 경우란 없다.

3. 이제부터 처녀성을 지켜라

과거의 행동과 경험을 되돌릴 수는 없지만 당신은 확실히 깨끗하게 될 수 있고, 성적 순결을 회복할 수 있다. 새로운 피조물이 된 당신은 이제 성적인 순결을 선택할 기회가 있다는 것을 명심하라. 하나님께서 베푸시는 은혜로운 축복 중 한 가지는 삶을 새롭게 시작할 수 있다는 것이다. 처녀성 역시 마찬가지다. 하나님의 용서를 의지하기만 하면, 당신은 하나님께서 약속하신 순수한 결혼생활로 새롭게 들어갈 수 있다.

저는 항상 제가 아주 도덕적인 사람이라고 느꼈었죠. 하지만 술에 취했을 때 처녀성을 잃고 말았어요. 세 번에 걸친 일회적인 사건이 모두 술에 취한 상태에서 벌어졌어요. 그리고 1년간 지속된 관계도 처음에는 술로 시작한 거였어요. 이 일이 제 마음을 슬프게 만들어요. 그러나 이제는 '앞으로 만나게 될' 장래의 남편을 위해 예수 그리스도께서 저를 눈과 같이 순결하게 하셨다는 믿음이 들어요.

열아홉 살 이후에 저의 성과 자존감에 변화가 일어났어요. 지난날에 맺은 성관계에 대한 죄책감과 수치심을 떨쳐 버리고 하나님 안에서 믿음을 키워 가기 시작했던 거죠. 그때 이후로 결혼할 때까지 섹스를 참을 수 있어서 얼마나 기쁜지 몰라요.

이제 저는 결혼하기 전에는 섹스하지 말아야 한다고 생각하게 됐어요. 남자친구와 2년간 사귀면서, 저는 계속 섹스를 그만두려고 노력했지만 그 사람의 집요한 요구 때문에 계속하게 되었죠. 결국 저는 임신을 했고, 할 수 없이 결혼을 했어요. 그 남자는 알코올 중독자였고, 저를 떠났어요. 최근에 저는 재혼을 했어요. 우리는 모든 걸 제대로 했어요(결혼 전에 섹스하지 않았죠). 그런데 그 결과가 아주 놀랍더군요.

4. 이제부터 순결을 지켜라

당신이 '몇 번이고 다시 시작해서' 처녀성을 되찾을 수 있는 것과 마찬가지로 이제부터라도 성적으로 절제하고자 하는 결심을 새롭게 할 수 있다.

더할 나위 없이 눈부신 단어인 '순결'이란 말이 오늘날 우리 사회에서 호소력을 잃고 놀림감이 되어 버렸다는 사실은 참으로 불행한 일이다. 10대 소녀들에게 순결이라는 단어에 대해 어떻게 생각하는지 물어보라. '순결'이란 말을 정의할 필요가 있다. 성적으로 순수하다는 것이 그 말이 가진 핵심적인 뜻이기 때문에 우리는 그 단어를 부활시켜 사용해야 한다.

'순결'은 성기 접촉이 없는 상태를 말한다. 행동과 의도가 모두 순수함을 말한다. 그러나 성이나 성적인 감정 자체의 부재를 의미하지는 않는다. 접촉이 없는 상태에 머물러 있다는 것이다. 사제들이나 수녀들에게만 사용하는 말이 아니다. 결혼하지 않은 사람이건 결혼한 사람이건 순결은 모든 사람의 목표가 되어야 한다.

순결은 성을 억압하는 것이 아니다. 당신의 몸과 호르몬은 계속해서 제 기능을 할 것이고, 그것을 막을 만한 수단은 거의 없다. 순결의 온전한 의미는 성욕을 다루는 능력이 전제되어 있을 때 비로소 드러난다. 순결은 성욕이 없는 사람을 지칭하는 말로서는 부적당하다. 그런 사람이 자신을 지배하려고 하는 욕구들을 통제하겠다고 맹세하는 것은 어렵지 않기 때문이다. 순결이란 우선 성적으로 민감한 반응을 하는 사람을 염두에 두고 사용하는 말이다.

다른 죄들도 그렇지만 성적인 죄 역시 우리가 선택한 것이다. 그렇다고 할 때, 순결은 우리가 선택하기로 결심한 것들의 총체라고 할 수 있다. 수녀와 신부들에게 순결은 그들이 한 서원(誓願)이다. 그러나 우리가 했다고 해서 그것이 서원이 되지 않을 이유가 없다. 우리는 성을 어떻게 표현할 것인지와 관련해서 여러 가지 선택을 해야 한다. 배우자가 심각하게 아프거나 한동안 여행을 떠났을 때에도 잠정적으로 순결을 지켜야 한다. 또한 결혼할 때까지 기다렸다가 남편에게 자신을 선물로 주고 싶어하는 10대들도 잠정적으로 순결을 지켜야 한다. 그러나 결혼이 자신의 삶의 방식이 아니라고 결심했을 때는, 영원히 순결을 지켜야 한다.

순결은 자발적인 것이고 본인의 의지에 따른 것이어서 자유롭게 선택했을 때에만 의미가 있다. 그런 결정이 도덕이나 성격적인 이유로 인한 것일 수도 있고, 개인적인 이유나 이타적인 이유에서 비롯된 것일 수도 있다. 하트 박사는 선교 현장에 나가서 소명을 다하기 위해 독신을 택한 한 선교사를 알고 있다. 그 여성은 선교사로 나가기 전에 사귀던 남성이 있었는데, 그 남성은 선교 사역에 관심이 없는 사람이었다. 그녀는 다른 방도가 없었기 때문에 어쩔 수 없이 자신의 소명에 충실한 쪽을 선택했다.

당신이 결혼할 준비가 될 때까지 성기를 통한 섹스를 안 하기로 결심했다면, 섹스로 이끌 수 있는 다른 여러 행동들도 하지 말아야 한다. 프렌치 키스, 성기에 대한 애무, 오랄 섹스, 어디까지 갈 수 있나 시험해 보는 '어리석은 짓' 등. 상대방을 유혹하면서 순결한 삶을 살고 있다고 믿는 것은 모순이다. 일찍부터 성행위를 시작하는 것이 나중에 얼마나 큰 좌절을 안겨 주었는지 한 번 들어 보라.

저는 서른여섯 살로 아직 독신이에요. 강한 성욕을 가지고 있지만 아직까지 처녀로 살아왔어요. 열여섯 살에 그리스도인이 되었는데, 하나님께서 제가 어릴 때 회심시키셨기 때문에 이제껏 비도덕적인 행위로부터 제 자신을 보호할 수 있었던 것 같아요. 크리스천 독신여성으로서 저는 성적으로 상당히 좌절감을 느껴요. 독신으로 살아가는 제 크리스천 친구들도 마찬가지로 이런 것들과 싸우고 있어요. 아마도 과거의 성경험들, 자위 행위, 10대 시절에 경험한 깊은 애무 때문에 지금 이런 싸움을 하고 있는 것은 아닌가 싶어요.

5. 하나님은 예방책을 갖고 계신다

어리석은 잘못을 범하지 않도록 조치를 취하는 것이 중요하다. 당신은 이제껏 배운 '성적인 지혜'를 한층 더 발전시켜서 앞에서 말한 잘못을 일으키지 않도록 하라. 여기 우리가 몇 가지 조언을 내놓는다.

첫째, 자기통제력을 기르도록 애써야 한다. 구식이긴 하지만 성적 유혹 앞에서 자기통제력만큼 훌륭한 무기는 아직 없다. 유혹과 타협하고 싶은 상황에 '처했을 때', 하나님이 지진을 일으켜서 그 상황을 흔들어 놓으시지 않는다고 해도 놀라지 마라. 하나님은 당신이 상식을 이용해서 자신을 통제하기를 원하신다.

당신은 요술지팡이 같은 쉬운 해결책을 원하는지 모르겠지만 하나님은 성령을 보내셔서 우리가 자기통제력을 발휘하도록 힘을 불어넣어 주신다.

그렇다면 자기통제력이란 무엇인가? 하나님은 우리에게 성욕을 주심과 동시에 그것을 표현할 한계를 정해 주신다. 강조점을 둘 곳은 '우리 자신'을 통제하려고 애써야 한다는 점이 아니라, 성령님께서 우리를 통제하도록 자신을 내어 드려야 한다는 점이다. 마크 애봇(Mark Abbot)은 "수도사와 미치광이는 해당 사항 없음"이라는 제목의 글에서 "성경적인 자기통제란 자신을 밧줄로 꽁꽁 감거나 스스로 어떤 것은 하고 어떤 것은 하지 않으려고 애쓰는 것이 아니라, 성령님께서 우리 안에서 일하실 수 있도록 길을 열어놓는 것이다"라고 말한 적이 있다.

둘째, 성기를 사용하지 않고도 친밀감을 누릴 수 있다는 사실을 이해하라. 독신들뿐 아니라 우리 모두가 친밀감에 대한 요구와 성욕을 구별해야 한다는 점을 지적하면서 이 장을 마치려고 한다. 이 두 가지 기본적인 필요를 혼동하기 쉽다.

하나님은 우리에게 감정적인 친근감에 대한 욕구를 주셨다. 우리에게는 공기와 물이 필요한 것만큼이나 유대감과 친밀감이 필요하다. 친밀감에 대한 욕구는 좋은 것이다. 그러나 그 필요를 충족시키는 방식이 모두 좋은 것만은 아니다. 제임스 돕슨 박사가 하트 박사와 《남자도 잘 모르는 남자의 성》에 관한 라디오 프로그램을 녹음할 때, "남자들은 섹스를 하기 위해 친밀감을 나타내지만, 여자들은 친밀감을 나타내기 위해 섹스를 한다"라고 말한 바 있다.

우리 연구에 참여한 여성들은 감정적인 친근감을 원한다고 말했는데, 대부분이 성적인 상호작용을 통해서 그것을 얻는다고 쓰고 있다. 한 여성은 자신의 혼란스러운 마음을 다음과 같이 표현했다.

섹스 상대는 한 명이면 족한 것인데 열두 명이나 있었으니! 마치 전기제품을 정확히 사용하기 위해서는 사용설명서를 따라야 하듯이 우리는 결혼관계 속에서만 섹스를 누리라는 명령과 순결에 관한 하나님의 참된 지침에 순종하며 살아야 되는 것 같아요. 성적인 실험들을 통해서 감정적인 친근감을 얻으려고 했지만, 그러한 행동은 고통을 안겨 줄 뿐이었어요. 보잘것없는 친밀함을 맛보기 위해 비싼 대가를 치른 셈이죠.

또 다른 여성은 자신이 엉뚱한 데서 사랑을 찾고 있었다며, 사랑을 감지하는 센서에 뭔가 고장이 난 것 같다고 했다. 이 여성은 어릴 때부터 성적인 실험들을 통해서 감정적인 친근감을 찾아보려고 했다는 말을 덧붙였다. 다른 많은 여성들처럼, 이 여성도 친밀함을 느끼고 싶은 욕구와 성적 친근함을 잘못 연결시켰기 때문에, 완벽한 섹스 상대와 어울리게 되면 친밀함에 대한 자신의 필요는 금방 채워질 것이라고 생각했다.

하트 박사에게는 가톨릭 사제인 친구가 있다. 물론 결혼을 하지 않았기 때문에 성과 씨름해야만 했다. 그 남성의 소명은 신체적인 것에서부터 감정적인 것까지, 생각뿐 아니라 행동에 이르기까지 모든 영역에서 순결하게 사는 것이다. 그 사제는 독신 훈련이 성을 억누르거나 성을 부인하는 데 있지 않다고 한다. 독신이라고 해서 성이 멀리 도망 가는 것은 아니다. 오히려 성을 알아 가고, 받아들이고, 때로는 적절히 표현하는 것이 건강하다. 그러나 독신자는 성과 성기를 구분하려고 애써야 한다. 성은 섹스 말고도 다른 좋은 요소들을 많이 포함하고 있다. 따라서 독신자들은 성을 성행위(성기를 통해 만족을 얻는 행동)와는 분리시켜서 생각해야 한다.

우리는 성적인 접근을 하지 않고도 육체적이고 감정적인 친근함에 도달할 수 있다는 사실을 깨닫고 어떠한 방법으로 그 친밀감을 이룰 것인지를 찾아야 한다. 성기를 사용하지 않고도 진정한 친밀함을 맛볼 수 있다. 이러한 친근함은 반드시 남성과의 관계에서 이루어질 필요도 없고, 섹스가 개입될 필요도 전혀 없다.

기억할 점

1. 성인 독신여성의 인구는 역사상 어느 때보다 많으며 계속 증

가하고 있다. 어떤 여성들은 적당한 상대를 만나지 못해서 독신으로 살고, 어떤 여성들은 이혼 때문에, 어떤 여성들은 결혼이 늦어져서 독신으로 있기도 한다. 독신이 좋아서 그렇게 지내는 여성들도 있다.

2. 대부분의 크리스천 여성들은 성의 영역에서 고된 싸움을 벌이고 있으며 성적으로 순수한 상태를 유지하는 것을 목표로 삼고 있지만 그것이 어렵다는 것을 깨닫는다.

3. 많은 여성들이 결혼 전에 성관계를 맺은 것을 후회한다. 왜냐하면, 후회와 죄책감이 남아 있어서 부부간의 성적 만족을 방해하기 때문이다.

4. 혼전의 성행위는 원치 않은 임신이나 성병 같은 여러 가지 외상을 남길 수 있다.

5. 감정적인 친근함에 대한 필요와 성욕을 분리하고 섹스와 별도로 감정적 친밀함을 충족시킬 방법을 찾는 일은 순결한 생활을 유지하는 데 도움이 된다.

6. 과거에 맺은 성관계가 얼마나 복잡했든 간에 우리 연구에 참여한 여성들은 하나님의 용서와 은혜로 자신들의 성을 회복할 수 있었다고 말했다.

11
딸에게 일러 주는 건강한 성

"내가 너를 이끌어 내 어미 집에 들이고…… 교훈을 받았으리라."

아가 8:2

"어떻게 하면 딸들에게 건강하고 긍정적이고 기독교적인 방식으로 섹스를 설명할 수 있을까요?" "여성의 성에 대해 좀더 알아 두어야겠어요. 그래야 두 딸과 성에 대해 이야기하고, 그 애들에게 바르고 정직한 입장을 심어 줄 수 있지 않겠어요?" "이 험한 세상에서 우리 딸들을 어떻게 하면 정직하게 키울 수 있을까요?" "제가 지금 겪고 있는 정신적인 혼란을 우리 아들과 딸들은 겪지 않게 하기 위해 결혼 전까지는 섹스하지 말고 기다리라고 신신 당부할 것입니다. 저는 결혼 전까지 섹스 상대를 스물아홉 명이나 바꿨거든요. 지금 남편이 서른 번째예요."

최근에 데브라는 "아이들에게 섹스에 대해 어떻게 말할 것인가?"라는 주제를 가지고 어머니들의 모임에서 강의한 적이 있었다. 한 어머니가 아이들에게 섹스에 대해 말하는 것이 힘들고 불편하다면서 데브라가 자연스럽게 섹스 이야기를 하니 애들을 데려와서 얘기 듣게 했으면 좋겠다고 했다. 이 말을 들은 데브라는 씁쓸하게 웃었다.

사실 그 어머니는 데브라의 강의가 있던 바로 그 주에 자신의 두 아이에게 책을 읽어 주며 성에 관한 이야기를 했는데 얼마나 불편했는지 모른다며, 자신의 경험을 이야기했다. 그 어머니는 즉석에서 아이들을 서로 다른 부모들에게 맡긴 다음, 자신이 맡은 아이들에게 책임지고 성에 대해서 이야기해 주자는 제안을 내놓았다. 그렇게 하면 자기 자식을 교육하는 것보다는 최소한 덜 불편하지 않겠느냐는 거였다!

그러나 현실적으로 볼 때, 아이들의 성을 형성하는 데 가장 큰 영향을 '주고 또 주어야 할' 사람은 부모다. 우리에게는 적어도 아이들의 성이 형성되는 데에 부모로서 관여해야 할 두 가지 이유가 있다. (이미 관여하고 있다면, 계속적으로 신경을 써라!) 첫째, 우리가 자식들에게 섹스에 대해 가르치지 않는다면 다른 사람들이 가르칠 텐데, 그들은 아이들에게 적절하지 못한 때에 잘못된 방법으로 잘못된 지식을 심어 줄 수 있다. 둘째, 하나님께서는 성에 대해 자식들을 훈육시킬 책임을 '우리에게' 주셨다.

왜 하나님께서는 우리가 직접 자식들에게 섹스에 대해 가르치기 원하시는가? 구약의 시작부터 하나님께서는 신앙과 바른 습관을 자식들에게 물려줄 책임을 부모에게 주셨다. 그분은 말씀하시기를 "너는 마음을 다하고 성품을 다하고 힘을 다하여 네 하나님여호와를 사랑하라. 오늘날 내가 네게 명하는 이 말씀을 너는 마음에 새기고 네 자녀에게 부지런히 가르치며 집에 앉았을 때에든지 길에 행할 때에든지 누웠을 때에든지 일어날 때에든지 이 말씀을 강론할 것이며 너는 또 그것을 네 손목에 매어 기호를 삼으며 네 미간에 붙여 표를 삼고 또 네 집 문설주와 바깥문에 기록할지니라."(신 6:5-9)

자녀들에게 좋은 성품을 심어 주는 것은 모든 부모들의 목표이다. 좋은 성품이란 도덕적인 탁월함과 견고함을 의미한다. 자녀들에게 적절한 때에 올바른 지식(자녀들의 성장단계에 걸맞는 올바른 지식)을 이야기해 주는 것으로는 충분하지 않다. 자녀들과 '혼전순결'에 대해 토론하는 것만으로는 충분하지 않다. 당신의 자녀들에게 그들을 '평생 동안' 따라다닐 욕구의 강한 충동들을 다루는 법을 가르쳐야 한다. 부모의 교육목표는 결혼할 때까지만 어떻게 성적으로 순결을 유지하도록 가르치는 것이 아니라, 일생 동안 순결하게 살 수 있도록 훈육하는 것이다.

여성들의 성교육

우리는 본 연구에 참여한 여성들에게 섹스와 성을 어디서 배웠는지 물어보았다. 반이 조금 못 되는 여성들이 어릴 때 부모와 나눈 토론을 통해서 알았다고 했다. 부모와 성에 대해 토론했다고 한 여성들 중에, 어머니가 가르쳐 주었다고 한 여성은 36퍼센트였고, 어머니와 아버지가 모두 가르쳐 주었다고 한 여성은 7퍼센트, 아버지가 가르쳐 주었다고 한 여성은 2퍼센트였다.

상담을 받으러 온 사람들과 친구들 중에는 끔찍하게도 자신들이 직접 월경을 하고 나서야 비로소 월경이 뭔지 알았다고 한 사람들도 있었다. 그래서 우리는 본 연구에서 여성들에게 어떻게 월경에 대해서 알았냐고 물어보았다. 그 결과, 11퍼센트가 월경이 실제로 있기 전까지는 전혀 모르고 있었다고 했고, 29퍼센트는 학교에서 배웠다고 했으며, 겨우 40퍼센트만이 부모로부터 배웠다고 했다. 할머니나 고모 또는 다른 친척들이 월경에 대해 설명해 주었다고 하는 여성들도 많았다.

성교에 대해서는 어떻게 알게 되었는지 물어보았는데, 놀랍게도 친구로부터 배운 여성들이 가장 많았다(26%). 그러나 같은 또래의 친구들은 성에 대해 보통 부적절하고 불완전한 지식을 가지고 있게 마련이다. 학교에서 성을 배웠다고 하는 여성들이 다음으로 많았고(21%), 그 다음이 부모에게 배웠다는 여성들이었다(20%). 10퍼센트 정도나 되는 여성들이 직접 성교를 경험하기 전까지는 성교가 뭔지 몰랐으며, 3퍼센트는 강간을 통해 알았고 1퍼센트는 자매에게 배웠다고 했다. 생각해 보라! 열 명 중에 한 명이 경험하고 나서야 성교가 뭔지 알았다니! 딸들에게 성에 대한 기본적인 것조차 가르치지 않는 부모들이 얼마나 많은지 알 수 있다.

그리고 우리는 자신에게 가장 유익했던 성교육 방식은 어떤 것이었는지 물어보았는데, 개인적으로 이야기하는 것이 가장 좋았다고 말하는 여성들이 제일 많았다(15%). 성에 관한 책과 학교에서 받은 성교육이 가장 좋았다고 한 사람은 각각 9퍼센트 8퍼센트였다(표 11.1을 보라). 가슴 아프게도 모종의 성추행을 통해서 성에 대해

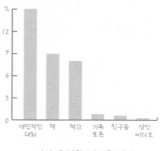

가장 유익한 성교육 방법
(표 11.1)

처음 알게 되었다고 말한 여성들도 있었다.

아이들에게 가장 효과적으로 가르치고 의사를 전달할 수 있는 방법은 본을 보여 주는 것이다. 딸들에게 어머니의 생활은 여성이란 어떠해야 하는지에 대해 모델이 된다. 또 아내의 행동에 대한 남편의 반응은 남자들 앞에서는 어떤 행동이 적합한지를 보여 준다. 남편이 아내에 대해 어떻게 생각하고 있는지, 아내를 어떻게 대하는지, 아내의 어떤 행동들을 좋아하는지 하는 것들이 모두 딸의 자아상과 성장에 영향을 준다. 아빠가 딸에게나 아내에게 말로서 기분을 북돋아 주고 적절하게 애정 표현하는 것은 중요하다.

딸들이 신체적으로 정신적으로 성장을 하면서 겪는 변화들을 즐기고 받아들일 수 있게 하려면, 부모들의 사랑과 인정이 필요하다. 아빠들은 대개 꼬마였던 딸들이 숙녀의 몸으로 변하면 어색해한다. 이때쯤이면 많은 아빠들이 정신적으로나 육체적으로(또는 정신적·육체적으로 모두) 움츠러든다. 딸들은 아빠의 이런 태도를 보면서 그것이 무엇을 의미하는지 혼란스러워한다. 딸들은 자신이 매력적이지 못하고 사랑스럽지 않으며, 사람들의 마음에 들지 않는다고 오해할 수도 있다.

많은 여성들이 10대 시절에 받지 못한 사랑과 인정과 칭찬을 보상받으려는 마음에서 남자애들과 섹스에 빠졌다고 말했다. 한 여성은 "모두 엉뚱한 곳에서만 사랑을 찾고 있었다"라고 말하였다. 딸들의 성적 성장에 미친 아버지의 영향이 얼마나 큰지 보여 주는 이야기가 있다.

아버지가 제게 말이나 행동으로 애정 표현을 전혀 하시지 않은 게 저의 성에 부정적인 영향을 미쳐 왔어요. 일하시거나 식탁에 음식을 놓아 주시는 모습을 통해 아버지가 저를 사랑하신다는 걸 알 수 있었지만, 한 번도 사랑한다고 말하신 적도 없고 안아 주시거나 뽀뽀해 주신 적도 한두 번 빼고는 거의 없었죠. 솔직히 제가 강간당한 것도 그때 받지 못한 사랑을 채우려고 남자들을 찾아다녔기 때문일 거예요. 저는 관심을 받는 것이 목적이었기 때문에 남자들을 유혹하다가도 일단 저에게 관심을 보인다 싶으면 바로 관계를 끊곤 하였죠. 그러나 그때뿐이었고 결국은 도움이 되지 않았어요.

저의 아버지와 시아버지는 알코올 중독자셨어요. 저의 낮은 자존감에서 오는 공허함을 채우고, 제 자신이 가치 있는 존재라는 것을 느끼기 위해 섹스를 했어요. 남들이 원하는 사람이라는 걸 느끼고 싶었죠. 젊고 육체적으로는 어느 정도 매력도 있었기 때문에 남자애들의 관심을 끄는 것은 어렵지 않았어요. 그 덕분에 저는 잠시 동안은 제가 중요한 사람이라는 생각이 들었어요. 하지만 이내 여러 문제들에 봉착했어요.

사랑에 굶주린 여자애들은 조기에 성을 경험할 위험이 높다. 그들은 하나님과 그분의 사랑에 대해서도 왜곡된 시각을 키워 간다. 하지만 이 책에 실린 많은 여성들의 말처럼, 섹스로는 어린 시절 받지 못한 인정과 진정한 사랑을 얻을 수 없을 뿐만 아니라 섹스를 통해서 사랑을 찾는 것은 결국 실망만 안겨 줄 것이다. 잠시 동안은 자신이 사랑받고 있다는 느낌이 들지 모르겠지만, 얼마 안 가서 그 느낌은 사라질 것이다.

우리는 아이들이 예수님과의 인격적인 관계에 깊이 들어갈 수 있도록 격려해야 한다. 하나님의 사랑과 용서를 가르치고 실천하면서 본을 보여라. 많은 여성들이 주님께 돌아와 그분의 말씀을 삶에 적용하자 10대부터 생긴 혼란과 악한 영향에서 벗어날 수 있었다고 한다. 다음의 여성이 그를 잘 표현했다.

어릴 때는 감정적인 친밀함과 인정을 받고 싶어서 남자애들의 관심을 끌려고 애를 썼어요. 그래서 열네 살 때부터 열아홉 살 때까지 난잡한 성생활을 했죠. 그 결과로 저는 심한 두통에 시달렸고 낙태, 성병을 경험했어요. (대가를 톡톡히 치렀죠!) 그런데 그런 10대 후반의 저에게 예수님이 찾아오셨어요. 그제야 저는 비로소 절 향한 하나님의 사랑을 믿게 되었고, 하나님께서 저를 어떻게 보시는지 알고는 안심하게 되었어요. 예수님을 영접하고 말씀대로 살면서 삶이 180도 바뀌었고, 더 이상 나쁜 상처는 받지 않을 거라는 믿음이 생겨요. 저는 사랑하는 남편과 더불어 만족스러운 결혼생활을 하고 있는 지금의 관계를 지

키려고 애쓸 겁니다. 이제야 저의 모든 필요를 채워 줄 사람은
한 분밖에는 안 계시다는 사실과 결혼의 성적인 친밀감은 하나
님께서 의도하신 것이라는 사실이 이해가 돼요. 주님은 신실하
게 저의 정신적인 상처를 치유하셨어요.

건강한 성교육을 위한 3가지 요소

건강한 성교육을 하기 위해서는 모범, 지식, 적당한 시기, 이 세
가지 요소를 고려해야 한다.

모범

자녀의 성을 형성하는 데 가장 큰 영향을 미치는 것 중에 하나
가 바로 부모의 모범이다. 당신은 남성들을(당신이 만일 남성이라면,
여성들을) 어떻게 대하는가? 당신은 섹스가 화제가 되었을 때나 성
적인 농담이 오갈 때 어떻게 반응하는가? 당신은 남성들에게(당신
이 만일 남성이라면, 여성들에게) 사적인 장소에서나 공적인 장소에
서 어떤 식의 몸가짐을 가지는가? 당신은 어떤 쇼프로를 보는가?
당신은 남편을(당신이 만일 남성이라면, 아내를) 어떻게 대하는가?

아이들은 당신의 행동을 보고 수많은 가치판단을 '끌어낸다'.
아이들은 늘 의식적으로나 무의식적으로 부모를 보고 배운다. 따
라서 부모는 자녀들에게 긍정적인 영향을 줄 수도 있지만 부정적
인 영향을 줄 수도 있다. 우리 연구에 참여한 여성들은 성장기에
자신들이 보고 배운 부모들의 본에 대해 말했다. 가족으로부터 받
은 부정적인 영향을 받는 여성들의 글이다.

저희 엄마는 당신의 10대 성경험을 말해 주었어요. 그것들이 제게 부정적인 영향을 끼친 것 같아요. 저는 마음속으로부터 엄마가 그랬으니까 저도 그렇게 막 살아도 괜찮을 것같았어요. 판단하기 곤란한 상황에 처하면 으레 엄마의 삶을 기준으로 결정했어요. 그래서 저는 우리 애들에게는 알 필요가 없는 것들은 이야기해 주지 않을 거예요.

우리 할머니는 늘 바람을 피웠죠. 그리고 제가 10대 때 알게 된 거지만, 아버지가 수년 동안 외도를 했어요. 저도 지금 딴 남자를 만나고 있어요. 저는 그리스도를 제 삶 속에 모셨고, 그것 때문에 나쁜 습관도 바꿔었는데 어떻게 이런 일이 일어날 수 있는지 두렵기만 해요.

지금 당신에게 중요한 것은 당신이 아이들에게 어떤 본을 보이고 있는지 정직하게 되돌아보는 것이다. 직장 상사, 수리하러 온 남자 아니면 교회의 지도자들과 시시덕거리고 있지는 않은가? 자녀들이 성에 관해 조금이라도 이야기할라치면 입을 다물게 하고 질문을 피하거나 화를 내지는 않는가? 배우자를 경멸하거나 혐오스럽게 대하지는 않는가? 한 여성 연설가의 말처럼, 자기가 모르는 것은 남에게 가르칠 수 없고, 자기가 가지 않을 곳으로는 남들을 인도할 수 없다.

아직도 해결하지 못한 어린 시절의 성문제나, 성에 대해 가르치는 것과 행동하는 것 사이에 모순이 있거나, 현재 성적인 죄를 범하고 있다면 아이들에게 성교육하는 일은 힘들 것이다. 아이들에게 건강한 성경험을 하게 하려면, 먼저 자신에게 있는 여러 성문제 해결이 급선무다.

지식

성교육에서 가장 쉬운 부분이다! 성에 대한 기본적인 사실들을 토론하기에 앞서 자료를 찾아 공부해야 한다. 다행히도 부모 자신에게 도움이 되고 자녀들에게 성교육할 때도 도움이 될 만한 훌륭한 책들이 몇 가지 있다. 우선 신체의 성기관과 그것들의 정확한 이름(은어나 갓난아이에게 알려 주는 말이 아닌)과 기능(이것을 알면 당신의 성에도 도움이 된다)을 알아야 한다. 동네 기독교 서점에서도 그런 책을 찾을 수 있을 것이다(부록 1 참고).

책 구입 전에 항상 전체를 주의 깊게 훑어보고, 아이들과 함께 읽기 전에 먼저 다 읽어 보라. 왜냐하면 어떤 책들은 기독교윤리와는 다른 대안적인 생활방식이나 가치를 주입하려고 하기 때문에, 당신이 아이들에게 가르치기 원하지 않거나 동의할 수 없는 내용이 있을 수도 있다.

적당한 시기

아이들의 성장단계에 맞는 지식을 가르쳐야 한다. 많은 전문가들은, 아이들은 원래 호기심이 많기 때문에 질문할 때까지 기다려 그때 설명하면 된다고 한다. 하지만 우리는 대부분의 아이들이 그런 것은 아니라고 생각한다. 묻지 않는 아이들도 많기 때문에 아이들의 질문에 시점을 맞추다 보면 몇 년을 그냥 보내야 할 수도 있다. 게다가 부모들은 바빠서 아이들이 질문하는지조차 모르는 경우도 있다. 이렇게 되면 성에 대한 대화는 거의 못하게 된다.

대부분의 부모들은 아이들의 성장단계에 맞는 성 지식을 가르치기 원한다. 그러나 우리가 생각하는 적당한 시기는 정상적인 경우보다 보통 몇 년 정도 뒤처져 있다. 코니 마쉬너(Connie Marshner)는 자신의 책 《고상한 노출》(Decent Exposure)에서 "아이들은 자신이 가진 가치관을 방어하기 위해 서로 지적인 논쟁을 한다. 그럴 때 부모들은 그 논쟁에 필요한 지식들을 제공해야 한다. 그러나 보통 부모들은 자녀의 순수함을 해친다는 잘못된 명목으로 아이들에게 유용한 무기가 될 성 지식들을 막아 버린다"[1] 라고 지적한다.

그러나 아이들은 어떠한 형태로든 성에 관한 정보에 늘 노출되어 있다는 사실을 명심하라. 텔레비전과 영화는 막대한 영향력을 행사한다. 기업들은 카메라에서부터 자동차에 이르기까지 모든 것을 팔기 위해 사람의 몸(특히 여성의 몸)을 광고로 이용한다. 아이들은 매년 텔레비전에서 만 번 정도의 성행동이 암시된 장면을 본다고 추정한 책도 있다. 어떤 부모는 텔레비전에서 방송하는 것을 꼼꼼히 감시하고 있다고 안심하는데, 그러면 아이들이 극장에서 보는 영화는 어떻게 할 것인가?

데브라는 최근 자기가 가장 좋아하는 텔레비전 영화 프로그램이 '미녀 삼총사'라고 하는 아홉 살짜리 소년과 이야기를 했다. 이 영화의 주인공 중에 한 명은 자신의 몸과 성적인 기술을 사용해서 정치적인 적들을 음모하고 살해하는 여성이다. 그리고 그 이야기에서 나오는 악당은 사악하고 성적인 것을 탐닉하는 종교지도자이다. 이 아이가 그런 영화로부터 어떤 의식적, 무의식적 메시지를 받겠는가?

미디어로부터 아이들을 지키고, 우리가 제시하는 단계적 성교육 모델을 따른다 하더라도, 계획한 시기보다 앞서서 가르치거나 계획한 내용보다 더 많은 지식을 가르쳐야 할 때도 생길 것이다. 아침에 학교에서나 아니면 오후에 축구장에서 우리 아이들은 다른 아이들로부터 성에 관한 정보를 얻게 될지 부모들은 알 수 없다. 따라서 자녀들에게 섹스에 대한 이야기는 다른 아이들과 하지 말고 오로지 부모하고만 이야기하도록 가르쳐라. 그래야 우리 아이들을 잘못된 정보로부터 지킬 수 있고 아이들의 수준에 걸맞지 않은 정보들을 막을 수 있다.

섹스 이야기를 나누는 부모

아이들이 어떤 것이든 당신에게 터놓고 이야기할 수 있도록 '거리감 없는' 부모가 되겠다고 지금 다짐하라. 그리고 아이들에게 거리감이 없다는 것을 보여 주라. 그러면 아이들은 당신에게 와서 섹스 그리고 하나님, 인생의 중요한 문제들에 대해 물어볼 것이다. 여기에 답하려면 당신 자신이 성경적인 성 가치관을 가지고 있어야 한다.

아이들에게 성교육을 시작할 시기를 정하고, 시작하기 한참 전부터 어떻게 기독교적인 성과 섹스를 가르칠지 계획을 세워라.

아이들은 언제 질문을 시작할지 모르기 때문에, 성에 대한 이야기를 하는 날을 정해 놓고, 아이들이 가장 집중할 수 있는 시간에 이야기를 하라. 아이들에게 언제든지 궁금한 것이 있으면 물어봐도 좋다는 사실을 가끔씩 상기시켜 줘라.

아이들의 나이에 걸맞는 책이나 비디오 테이프를 사서 함께 보라. 사춘기 전이나 사춘기에 들어가면 성문제들을 이야기하기 위해서 특별한 (당신과 아이들만 따로 떠나는 주말여행 같은) 시간을 계획하라.

한 번 이야기하는 것, 심지어는 1년마다 한 번 이야기하는 것으로는 부족하다. 계속 대화가 끊기지 않도록 노력하고 아이들이 제기한 질문들을 이용해서 성에 대한 이야기를 풀어 나가라. 동시에 아이들에게 성에 관한 정보의 홍수에 빠지지 않도록 하라. 당신의 대답으로 궁금증이 풀렸는지 물어보거나 설명이 더 필요한 부분은 없는지 물어보라.

당신이 성문제에 대해 특별히 열려 있지 않고 여유도 없으며, 아이들이 그렇게 궁금해하는 편도 아니라면, 성에 관한 이야기가 자연스럽게 흘러갈 거라고 기대하거나 서로 불편하지 않을 거라고 생각해서는 안 된다. 아이들도 자기들만의 프라이버시가 있고 성에 대한 나름대로의 생각이 있다. 대부분의 아이들(대략 5세에서 12세 정도)은 성교와 생식 작용에 대한 설명을 듣고 나면 놀라거나 혐오감을 보인다(놀라는 동시에 혐오감을 보이는 경우도 있다).

열 살 먹은 딸이 어머니에게 와서 성교에 대해 물어본다. 설명을 듣고 나서 아이는 "엄마와 아빠도 그거 했어?"라고 묻는다. 겉으로는 태연한 척하며 어머니는, 그렇다고 한다. 아이는 다시 "얼마나 많이 했어?"라고 묻는다. "아마 수백 번쯤"이라고, 어머니는 여전히 태연하게 대답한다. 아이는 놀란 표정으로 "엄마, 너무 끔찍해!"라고 소리지른다.

아이들이 성과 출산에 대해 처음 이야기를 듣고 나면 이런 식의 반응을 하는 것이 보통이다.

긍정적으로 접근하라

성에 대한 지식과 지식을 가르치는 시기와 더불어 섹스를 보는 관점 또한 여성들에게 큰 영향을 미친다. 여기 세 가지 상반된 예가 있다.

우리 부모님은, 섹스는 하나님께서 만드신 것으로 결혼관계 안에서는 신성한 거라고 가르치셨어요. 하나님의 은혜로 저는 남편이 될 사람을 만나기까지 제 자신을 지키려는 마음과 헌신과 인내심을 가질 수 있었어요. 어서 빨리 결혼했으면 좋겠어요!

우리 부모님은 결혼 전에 성경험이 있는 여자는 단정치 못한 여자이기 때문에 점잖은 남자라면 그 사실을 알고 더 이상 같이 살려고 하지 않을 거라고 하셨어요. 부모님으로부터 좀더 긍정적이고 조건 없는 사랑에 대해 배웠다면, 그리고 왜 하나님께서는 혼전 성관계를 원하시지 않는지에 대해 충분한 설명을 들었더라면, 저는 좀더 기다렸을 것이고 결혼할 때까지 제 몸을 지켰을 거예요.

섹스는 죄이고 섹스와 관계되는 것들은 모두 끔찍하다는 교육
을 받고 자랐기 때문에 혼전 섹스에 대한 과거의 경험은 저를
짓눌렀고 결혼해서까지도 계속되었죠. 최근 어머니가 10대 후
반에 몇 번의 성추행을 당했다는 사실을 알게 되었어요. 그래
서 제게 섹스가 더럽다고 가르치지 않았나 싶어요.

성에 관해 이야기를 할 때는 언제나 긍정적으로 접근하라. 기회
가 있을 때마다, 하나님께서는 우리와 우리의 몸을 만드셨고, 섹
스는 하나님의 선물로서 선하며, 결혼관계 안에서 누리도록 하셨
다는 사실을 강조하라. 수치와 죄책감을 심어 주거나 겁을 주는
방법으로는 효과적으로 아이들에게 섹스를 가르칠 수 없고, 순결
을 유지하도록 하는 동기도 부여하지 못한다. 부모가 성에 관해
긍정적인 태도를 가지고 있지 못하다면, 바깥에서 도움을 찾아보
라. 우리가 부록 1에서 추천한 참고도서들을 몇 가지 살펴보라. 성
이라는 주제를 가지고 직접 아이들에게 이야기하기 힘들다면, 건
강한 기독교적 시각을 제시해 줄 사람을 찾아보라.

성장단계에 따라 가르치라

많은 부모들은 아이들이 대략 몇 살 때부터 섹스에 대해 이야기
하는 게 좋은지 궁금해한다. 아이들이 어리다면 얼마만큼 이야기
를 해야 하는가?

앉은 자리에서 뿌리를 뽑을 만큼 충분히 이야기를 하는 것이 좋

은가 아니면 시간을 두고 조금씩 이야기를 하는 것이 좋은가? 성교육은 자녀들의 성장에 맞춰 끊임없이 단계적으로 이루어져야 한다.

앞에서 말한 바와 같이 아이들의 성장단계에 따라 말하기에 '적합한' 지식과 '적합하지 않은' 지식이 있다. 많은 지식을 너무 일찍 이야기하게 되면 아이들은 순수함을 잃게 된다. 아이들은 커가면서, 성에 대해 이전보다 더 자세한 정보들을 들을 준비를 갖춘다. 대부분의 성교육 교재는 부모들이 어느 성장단계에 어떤 지식들을 아이들과 나눌 것인지 구분해서 설명하고 있다. 《섹스를 만드신 하나님의 의도》[2]라는 책도 아이들의 나이에 따라 가르쳐야 할 내용들을 낱권의 책에 각 단계별로 담고 있다.

어느 정도 큰 아이들이 직접 읽을 수 있는 책들도 있다. 아이들에게 그런 책을 함께 읽고 토론해 보자고 해도 좋을 것이다. 굳이 이런 방법이 아니어도 일상에서 일어나는 사건들을 이용해서 성에 대해 이야기하는 것도 괜찮다. 역할바꾸기 놀이를 하면서 성적인 상황에 직면했을 때 어떻게 반응해야 할지 가르쳐 줄 수도 있다. 그렇게 하면 건강한 성의 요소인 책임감과 바른 성품을 키우는 데 큰 도움이 된다.

구체적으로 몇 살 때부터 아이들에게 성과 섹스에 대해 이야기를 시작할 것인가?

성장단계에 따른 성교육

유아(출생부터 3세)

성교육은 유아 때부터 시작해야 한다. 목욕을 시키거나 옷을 입히면서 성기를 비롯한 각 신체의 이름을 정확하게 가르쳐 주는 것이 중요하다. 그렇게 하면 부모들은 신체의 이름을 큰 소리로 말하는 습관을 갖게 되고, 그 결과로 아이들은 처음부터 신체의 모든 부분은 제각기 고유한 이름이 있고, 그 모든 부분은 선하다고 배우게 된다.

신체의 일부를 별명으로 말할 때에는, 반드시 정확한 이름도 함께 가르쳐야 한다. 그렇지 않으면 아이들은 은연중에 몸의 어떤 부분에 대해서는 이야기하기가 어렵기 때문에 별명을 불러야만 한다는 메시지를 받게 된다. 음경이나 외음부에만 별명이 있지, 귀나 속눈썹에 대해서는 없지 않은가? 많은 여자애들이 자라면서 성기, 항문, 자궁은 '입에 담지 말아야 할 것'이나 '저속한' 것이라고 생각하게 된다. 우리는 몸의 각 부분이 하나님께서 부여하신 특별한 가치와 기능을 가지고 있다는 사실을 아이들에게 분명히 가르쳐야 한다.

3-5세

섹스에 대한 지식: 신체의 각 부분들을 아는 것을 기초로 해서 출산과정이나 아기가 엄마 뱃속에서 어떻게 자라는지와 같은 간단한 내용의 생식 작용들을 소개할 수 있다. 성기는 중요하면서도

아주 비밀스러운 부분이기 때문에 아무도 손대지 못하게 해야 한다는 점을 강조해서 가르쳐라. 아이들은 본래 호기심이 많기 때문에 이때쯤이면 자신의 몸과 세상에 대해 탐구하고 질문을 해대기 시작한다.

이 단계의 아이들은 보통 남자애들과 여자애들의 차이에 대해서 궁금해한다. 그래서 서로의 아랫도리와 성기와 젖꼭지를 보면서 만지려고 할 수도 있고, 소파에 앉아 텔레비전을 보면서 남들 앞에서 자신의 성기를 만지면서 장난칠 수도 있다. 이런 일이 일어나더라도 가능한 한 침착하게 반응하고 아이들에게 수치심을 심어 주지 마라. 모든 상황을 이용해서 성에 관한 기본적인 지식을 가르치고 바른 가치관을 심어 주라. 성기는 비밀스러운 것이어서 남들에게 보여 주거나 남들 앞에서 장난쳐서는 안 될 뿐 아니라, 다른 사람의 성기를 가지고도 장난치거나 보여 달라고 해선 안 된다고 단단히 일러라.

하나님의 의도: 이 단계에서 '여자'와 '남자'가 각각 다르게 창조된 것은 하나님의 의도라는 사실을 아이들이 이해할 수 있도록 영적으로 아주 기초적인 설명을 하는 것이 중요하다. 딸들에게는 하나님께서 여자를 자신의 형상대로 창조하셨다는 점을 가르쳐야 한다. 딸들은 하나님의 특별한 선물이다.

6-8세

섹스에 대한 지식: 이쯤 되면 아이들은 어른이 되기 위해 거쳐야 하는 신체의 변화들에 대해 배울 수 있다. 부부간의 성교에 대

한 기본적인 것들을 쉬운 말로 설명하라. 딸들이 텔레비전이나 동네 혹은 학교의 아이들로부터 음란물을 우연히 접하기 전에 우선 성경적인 시각에서 성교에 대한 지식들을 소개하는 것이 중요하다. 긍정적이고 성경적인 기초를 세우는 일은 아주 중요하다. 이 단계의 아이들도 자신의 몸에 대해, 섹스에 대해 궁금해하면서 질문할 것이다. 질문에 대비하고 기회 있을 때마다 성은 하나님께서 만드신 것이라는 사실을 가르쳐라.

하나님의 의도: 이 단계에서는 성경적인 윤리의 기초를 닦는 것이 중요하다. 결혼을 통해 남편과 아내가 하나 되는 결혼제도는 하나님께서 만드신 것이라든지, 성교는 결혼관계 속에서만 누릴 수 있다는 기독교윤리의 핵심들을 다루어라.

9-11세

섹스에 대한 지식: 이 단계에서는 성교에 대해 더 자세히 설명해도 괜찮다. (육체적으로, 정신적으로, 감정적으로, 영적으로) 순결을 유지할 책임이 있다는 사실을 가르치기 시작하라. 일상생활에서 일어나는 사건들을 통해 남자애들을(남자애라면 여자애들을) 어떻게 대해야 하는지 이야기해 주라.

여자애들의 경우에는 이 단계에서 사춘기가 시작되기도 한다. 부모들은 딸들이 앞으로 겪게 될 모든 변화들에 대해 자세히 설명해 주어야 한다.

하나님의 의도: 이 단계에서는 앞에서 소개한 내용들에 살을 붙여 나가라. 예를 들어 섹스는 하나님의 선물이라든지, 우리 몸은

하나님께서 설계하신 것으로서 각 부분들이 훌륭하게 조화를 이루고 있다는 설명을 해 줄 수 있다. 또 우리의 호르몬과 신체의 변화도 그분께서 계획하신 것이며 섹스는 선한 것이라는 것도 설명해 줄 수 있다. 우리는 섹스에 대한 수많은 부정적인 이야기들과 성적인 왜곡들을 접하고 있기 때문에 섹스는 원래 선한 것이라는 사실을 우리 자신에게 상기시켜야 할 뿐 아니라, 아이들에게도 가르쳐야 한다.

아이들이 세상에서 살면서 부딪치게 될 왜곡된 성적 시각들에 적절히 대처할 수 있도록 준비시켜라. 물론 모든 해로운 메시지로부터 완벽하게 차단할 수는 없다. 그렇게 때문에 준비를 시켜야 한다. 10대의 임신이나 성병과 같은 주제들을 언급하는 것에서부터 시작하라.

아이들이 하나님께서 성을 창조하신 의도와 계획을 이해하기 시작하면, 윤리적인 선택을 하는 일이 한결 쉬워질 것이다.

12-14세까지

섹스에 대한 지식: 청소년기에 찾아오는 사회적인 압력과 좌절감, 기분과 감정의 변화에 적절히 대처할 수 있도록 아이들을 준비시켜라. 더 이전에 하는 여자아이도 있지만 지금쯤이면 보통 월경이 시작된다. (10세부터 시작하는 여자애들도 있다.) 성적인 흥분에 대해 솔직하게 아이들과 이야기하라. 아이들이 접하게 되는 성에 대한 신념들과 시각들은 물론 그들이 감정적으로 그리고 신체적으로 경험하고 있는 것들에 대해서도 함께 이야기해 보자고 제안

하라.

이 단계에 있는 아이들이 혼자 읽을 수 있는 성에 관한 책들은 많다. 그러나 우리는 부모와 자녀가 함께 읽고, 서로 읽은 것을 가지고 스스럼없이 토론하라고 권하고 싶다. 부모와 자녀에게 모두 힘든 일일 수 있다. 갑자기 성호르몬이 나오거나, 자신의 성적 감정들을 살펴보고 궁금해할 때인 10대에는 부모들과 이야기하는 것 자체가 당황스러운 일이다. 그러나 어릴 때부터 각 단계별로 섹스에 대해 터놓고 이야기를 했다면, 아이들이 컸다고 해서 그리 불편하지는 않을 것이다.

아이들이 사춘기에 이를 때까지 아무것도 가르쳐 주지 않은 채 마냥 기다리고 있거나, 책 한 권을 읽으라고 달랑 던져 주면서 부모의 할 일을 다 했다고 생각하지 마라. 성적인 성장과 성교육은 사춘기에 관한 책 한 권으로는 감당할 수 없는 일련의 과정이다.

하나님의 의도: 성에 대한 하나님의 시각을 계속 가르치고 여자와 남자를 지으시면서 의도하신 아름다운 창조 질서에 대해 이야기하라. 사춘기를 보내는 동안 아이들이 자신의 몸을 소중히 여기는 법을 배우게 하고 성적으로 순결을 유지하며, 섹스라는 선물은 결혼을 위해 간직해야 한다는 점을 깨닫게 하라.

사춘기 소녀와 성교육

부모가 되어서 10대였던 과거를 되돌아보니, 보호와 감독 그리고 의사소통이 중요하더군요. 그래야 아이들이 부모가 없는 상황에서도 올바른 결정들을 할 수 있거든요. 또 아이들의 성장단계에 맞는 성경적인 원리들을 이야기해 주는 것과 하나님께서 보여 주신 순수하고 무한한 사랑과 애정과 칭찬을 아이들이 경험할 수 있게 하는 것도 중요한 것 같아요. 그렇게 하면 우리 아이들이 고결한 삶에 대한 마음과 힘을 얻지 않을까요? 어떻게든 우리 아이들은 제가 경험한 그 끔찍한 일들을 겪지 않게 할 거예요.

문화적으로 우리가 해결해야 할 문제 중에 하나는 사춘기 연령이 계속 떨어지는 현상이다. 남자든 여자든 역사상 이처럼 사춘기 연령이 낮아진 때는 없었다. 그리고 계속 낮아지고 있다.

150년 전만 하더라도, 여자아이들의 평균 사춘기 연령은 17세쯤이었다. 기록을 보면 1795년 독일에서는 16.6세였다. 그러던 것이 1920년에는 14.5세로 떨어졌고 1930년대 초 미국에서는 13.3세로, 1960년대 중반에는 13세 이하로 떨어진다. 여기에 대한 상세한 정보와 깊이 있는 논의를 보려면 하트 박사의 책 《남자도 잘 모르는 남자의 성》을 참고하라.

우리 연구에서 첫번째 월경을 시작한 여자들의 당시 평균 나이는 13.4세였다. 사춘기 연령 분포는 표 11.2를 보면 알 수 있다. 《남자도 잘 모르는 남자의 성》에서 남자들 대부분은 12-13세 사이에 사춘기를 맞는다고 하였다. 12세에 사춘기를 맞았다고 하는 숫자가 32퍼센트로 가장 많았고 그 다음이 13세로 28퍼센트였다. 이처럼 사춘기 연령이 낮아지는 현상은 아이들에게 어떤 영향

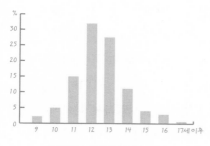

을 미치는가? 우리 아이들은 섹스를 하기에는 신체적으로 성숙되어 있지만, 정신적으로나 영적으로 너무 미숙하기 때문에 결혼생활을 하고 아이를 기를 수 있게 되기까지는 한참을 기다려야 한다. 12-13세 여자아이들은 지금 당장이라도 섹스할 수 있는 능력이 있지만 엄마 노릇하기에는 너무 미숙하며 신체적으로도 아이를 임신할 수 있는 조건을 갖추고 있지 못하다.

결국 우리의 문화가 직면한 딜레마는 아이들이 신체적으로는 섹스를 할 수 있는 여건이 되지만, 성적인 영역에서 책임 있게 살기에는 정신적으로 아직 어리다는 것이다. 치료 기술의 발전과 영양 공급의 향상으로 신체의 성장은 가속화시켰지만, 정신적이고 감정적인 면의 성숙까지 가져다 준 건 아니기 때문에 신체와 정신의 성숙에 불균형을 이루게 된 것이다.

사춘기 연령이 떨어지는 속도를 줄이거나 한층 더 나아가 아이들의 건강에 해를 끼치지 않는 방법을 가지고 어떻게든지 다시 사춘기 연령을 끌어올릴 수 있다면 지금보다는 문화적으로 훨씬 나아질 것이다.

절제 교육

우리 아이들을 지키는 유일한 방법은 절제와 '처녀 총각' 이라는 말이 욕이 아님을 가르치는 것이다. 딸들에게는 남자애들의 요구에 거절하는 법과 육체적인 관계로 바로 들어가지 않고 기다리는 법을 가르쳐야 한다. 하트 박사의 할머니는 "고등학교를 졸업하고 나서 해도 여자들과 데이트할 시간은 충분하다"라고 늘 그에게 말씀하시곤 하셨는데, 그분이 옳았다. 고등학교 때 사귄 여자애들 중에 지금까지 계속 만나는 사람은 한 명도 없다!

하지만 절제만 가지고는 부족하다. 우리는 이 장에서 아이들에게 성장단계에 따라 섹스에 대한 지식을 가르치고 성적인 모든 면에서 바른 가치관과 성품을 심어 주며, 하나님의 의도가 무엇인지도 가르치라고 주장했다. 아이들에게 그냥 섹스에 대해 가르치는 것만으로는 충분하지 않다. 성경적인 관점에서 훈육해야 한다.

기다리는 시간이 길어지면 나이가 어려도 감정적으로나 성적으로 휩쓸릴 가능성이 크다. 여자아이들은 대개 로맨틱한 환상에 빠지거나 남자아이들과의 진한 관계에 집착하기 때문에 남자애들이 자기를 어떻게 생각할지, 어떻게 그들의 관심을 끌 수 있을지 골몰한다. 그러나 남자아이들은 음란물을 보거나 자위행위를 하면서 에로틱한 환상에 빠진다. 섹스가 견고한 결혼관계를 위한 수단이 아닌 목적이 되어 버린다. 건강하고 성경에 기초한 성교육은 성적인 성장과정 동안 범하기 쉬운 잘못을 막는 데 도움을 준다.

성교육을 무시한 결과

미국에서 15-19세 사이의 여자아이들 중에 성경험이 있다고 한 아이들의 비율은 1970년에는 29퍼센트였지만, 1988년에는 52퍼센트로 증가했다. 1996년의 〈사이언스 매거진〉에 따르면, 고등학교 3학년 학생들 중에 성경험이 있는 아이들이 70퍼센트고, 40퍼센트 가까이 되는 아이들은 네 명 이상과 관계를 가졌다고 한다. "매년 백만 명의 10대 미혼여성들이 임신을 하고 있으며, 3백만 명 이상의 청소년들이 성병에 감염되고 있다. 성병은 수정 불능과 수태 불능, 임신 합병증과 태아의 기형 그리고 만성피로와 암, 심지어는 사망의 원인이 되기도 한다."[3] 10대들은 실제로 어른들보다 성병에 더 빨리 감염되며 여성들은 남자들보다 성병에 걸리기 더 쉽다. 왜냐하면 의학적으로 여성이 남성에게 성병을 옮기는 것보다 남성이 여성에게 성병을 옮기는 것이 두 배 정도 쉽기 때문이다.[4]

그러나 10대들의 마음에 상처를 남기는 것은, 이러한 신체적인 상처가 아니라 조기의 성관계나 여러 명과 치른 섹스였다.

결혼 전에 여섯 명의 섹스 상대가 있었어요. 그러나 돌아보면 남편하고의 섹스 말고는 좋았던 적이 없었어요. 우리는 성적인 면에서도 서로를 더 잘 알아 가고 있어요. 제 딸들(14세와 16세)에게는 그리스도인과 만나 결혼하기 전까지 반드시 순결을 지키라고 할 거예요.

엄마나 아빠나 학교의 그 누구도 혼전 섹스를 금해야 할 이유를 설명해 주지 않았기 때문에 혼전 섹스 말고는 다른 길은 없는 것으로 알았어요. 그 다른 길이 옳은 길인데도 말이죠.

저는 결혼 전에 스물여섯 명과 관계를 가졌어요. 제가 청소년 기를 보낼 때 부모님이 저에게 조금만 더 관심을 가져 주셨더라면 남자들에게서 그것을 보상받으려고 그리 애쓰지 않았을 텐데…….

미국의 표준적인 성교육은, 10대들은 섹스를 하게 마련이므로 어떻게 하면 안전하게 할 것인지만 가르친다. 많은 순진한 10대들이 다른 가능성은 생각해 보지도 않고, 섹스는 통제할 수 없는 것이기 때문에 자신들에게 섹스할 권리가 있다고 믿고 있다. 그러나 계속되는 최근 연구결과들을 보면, 성적으로 이미 왕성한 청소년들도 "상대방에게 상처를 주지 않고 섹스를 거부하는 법을 배우기 원한다"는 사실을 알 수 있다.[5] 부모와 성에 대해 이야기하며 섹스와 그 가치에 대해 스스럼없이 대화하는 가정에서 자란 아이들은 더 늦게 성적인 활동을 시작하는 경향이 있다는 연구결과가 있다. 이 연구결과는 공립학교에서 성교육을 받은 아이들이 학교에서 성교육을 받지 않은 아이들보다, 15-16세 때에 섹스를 하는 경우가 더 많다는 연구결과와는 정반대이다.[6]

'가치중립적이며 포괄적인 성교육'(학교에서는 대개 이런 방법으로 성교육이 이루어지고 있다)을 주장하는 사람들은 스웨덴의 성교육 모델을 사용한다. 그러나 이 모델을 가지고는 청소년들의 성행위와 임신과 성병 감염을 줄이지 '못했다'. 많은 사람들이 자녀들의 성교육을 소위 전문가(학교)가 하는 (잘못된 모델을 기초로 한) 프로그램에 맡기고 있는 현실이 안타깝다.

이른 데이트의 결과

우리가 밝혀낸 가장 놀라운 사실 중에 하나는 혼전 섹스를 한 여성의 경우, 첫번째 데이트 후에 처음 성교를 하기까지 걸리는 시간이 과거에 비해 오늘날 현저하게 짧아졌다는 것이다.

우리는 여성들에게 몇 살 때 처음 데이트하고 키스하고 페팅하고 성교했는지 물어보았다. 60세가 넘은 여성들의 경우에는 첫 번째 데이트를 한 후 처음 성교하기까지 걸린 시간이 평균 6년이었다. 그러나 20-29세 사이의 여성들의 경우에는 겨우 3년이었다. 데이트를 일찍 시작한 여성들은 처음 성교한 시기도 그만큼 빠르다. 아이들에게 일찍 데이트를 하도록(또는 여자친구나 남자친구 집에서 밤을 새도록) 허락할 때는 이 점을 명심해야 한다. 우리가 상담한 많은 사람들(다양한 연령층의 독신여성들)이 말하기를 데이트를 몇 번 하면 상대방은 으레 섹스를 기대한다고 한다. 한 여성은 자신의 경험을 우리에게 이렇게 이야기했다.

> 너무 일찍 데이트를 시작해서 결혼 전에 성경험을 하게 된 것 같아요. 저는 남자들의 성적인 요구에 아주 약했기 때문에 낮은 자존감에 많이 시달렸어요. 하지만 한편으로는 누군가에게 사랑받고 싶은 마음이 간절했죠. 그러다 하나님을 만나 그분을 인격적으로 영접하고 구원을 선물로 받았죠. 그리고 상한 감정이 치유되고 자존감도 건강하게 회복되었어요.

아이들이 우리의 말을 듣고 성적인 관계에 들어가는 일을 뒤로 늦추게 될까? 많은 전문가들이 청소년들에게 섹스를 참으라고 설득하는 것은 불가능하다고 말한다. 그러나 우리 연구에 참여한 많은 여성들이 그리스도인이 되었기 때문에 결혼하기 전까지 섹스를 참고 기다릴 수 있었다고 말한다. 우리 아이들에게 하나님의 기준에서 성을 가르치고 그렇게 살도록 하는 일은 '가능하다'. 우리 연구에 참여한 여성들 중에는 어릴 때 받은 교육과 자신들의 결심 때문에 결과적으로 건강한 성생활을 하게 됐다고 기뻐하는 사람들이 있다.

결혼 전에 처녀성을 유지하는 것은 도덕적으로 매우 가치 있는 일이라고 생각하고 저는 누구에게도 성적인 표현을 하지 않았죠. 섹스는 물론이고 키스조차도. 이제껏 제가 한 일 중에 가장 잘한 일은 혼전에 섹스를 하지 않은 거예요.

그 선물은 딱 한 번만 줄 수 있기 때문에, 저는 어릴 때부터 '그 선물'을 일생 동안 저를 사랑할 오직 한 남자에게 주기로 마음먹었어요. 그리고 저와 같은 목표를 가진 남자와 결혼하는 축복을 얻었죠. 얼마 안 있으면 우리가 소중히 여기는 그 선물을 기념하는 1주년이 다가와요. 저는 우리 사회가 사람들에게 하는 혼전 섹스에 대한 거짓말을 생각하면 슬프다 못해 화가 나요. 우리 사회는 얼마나 많은 젊은이들로부터 그 아름다운 경험을 빼앗아 가는지 모르겠어요. 결혼까지 참고 기다린 것이야말로 제 인생에서 최상의 선택이었어요.

우리 아이들이 욕망과 씨름하고 성을 표현할 수 있을 기회가 생길 때까지 기다리는 동안 우리는 그들을 위해 무엇을 할 것인가? 기다리는 훈련을 시키는 것을 비롯해서 우리가 앞에서 제시한 성장의 단계에 따른 성교육 프로그램을 가르치는 것은 필수적이다. 기다림에 대해서는 10장에서 더 자세히 논의했다.

성교육뿐만 아니라 자녀의 삶 자체에 관심을 기울여라. 딸이 배워야 할 지식을 알려고 하고 딸이 바른 마음가짐을 가질 수 있도록 본을 보여라. 부모만큼 자기 자녀를 잘 알고 사랑하는 사람은 없다. 계속 관심을 나타내서 그 사랑을 보여 주어라.

기억할 점

1. 많은 부모들이 자녀의 성교육에 대한 책임을 다하지 못하고 있다. 겨우 40퍼센트의 여자아이들만 월경에 대한 첫 교육을 부모에게서 받고, 겨우 20퍼센트의 여자아이들만 성교에 대한 첫 교육을 부모에게서 배운다.
2. 어머니와 아버지 '모두' 딸의 성적이고 정신적인 성장에 영향을 미친다. 여자아이들이 부모에게 받아야 할 사랑과 인정과 칭찬을 받지 못하면, 섹스를 통해서 보상받으려 하기가 쉽다.
3. 건강하고 성경적인 성품을 키워 주어야지 우리 문화의 왜곡된 성적 메시지로부터 아이들을 평생 보호할 수 있다.
4. 성교육은 유아 시절부터 시작해서 청소년기까지 계속되어야

한다. 건강한 지식과 하나님의 의도를 아이들의 성장단계에 맞춰 가르치는 것이 중요하다.

5. 연구결과, 일찍 데이트를 시작할수록 일찍 성교한다. 따라서 부모들은 아이들이 진지한 데이트를 너무 일찍 시작하지 않도록 신경 써야 하고, 혼전 섹스의 부정적인 결과를 포함한 성에 대한 모든 지식을 가르쳐서 상대방의 성적인 요구에 대해 거절하는 지혜와 용기를 갖추도록 해야 한다.

1 2

남녀의 성, 그 다름에 대하여

"……나는 넋을 잃었다. 그대 눈짓 한번에…… 그대 사랑 포도주보다 달아라……."

아가 4:9-10, 공동번역

세상에는 변하지 않는 것들이 있다. 해는 항상 동쪽에서 뜨고, 시간은 항상 앞으로 흐르며, 남성은 항상 여성과 다르다.

본 연구의 주된 목표 가운데 하나는 크리스천 여성들이 섹스에 대해 어떻게 느끼고 생각하는지 밝히고, 어떻게 자신들의 성을 표현하는지 확인하는 것이다. 2천 명이 넘는 여성들은 우리가 기대한 것 이상으로 자신들의 사생활의 사소한 부분까지 나누면서 정직하고 솔직하게 이야기를 했다.

이 책을 전부 읽고 그 많은 정보들을 소화하고서도, 성적으로 남녀는 어쩔 수 없이 다른 존재일 뿐이라는 생각만 남아 있을 수도 있다. 당신은 이렇게 물어볼지도 모른다. 여자의 성에 대한 이러한 지식을 안다고 달라지는 것이 있는지, 그리스도인으로서 그리고 남자와 여자로서 우리는 어떻게 이 지식을 우리 삶에 적용시킬 수 있는지 말이다.

우리의 차이가 아무리 클지라도 뛰어넘을 수 있다. 아니 뛰어넘어야 한다. 하나님께서는 우리가 남녀의 차이라는 미궁에 빠져 허우적거리도록 만들지 않으셨다. 모든 부부는 에스트로겐/프로게스테론과 테스토스테론의 위력을 극복할 방법을 찾아야 하는데, 그 방법은 남성이 여성을 이해하고, 여성이 남성을 이해하는 것밖에 없다.

여자의 성은 여자에게 신비인 것같이 남자에게도 신비다. 여성이 《남자도 잘 모르는 남자의 성》에서 논의한) '테스토스테론의 본질'을 이해하기 힘든 것처럼, 남자는 '에스트로겐/프로게스테론의 실체'를 파악하기 힘들다. 그래서 우리는 이 책을 통해 여성이 자신을 이해할 수 있도록 돕고, 남성이 자기가 사랑하는 여성을 이해할 수 있도록 돕는 것이다.

우리는 성자들도 이 책, 특히 이 장을 읽기 바란다.

남성과 여성의 차이

인간의 역사상 오늘날처럼 남녀의 성 차이를 극복해야 할 시대는 일찍이 없었다. 가족 구조가 변하고, 성역할이 과거와는 달리 불분명하게 되었고, 다양한 정치적 · 문화적 · 사회적 요인들이 남녀간의 성 차이를 심화시키고 있다. 우리를 휩쓸고 있는, 미묘한 때로는 분명한 이 변화들 때문에 사람들은 남성과 여성의 차이를 부인하기도 한다.

그러나 하나님께서는 우리를 성적으로 다르게 만드셨다. 한쪽이 다른 한쪽보다 우월하게 만드시거나 열등하게 만들지 않으시고, 단지 다르게 만드셨다. 하나님의 의도인 것이다. 하나님은 남자와 여자를 만드시면서 독창(solo)도 아니고 제창(unison)도 아닌 듀엣(duet)으로 연주하며 정교한 하모니를 연출하도록 하셨다. 남자와 여자의 성적 반응이 동일하지 않은 것은 당연하다. 남자와 여자의 아름다움은 동일함에 있는 것이 아니라, 하모니로 승화된 차이에 있는 것이다. 그렇기 때문에 남녀의 다름에서 오는 수많은 좌절과 비극 원인은 남자와 여자를 만드시면서 두신 하나님의 뜻을 바로 이해하지 못하고 불순종한 우리에게 있다.

한 여성이 왜 아래와 같은 말을 남겼는지 이해가 간다. 많은 여자들이 이처럼 말하고 싶었을 것이다.

> 모든 여자들이 남자와 여자의 차이 대해 좀더 알아야 한다고
> 생각해요. 우리는 성적으로 아주 세련된 사회에 산다고 자부하
> 지만, 남자들이 여자인 우리와 무엇이 다른지 모르는 것처럼,
> 여자인 우리도 남자와 무엇이 다른지 모르고 있어요.

많은 여자들이, 독신이든지 연애 중이든지 아니면 결혼을 했든지 간에, 사귀고 있는 남자가 자신과 너무 다르다는 사실 때문에 둘 사이의 친밀한 관계가 방해받지 않을까 두려워하며 근심한다. 하지만 결코 그럴 필요가 없다. 당신이 보고 느끼는 차이는 하나님께서 의도한 것이다. 이러한 차이를 가지고 최선을 다해 하모니

를 연주해 보라.

남자와 여자가 다르다는 것은 어느 일방의 성경험이 상대방의 성경험보다 더 중요하다는 의미가 아니다. 건강한 부부관계를 유지하고 그 속에서 하나님께서 의도하신 하모니를 연주하려면, 어느 일방도 상대방에 대해 우월하다고 하지 말아야 한다. 부부가 서로 이해하고 관용하면, 둘 사이의 차이에서 오는 혼란스러움을 극복할 수 있다. 그럴 때 우리는 하나 될 수 있다. 이 '하나 된다'는 말은 몸과 영혼과 마음의 연합을 가리키는 히브리 사람들의 표현이다. 음악적인 용어로 하면 '협화음'이라고 할 수 있는데, 만족과 해결의 감정을 불러일으키는 기다림과 조화의 화음을 의미한다.

우리 연구에 참여한 사람들은 여러 가지 방법으로 이 하모니를 이루고 있었기에, 우리는 그들의 이야기를 인용하면서 그 성공 비밀을 알리려고 했다.

그렇다면 아직 미혼인 사람들과 독신으로 살려는 사람들은 어떤가? 우리가 제시한 내용들은 그 사람들에게 무슨 의미가 있는가?

하나님께서는 우리 모두를 성적인 존재로 지으셨다. 따라서 남자와 여자의 차이로 인해 생기는 긴장은 친구 사이에서도, 애인 사이에서도, 직장 동료 사이에서도 여전히 존재하기 때문에 이를 이해해 둘 필요가 있다. 당신이 만일 결혼하려고 한다면, 남녀간의 성 차이를 좁히는 법에 대해 많이 알면 알수록 절대적으로 유리하다.

도대체 남자와 여자는 어떻게 다른가?

성기관이 생기는 과정을 보면 남자와 여자의 성을 더 잘 이해할 수 있다. 태아의 성기는 남자이든 여자이든 같은 조직으로부터 나오지만, 유전자 구조와 호르몬의 차이 때문에 여자의 성기는 남자의 성기와 다른 모양과 기능을 가지게 된다.

우리 성인들은 모두 기본적으로 동일한 호르몬을 가지고 있지만 그 양은 다르다. 이 호르몬의 차이(남자의 경우에는 테스토스테론이 더 많고, 여자에게는 에스트로겐과 프로게스테론이 더 많다.), 그리고 유전자 구조와 신체 구조의 차이 때문에 남자와 여자는 확연히 구별되는 서로 다른 성을 갖게 된 것이다.

그렇다면 우리는 정말 그러한 차이에도 불구하고 서로를 이해하고 하나 될 수 있는가? 여기서는 본 연구를 통해서 알게 된 남자와 여자의 여섯 가지 주된 차이점들을 강조하려고 한다.

섹스에 대한 생각이 다르다

갈등이 최고조에 달한 부부들은 종종 남자와 여자가 섹스에 대해 다르게 생각한다는 아주 상식적인 사실을 잊어버린다. 남자와 여자는 사고의 틀도 다르고 논리를 전개하는 기본적인 방식도 다를 뿐 아니라 섹스에 대해 생각하는 횟수도 다르다. 남성들이여, 아내들은 당신들보다 섹스에 대해 훨씬 적게 생각한다. 그리고 이것은 아주 정상인 일이다. 그러므로 정상적인 것을 바라고 인정하라. 어느 한편이 옳은 것도 아니고, 어느 한편이 틀린 것도 아니다. 단지 다를 뿐이다.

이 점이 왜 중요한가? 왜냐하면 여자들이 섹스를 생각하는 횟수와 남편과 섹스를 하는 횟수가 거의 일치하기 때문이다. 다른 말로 하면, 일주일에 한 번 섹스에 대해 생각한다면, 실제로 섹스하는 횟수도 일주일에 한 번 내지는 그것보다 약간 적은 횟수가 될 것이다. 그러나 대부분의 남성들은 하루에 한 번 이상, 어떤 남성들은 심지어 한 시간에 한 번 이상 섹스에 대해 생각하지만, 실제로 섹스하는 횟수는 이보다 훨씬 적다.

우리 연구에 참여한 여자들의 대부분은 자신들의 섹스 횟수에 만족하고 있었다. 그러나 역시 대부분의 여자들이 자신의 배우자는 그 횟수에 만족하지 못하고 더 자주 섹스하기를 원한다고 했다. 부부들은 이 문제로 인한 갈등에서 헤어나지 못하는 경우가 종종 있다. 남편들은 아내에게 섹스에 대해 생각 좀 하라고 비난하며 심지어는 섹스 없이도 평생을 살 사람이라며 공격하기도 한다. 하지만 여자들이 섹스에 대해 남자만큼 자주 생각하거나 원하지 않는 것은 정상이다. 그리고 남자들이 섹스에 대해 더 많이 생각하고 원하는 것도 정상이다. 남자와 여자는 다르다. 남자와 여자는 서로를 받아들이고 서로의 차이에 자신을 맞추어야 한다.

어떻게 하면 서로의 성적인 스타일의 차이를 조화롭게 극복할 것인가는 우리 모두의 과제이다. 서로 다른 성부를 노래하면서 화음을 내기보다, 어떤 선율을 내가 해야 한다며 싸우거나 둘이 같은 음으로 제창해야 한다고 주장한다면, 함께 노래하는 것 자체가 힘들어질 것이다.

섹스를 통해 얻고자 하는 것이 다르다

여자들에게 섹스에서 뭐가 가장 좋은지 물어보면, 대다수가 육체적이고 정신적인 친밀감을 꼽는다. (오르가슴이라고 대답한 여자들보다도 많다.)

반면에 남성들은 대부분 오르가슴의 분출이나 쾌락이라고 답한다. 한 남성은 다음과 같이 말하였다. "제가 내린 결론은 여자들은 섹스 시에 전희와 후희에 더 관심이 있는 반면, 남자들은 아니 저는 여자들이 좋아하는 것들 사이에 있는 것에 더 관심이 많아요."[1] 그러나 여성들은, "당신은 남편이 꼭 안아 주고 부드럽게 당신을 대한다면 성교가 없어도 만족하는가?"라고 물은 앤 랜더즈의 질문에 72퍼센트(네 명 중 세 명꼴)가 긍정적으로 답했다. 남성들의 입을 딱 벌리게 한다.[2]

우리는 이 책의 여러 곳에서 친밀감을 원하는 여자들의 욕구를 채울 수 있는 방법들을 부부들에게 제시하였다. 사랑은 세상에 존재하는 다른 어떤 것보다 성욕을 증진시키는 효과가 있다. 부부 사이에 멋진 섹스를 원한다면, 멋진 사랑을 해야만 한다. 만일 아내에 대해 식었던 사랑의 감정을 회복하고자 한다면, 정신적으로 육체적으로 껴안는 것으로부터 시작해라. 이런 식으로 친밀감을 다시 회복하는 것이 중요하다.

어떤 사람을 사랑한다고 가정하고 그 사람을 대하다 보면 실제로 사랑의 감정이 생기게 된다는 것은 임상적으로 인정된 사실이다. 친밀감을 증가시킬 수 있는 방법 몇 가지를 소개하자면 다음과 같다.

- 단 둘이서 보내는 시간을 더 많이 가져라.
- 당신의 배우자의 장점을 보려고 애써라.
- 당신의 배우자는 독심술이 없으니, 자주 사랑한다고 말하라.
- 비판을 줄이고 칭찬을 늘려라.
- 존경심을 가지고 배우자를 대하라.
- 당신의 배우자가 처한 상황을 진지한 자세로 들어 보고 이해하려고 애쓰라.
- 말에 귀를 기울여라.

섹스에 필요한 에너지의 양이 다르다

섹스와 에너지의 관계도 남성과 여성이 다르다. 여성들은 진이 빠지고 피곤하면 일반적으로 섹스를 할 기분이 생기지 않는다. 그러나 남성들은 피곤하고 진이 빠지고 좌절하면, 많은 경우 에너지가 소진되어 녹초가 되기 전에 섹스를 가장 하고 싶어한다. 여기에는 많은 이유가 있겠지만, 하나만 예를 들어 보면 많은 남성들에게 오르가슴이 평온한 기분을 가져다 주기 때문이다. 오르가슴은 스트레스와 좌절감을 해소시켜 준다. 또한 하루 중 겪었던 일 중에서 가장 즐거운 일이 되기도 한다!

오늘날 여자들은 남편들로부터 필요한 만큼의 협조와 도움을 얻지 못한 채 수많은 일들을 처리하는 묘기를 부리면서 살고 있다.[3] 에너지의 고갈을 다룬 6장에서 본 것처럼 에너지 부족은 아이들을 양육하는 어머니들에게 특별히 예민한 문제이다. 아이가 생긴 후에도 성생활을 유지하려면 다음의 세 가지 장비들을 필수적으로 갖추어야 한다. 침실 문에 설치할 고압선이 흐르는 잠금장치(아니면 지금보다 단단한 자물쇠), 어떠한 경우에도 최소한의 수면 시간만큼은 엄격하게 지켜 주는 튼튼한 침낭, 꼭 돌봐 주어야 할 필요가 있는 경우에만 아이들이 부르는 소리가 들리도록 특별히 고안된 귀마개! 아이들을 키우며 어떤 식으로든 성생활을 계속 유지하려면 창의적이 되어야 한다.

맞벌이 부부들에게는 더 그렇다. 아내 혼자 요리하고 장을 보고 공과금을 내고 집 치우고 아이들을 돌보는 책임을 떠맡아서는 안 된다. 집안 일(가정을 돌보는 모든 일)에 대해서는 부부가 함께 이야기하고 짐을 나누어야 한다.

신체에 대한 관심이 다르다

여자들은 보통 남자들보다 자신의 몸에 대해 과도할 정도로 염려하며 살아간다. 신체상은 여자들에게 중요한 문제지만, 남자들은 이것이 얼마나 여자들에게 큰 영향을 미치는지 이해하지 못하는 것 같다.

대부분의 여자들은 자신의 몸을 그대로 인정하거나 만족해하지 못하고 있다. 그도 그럴 수밖에 없는 것이 여자들은 어릴 때부터 남들에게 어떻게 보이는지가 매우 중요하다는 메시지를 끊임없이 듣고 산다. 몸무게가 중요하다. 신체치수가 중요하다. 외모가 중요하다. 모델이나 영화배우들은 늘 비교 대상이 된다. 게다가 가끔씩 생각 없는 남자들로부터 가슴이 어떻다느니 다른 신체 부위가 어떻다느니 하면서 내뱉는 농담을 듣기도 한다.

우리의 연구결과, 여자의 성욕은 자신이 느끼는 신체상에 의해 결정적인 영향을 받는다는 점이 밝혀졌다. 몸무게가 몇 킬로그램 더 나가면 여자들은 자신이 더 이상 섹시하지 않다고 느끼게 되고 성욕은 창 밖으로 날아가 버린다. 남편에게 체중이 많이 나간다는 소리를 듣고, 비키니를 입은 아무개는 멋지다는 말을 듣는다면, 여자들은 더더욱 자신의 몸에 대해 염려를 하게 될 것이다. 섹스하면서 배가 튀어나와 보이면 어떡하나, 어떤 포즈가 날씬하게 보일까 하는 것에 집중해야 한다면, 어떻게 섹스를 제대로 즐기고 자신을 오르가슴에 내맡길 수 있겠는가?

우리는 남자와 여자 모두에게 말하고 있는 것이다. 남성들이여, 자신의 몸이 인정받지 못할까 봐 염려하는 아내를 위해 이해심을 좀더 가져라. 여자들이여, 자신의 몸에 대해 과도하게 집착하지 마라. 우리가 알고 있는 여자들 중에는 남편이 아름답다고 인정하는데도 불구하고 자신의 몸에 대해 스스로 계속 비난하는 사람들이 상당히 많다.

아가서를 보면 말로서 상대방의 영혼을 어루만져 주는 탁월한 기술을 가진 연인들이 나온다. 그들은 서로의 몸에 대해 어떠한 제한도 받지 않고 자유롭게 칭찬하고 있다. 그들은 상대방의 신체에 대해 서로 탄복하면서 자신이 느낀 감정들을 표현하고 있다. 섹스를 하는 도중에도 상대방의 매력에 대해 감탄하면서 이야기하고 있다. 그 연인들은 주위 사람들 앞에서도 상대방에 대해 긍정적으로 말한다. 그들은 찬사로 성행위를 시작한다. "일어나 나오오. 사랑하는 임이여! 나의 귀여운 그대, 어서 나오오……. 그대

의 모습, 그 사랑스러운 모습을 보여 주오. 그대의 목소리, 그 고
운 목소리를 들려 주오"(아 2:13-14, 표준새번역). 부부가 함께 아가
서를 읽어 보고 그 속에 담긴 지혜를 배워라.

섹스를 하고 싶은 빈도가 다르다

우리의 연구와 《섹스 인 아메리카》를 보면, 대부분의 미국인 부
부들은(그리스도인이든 아니든 간에) 한 달에 한 번 이상 일주일에
한 번 이하로 섹스를 한다. 이러한 사실을 보면 "모든 사람이 나보
다는 섹스를 더 많이 한다"라는 사회적 통념은 거짓이라는 것을
알 수 있다. 모든 사람이 매일 또는 하루에 몇 차례씩 섹스하지는
않는다.

여성들은 섹스가 남성들에게 얼마나 중요한지 이해할 필요가
있다. 당신의 남편은 얼마나 자주 섹스를 '정말로' 하고 싶은가?
남성들은 정말로 원하지 않는 경우에도 섹스를 요구하는 경향이
있다. 왜냐하면 여러 번 요구해야 비로소 승낙을 얻을 수 있다는
것을 알기 때문이다. 당신의 배우자가 최고로 하기 원하는 것, 당
신과 함께 나누고 싶어하는 것이 섹스라는 사실을 진정으로 이해
한다면, 좀더 자주 섹스에 흥미를 느끼게 되지 않을까?

남자들은 여자들이 사랑받고 있고 서로 연합되어 있다는 느낌
을 받아야 섹스를 하고 싶어한다는 점을 이해해야 한다. 또한 섹
스를 거부한 경우에도, 시간이 맞지 않거나 에너지가 부족하거나,
연합되어 있다는 느낌을 받지 못했기 때문이지, '당신을' 거부한
것은 아니라는 사실도 알아야 한다. 사랑과 인정을 받고 있다는

느낌과 연합되어 있다는 느낌이 당신의 배우자에게 중요하다는 사정을 이해한다면, 좀더 적극적으로 상대방에게 이러한 느낌을 줄 수 있도록 노력하고, 상대방이 섹스하기에 좋다고 느낄 때까지 기꺼이 기다릴 수 있지 않을까?

우리는 삶의 현실을 고려해야 하고 다양한 성행위가 있을 수 있다는 사실을 중요하게 생각해야 한다. 따라서 바쁠 때에는 '패스트푸드형 섹스', 기본적이고 일상적인 섹스로서 '백반형 섹스', 시간이 많고 특별한 날인 경우에는 '만찬형 섹스',[4] 이런저런 시도를 해 보면서 색다르게 즐기고 싶거나 장난치고 싶을 경우에는 '디저트형 섹스'가 있을 수 있다. 이러한 다양한 섹스를 염두에 둔다면 현실적인 시간의 제약 안에서 서로의 욕구를 만족시키는 데 도움이 될 것이다.

성적으로 연합하는 방식이 다르다

남자와 여자는 연합하는 방법에서 서로 차이가 있다. 여자들은 먼저 이야기를 하고 친밀감을 느낀 후에 여건이 되면 섹스를 하기 원하지만, 남자들은 대개 친밀감을 느끼기 위한 수단으로 섹스를 사용한다.

그래서 이러한 차이는 어떤 부부에게는 심각한 좌절을 안겨 줄 수 있다. 상대방과 연합하기를 원하고 사랑과 애정을 좀더 표현하기를 원할 때 남자들이 취하는 방법은 섹스이다. 그러나 여자들은 섹스하기에 앞서서 함께 이야기하고 로맨틱한 저녁을 보내는 것으로 상대방과 연합되었음을 느끼고 싶어한다. 그렇지 않다면 여자들은 좌절감을 느끼며 이용당하고 있다고 생각한다.

남자들은 이 사실을 이해해야 한다. 반면에 여자들은 남편과의 관계가 소원하다고 느낄 때, 섹스는 남편으로 하여금 당신과 다시 연합할 수 있게 해 주는 수단이 될 수 있다는 점을 기억하라. 남편이 딴 곳에 정신이 팔려 있을 때, 섹스는 당신을 향해 사랑의 감정이 생기도록 하는 방법이 될 수 있다. 부부가 자신의 방법만을 고집할 때 이런 서로의 차이는 극복할 수 없다.

비교를 그쳐라

남자와 여자의 성 차이를 극복하기 위해서는 서로 비교하는 것을 그만두어야 한다.

솔직히 말하자면, 남자들이 자신의 성을 여자의 성과 비교하는 것보다, 여자들이 자신의 성을 남자의 성과 비교하는 경우가 더 많다. 우리는 이러한 비교를 여자들이 써 보낸 글 속에서 여러 번 접하였다.

> 남편은 언제나 섹스할 준비가 되어 있지만, 저는 남편과 같지 않아서 준비되려면 몇 시간이 걸려요. 때로는 준비되지 않은 상태에서 그냥 해야만 하는 경우도 있어요. 제가 정상인가요?

일반적으로 여자들은 왜곡된 성이나 남자의 성을 기준으로 자신의 성을 비교하기 때문에 자신이 정상인지 의심한다. 실제로 여자의 성적인 반응은 처음에는 희미하게 켜졌다가 서서히 밝아지

지만 상황에 따라서는 완전한 밝기를 내지 않는 경우도 있는 점멸
등과 같다. 그러나 남자들의 성은 스위치를 켜자마자 밝아지고 끄
자마자 어두워지는 백열등 같아 즉각적으로 반응을 보인다.

그래서 남자들 중에 자신의 아내가 언제든지 내키기만 하면 준
비 없이, 자기가 준 상처에도 상관없이, 아이들과 장모님의 병은
잊어버리고, 밀린 빨래와 쌓인 일들을 제쳐 두고 침대로 뛰어들어
바로 섹스할 태세를 갖추기 때문에, 아내와 같았으면 좋겠다고 말
하는 사람은 없다.

예외는 있었지만 남자들은 자신들의 성을 여자의 성을 기준으로
삼아 판단하지 않는다. 그러나 우리가 이 책을 통해 강조한 바와
같이 이러한 사실은 여자의 성이 남자의 성보다 덜 중요하다는 의
미가 아니다. 단지 남자의 성과 여자의 성은 다르다는 것뿐이다.

여자들은 종종 자신들의 성이 얼마나 복잡한지를 인식하지 못
하고 있다. 우리는 이러한 복잡성을 연구하려고 열린 마음을 가지
고 노력했다. 당신도 열린 마음을 가지고 우리가 말한 것들을 받
아들이기 바란다.

여자의 성은 많은 미묘한 요인들의 영향을 받는다. 바로 이곳에
수많은 남자와 여자 사이의 갈등이 잠재되어 있다. 남자도 마찬가
지겠지만, 남자보다는 여자가 단순한 생리적인 것 이상의 요인들
(에너지의 양, 신체상, 결혼생활에서 느끼는 정신적인 연합, 자신의 성에
대해 느끼는 만족과 불만)로부터 많은 영향을 받는다. 남자와 여자
모두 이러한 영향들을 이해하고 어떻게 반응할 것인지 배워야 한
다.

결론

우리는 이 책 처음에서 우리가 연구한 여자들의 이야기는 독특하지만 동시에 보편적이라는 점을 강조하였다. 여자의 성은 남자에게뿐 아니라 많은 여자들에게도 경이롭고 신비하다.

우리는 본 연구를 통해서 크리스천 여성의 성의 '비밀'을 밝혀보려고 했다. 섹스와 성을 보는 크리스천 여성들의 시각은 어떠한가? 크리스천 여성들은 섹스에 대해 어떻게 생각하고 있는가? 크리스천 여성들은 어떻게 자신의 성을 표현하는가? 크리스천 여성들이 현재 누리고 있는 성경험은 어떻게 형성되었는가?

우리는 이러한 지식을 나누면서 남자와 여자의 차이는 하나님께서 의도하신 것이라는 점을 분명히 드러냈다고 생각한다. 남자와 여자의 성을 더 잘 이해하게 되면 둘간의 차이를 극복하는 데 도움이 될 것이다.

교회는 남자와 여자의 성 차이를 극복하기 위해 무슨 일을 해야 하는가? 우리는 본 연구를 통해 어떻게 하면 왜곡되지 않은 참된 기독교 신앙과 시각에서 성을 더 잘 이해할 것인지 면밀히 검토할 수 있도록 충분히 문제제기를 했다고 믿는다. 여기에서 더 나아가, 부부들이 건강하고 균형 잡힌 성을 배우고 자식들에게도 가르칠 수 있는 더 나은 프로그램과 자료들이 있어야 한다. 덕과 순결을 가르칠 수 있는 10대를 위한 프로그램도 있어야 한다. 젊은 부부들이 만족스러운 성관계와 행복한 결혼생활을 할 수 있도록 도와주는 시설도 필요하다. 과부나 이혼녀, 그리고 미혼여성들을 도와주고 그들에게 무엇이 적합한 성행동인지에 관한 분명하고도 명확한 메시지를 전달할 필요도 있다. 무엇보다도 우리의 성에 대한 하나님의 의도를 재확인해야만 한다.

교회가 이런 일들을 하지 않는다면 누가 할 것인가? 오늘날 교회만큼 균형 있게 인간의 복지에 대해 관심을 기울이고, 도덕적인 일들을 하는 사회집단은 없다.

마지막으로, 우리는 이 책을 읽는 모든 사람이 성생활에 대한 하나님의 경이로운 뜻을 이해하기를 기도한다. 우리가 나눈 여자들의 이야기를 통해 하나님의 뜻을 기뻐하고, 그분께서 정해 주신 틀 안에서 살기를 다짐하게 되기를 바란다.

기억할 점

1. 남자와 여자는 다르다. 그리고 이 사실은 앞으로도 변함없을 것이다. 그러나 이러한 차이는 이해와 인내를 통해 극복할 수 있다.

2. 여자와 남자는 섹스에 대한 생각, 섹스를 통해 얻는 것, 원하는 섹스의 횟수, 섹스에 앞선 연합의 필요성 여부, 에너지의 고갈과 신체상의 왜곡이 성욕에 미치는 영향이 서로 다르다.

3. 여자들은 여성의 성의 독특성에 대해 기뻐해야 하고 남자의 성과 비교해서는 안 된다.

4. 우리는 우리가 얻은 지식을 통해 남자와 여자가 모두 서로의 성 차이를 극복할 수 있기를 바라는 심정에서 크리스천 여성의 성을 연구하였다.

우리의 자료 수집과정을 알고 싶어하는 사람들을 위해 우리의 연구 전략을 간단하게나마 밝히고자 한다. 우선 우리 연구는 세 가지 분명한 한계를 안고 있었다.

첫째는 우리의 표본집단은 모든 종류의 종교를 대표하지는 못한다는 것이다. 우리의 연구는 종교를 대표할 의도도 종교를 서로 비교하려는 의도도 없다. 우리의 주된 연구대상은 그리스도인들 중에서 하나님의 은혜를 통한 믿음으로 구원을 받는다는 점을 강조하고 신앙적으로 성경의 권위에 깊이 헌신한 복음주의자라고 알려져 있는 사람들이다.

둘째는 우리는 어떤 특정 단체가 아닌 개인적인 후원자들을 통해 본 연구에 사용할 기금을 마련했다. 따라서 우리가 옳다고 판단되는 방향으로 자유롭게 결론을 이끌어 나갔다.

셋째는 과학의 시대가 시작된 이래 모든 연구자들을 괴롭혀 온 문제인 표본 선택의 한계가 우리 연구에도 있었다. 모든 연구자는 무작위로 선택한 대상 중에서 무작위로 표본을 추출한 구성원 모두가 설문지를 제출하기를 바란다. 그러나 그것은 이상일 뿐 실상 그렇게 하려면 훨씬 더 많은 세월과 비용이 소요되어 우리는 일을 진척시킬 수 없었을 것이다.

설문지

섹스에 대한 연구는 넘쳐나기 때문에 설문을 만드는 데는 어려움이 없었다. 우리는 엄격한 과학자의 자료부터 시작해서 대중적인 잡지에 실린 것까지 많은 것들을 참고했으며, 임상실험 결과 알게 된 사실들을 기초로 몇 가지 질문들을 추가했다.

하트 박사가 남자 연구에 사용한 질문들도 몇 가지 추가시켜 남자와 여자를 비교했다. 또한 《섹스 인 아메리카》에서도 몇 가지 질문들을 따와 우리 연구와 비교하려고 했다. 몇 가지 점에서 여자의 성에 대해 우리가 가정한 것과 《섹스 인 아메리카》가 가정한 것은 일치했다. 이러한 비교를 통해 표본을 선택하는 기술이 적합했는지 확인할 수 있었고, 일반인과 크리스천 여성이라는 독특한 그룹의 차이점을 확연히 알 수 있었다.

확실히 여성들은 양자택일의 질문들에 '예/아니요'로 답하기보다, 질문 하나하나에 공을 들여 가며 대답하기를 원했다. 우리 연구에서는 확인된 수치와 사실보다는 여성들의 '이야기'가 더 중요할 것이라고 예상했는데, 그대로 맞아 떨어졌다.

설문지는 네 부분으로 구성하였다. 첫번째 부분은 나이, 혼인 여부, 건강, 사회적인 환경, 종교적인 가정교육, 직업 같은 배경이고, 두 번째 부분은 조기의 성경험으로 성교육, 첫번째 성경험, 성학대를 받은 경험 같은 것들이었다. 세 번째 부분에서는 지금 누리는 성경험과 자위행위에 대한 입장, 오르가슴, 여자의 성과 연관된 감정적이고 신체적인 요인들을 물어보았다. 또한 우리는 이 부분에서 호르몬, 월경전증후군이나 낙태, 유방 절제 수술, 자궁 적출 수술이 성에 미친 영향을 물어보았다. 네 번째 부분에서는 이야기를 자유롭게 남길 수 있도록 하여, 응답자들이 생각하는 '이상적인' 성경험은 무엇인지, 섹스를 얼마나 중요하게 생각하는지 쓸 수 있도록 했고, 여자의 성에 대해 의문 나는 것들은 물어보도록 했다.

표본 선택 방법

우리는 몇 가지 원칙에 따라 표본을 선택했다. 우선, 우리는 임의로 표본을 선택할 수 없었기 때문에, 특정한 교회의 그룹들을 대상으로 설문지를 배포하고 될 수 있는 한 회수율을 높이고자 노력했다. 게다가 여러 지방에서 골고루 표본이 선택될 수 있을 만큼 체계적이지 못했기 때문에, 미국 전역을 돌아다니며 될 수 있는 한 많은 교회 그룹들로부터 표본을 얻고자 노력했다. 최소한 지역간의 차이로 생기는 결과인지 여부를 확인해 볼 수 있을 정도의 숫자는 되도록, 각 지역마다 충분한 표본을 뽑았다. 따라서 지역적인 차이가 없다면, 우리가 발견한 사실들을 일반적으로 적용해도 무방할 것이다.

우리들은 정기적으로 여러 교회 그룹들로부터 강의를 부탁받았으며, 특히 하트 박사는 전국에 있는 목회자 그룹과 교회에서 한 달에 한 번 이상씩은 강의하였다. 우리는 그때마다 그곳에 모인 여성들에게 설문지를 작성해서 보내 달라고 부탁했다.

그러나 여자의 성에 대해 강의한 곳에서는 강의가 설문지를 작성하는 데 영향을 줄 수도 있기 때문에 당연히 부탁을 하지 않았다. 강의 도중 섹스에 관한 주제를 언급할 때에도 선입관을 가지고 설문에 답하지 않도록 조심했다.

설문에 응답한 여성들은 어떤 사람들인가?

여기서 우리는 기본적인 통계자료를 제시하려고 한다. 이 자료를 보면 우리의 표본이 어떻게 구성되었는지 알 수 있기 때문에 중요하다.

표 A.1.은 2천 명이 넘는 여성들의 연령층인데, 5년을 기준으로 분류해 놓았다. 우리 표본집단의 연령층은 인구조사와 비교해 본 결과 40-49세의 연령층이 조금 많았으며, 24세 이하의 여성들은 적었다. 그러나 이러한 통계는 우리의 모집단을 잘 반영하는 것이다. 왜냐하면 우리가 표본집단을 모집할 때에는 18-24세 여성들 중에 대학을 다니기 위해 고향을 떠나 있는 경우가 많았다. 그러나 우리는 대학 근처의 교회들을 목표로 삼지는 않았다.

그리고 40-49세의 연령층이 많은 이유는 10년 전에 일어난 부흥의 여파로 그 당시 3, 40대였던 사람들이 많이 교회에 모여들었기 때문이다.

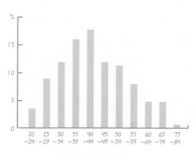

표본집단의 연령대(표 A.1)

부흥에 열을 올렸던 많은 교회들을 보면 이 연령대가 수적으로 우세한 것을 알 수 있다.

우리의 표본집단 중에는 69세의 연령층이 적은 편이나 《섹스 인 아메리카》보다는 나이 드신 분들이 훨씬 많았다.

우리 표본의 혼인 여부는 표 A.2를 보면 알 수 있다.

표본집단의 혼인 여부
(표 A.2)

결혼한 사람들이 대부분이었고(63%), 그 다음에는 이혼 후 재혼한 여성들이 많았다(16%). 그 다음으로는 미혼인 여성들(10%), 이혼하고 독신으로 사는 여성들(8%), 미망인(2%), 별거중인 여성들(1%) 순이었다. 따라서 현재 결혼한 상태의 여성들은 모두 78퍼센트에 이르렀다.

인구조사와 비교하면 어떤가? 현재 결혼한 상태에 있는 사람들은 우리 표본이 78퍼센트이고 인구조사에서는 58퍼센트로 우리가 더 많았고, 미혼인 여성들은 우리가 10퍼센트이고 인구조사가 27퍼센트로 우리가 적었다.

이 차이가 중요한가? 더 많은 연구가 필요하겠지만, 지금 가지고 있는 생각에는, 우리의 표본이 전체 미국 성인들의 연령 분포를 반영하고 있지는 않지만, 우리가 연구대상으로 삼은 교회에 다니는 보통 사람들은 대표하고 '있다'. 교회 구성원의 비율을 보면, 지금 결혼생활을 하고 있는 여성들의 비율은 일반인들보다 더 높으나 미혼 여성들의 비율은 더 낮다.

우리의 표본에는 비교적 아시아인이 많은 반면(전 인구 중에 아시아인은 1퍼센트 이하이지만, 우리는 5퍼센트였다), 흑인은 적었다(전 인구 중에 흑인은 11.7퍼센트 이지만, 우리는 1.5퍼센트만이 흑인이었다). 표본의 수가 너무 적었기 때문에, 우리는 인종이 성에 어떠한 영향을 미치는지에 대한 결론을 도출할 수 없었다.

학력에 대해 우리 표본과 인구조사와 비교해 보면, 우리의 표본 중에는

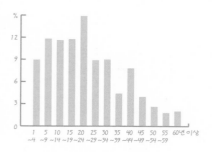

%

12

9

6

3

0

1
~4 5
~9 10
~14 15
~19 20
~24 25
~29 30
~34 35
~39 40
~44 45
~49 50
~54 55
~59 60년 이상

그리스도인으로서 헌신한 기간
(표 A.3)

대학 교육을 받은 사람들이 많아 일반인보다 교육 수준이 높다는 것을 알 수 있다. 그리고 대학원을 다닌 사람들도 상당수 있었다.

우리의 표본이 일반인보다는 더 높은 학력을 가지고 있지만, 우리의 분석 결과 학력이 만족스러운 섹스와 행복한 결혼생활에 미치는 영향은 그리 크지 않았다. 교육을 더 받은 여성들이 조금 더 행복하며, 성적으로도 더 만족스럽다고 했지만, 차이는 별로 없었다.

우리 표본이 그리스도인으로서 헌신한 기간은 어느 정도 되는지에 대해서는 표 A.3에 나와 있다. 의외로 고르지 못했다. 35-39년 사이가 움푹 들어갔다.

현재 결혼생활을 하고 있는 여성들의 결혼 기간은 대체로 고른 분포를 보였다.

결론

이제까지 우리 연구에 참여한 여성들에 대해 설명했지만, 통계는 그들의 깊은 이야기를 담아내지 못한다. 통계는 여성들의 희망과 바람 또는 좌절과 실패에 대해 아무 말도 해 주지 않는다. 우리는 이러한 간격을 메우기 위해서 여성들이 설문지에 남긴 개인적인 글들에 많이 의존했다. 따라서 사실이나 숫자 이외에 살아 있는 이야기까지 전달해 줄 수 있었다.

우리는 여성들이 자신의 내면 깊숙이 숨어 있는 감정을 이번 기회를 통해 우리와 나누기 원한다는 확신을 한순간도 잊지 않았다. 아픈 과거를 숨기고 그 힘겨움을 털어놓지 않을 이유가 별로 없었다. 회수한 설문지의 대부분에는 이런 혼란스러움에 대한 한두 가지 질문은 꼭 들어 있었다. 우리는 이러한 질문들에 대한 대답을 책의 본문을 통해서 했다.

여자의 성의 여러 문제들을 더 깊이 알고자 하는 사람들을 위해 아래에 있
는 책, 잡지, 비디오, 테이프를 추천한다.(*는 비그리스도인의 작품)

일반

《섹스에 미친 문화에 사는 그리스도인》(*Christian in a Sex Crazed
Culture*), Bill Hybels(Victor Books, 1989).
《하나님의 형상 안에서의 연합 관계》(*Bonding-Relationships in the
Image of God*), Donald Joy(Word, 1985).
《돈, 섹스, 권력》(*Money, Sex and Power*), Richard Foster(Harper
and Row, 1985). 김명호 옮김, 두란노서원 역간.
《그리스도인의 섹스》(*Sex for Christians*), Lewis Smedes(Eerdmans,
1976).

여성

《남자의 필요, 여자의 필요》(*His Needs, Her Needs*), Willard F.
Harley(Revell, 1986).
《탈진을 어떻게 잡을 것인가》(*How to Beat Burnout*), Frank B.
Minirth, M.D.(Moody, 1986).

호르몬

《폐경기 관리-자연스러운 변화를 위한 안전한 길》(*Menopause
Manager-Safe Path for a Natural Change*), Joseph L. Mayo, M.D.
and MaryAnn Mayo(Fleming Revell, 1998).
《여성의 인생의 여러 감정 국면》(*Emotional Phases of a Woman's
Life*), Jean Lush(Revell, 1987).
《폐경에 대해 무엇을 알아야 하는가?》(*What Do You Need to Know
About Menopause?*), Paul Reiser and Teri Reiser(Vine Books,
1994).

《조용한 여행》(*The Silent Passage*), Gail Sheehy(Random House, 1992).

《폐경기를 스스로 이기는 법》(*The Menopause Self Help Book*), Dr. Susan Lark(Celestial Arts, 1992).

《나이가 든다는 것》(*Coming of Age*), Lois Mowday Rabey(Thomas Nelson, 1995).

혼전관계

《예라고 말하기 전에》(*Before You Say I Do*), Wes Roberts and Norman Wright(Harvest House, 1978).

《당신의 인생에서 사랑 찾는 일》(*Finding the Love of Your Life*), Neil Clark Warren(Focus on the Family Publishing, 1992). Word Books 총판.

《즐기기 위한 것》(*Intended for Pleasure*), Ed Wheat and Gayle Wheat(Revell, 1981).

《첫날밤을 보내기 전에》(*Before the Wedding Night*), Ed Wheat, M.D.(2 Audio tapes), Spritual Counsel, Inc.에서 구입 가능(1-800-643-3477).

《평생의 사랑》(*Love for a Lifetime*), Dr. James Dobson(Multnoma, 1987).

결혼

《의사소통: 결혼의 열쇠》(*Communication: Key to Your Marriage*), H. Norman Wright(Regal Books, 1975).

《즐기기 위한 것》(*Intended for Pleasure*), Ed Wheat and Gayle Wheat(Revell, 1981).

《사랑하는 삶: 모든 부부를 위한 것》(*Love-Life for Every Married Couple*), Ed Wheat, M. D. and Gloria Okes Perkins(Harper, 1991).

《베개 맡 이야기, 친밀한 결혼생활을 위한 모든 것》(*Pillow Talk, The Intimate Marriage from A to Z*), Karen Linamen(Revell, 1996).

*《남은 생에 동안 한 사람하고만 성관계를 가지면서 그 사람을 계속해서 사랑하는 방법》(*How to Make Love to the Same Person for the Rest of Your Life and Still Love It*), Dagmar O' Connor(Bantam Books, 1985).

《기쁨의 회복》(*Restoring the Pleasure*), Clifford Penner and Joyce

Penner(Word, 1993).

《섹스 예찬》(*A Celebration of Sex*), Douglas Rosenau(Thomas Nelson, 1994).

*《연약한 연합》(*The Fragile Bond*), Gus Napier(Harper and Row, 1988).

성적 외상의 치유

《다시 마음껏 사랑하기: 성적인 후회와 친해지기》(*Free to Love Again: Coming to Terms with Sexual Regret*), Dick Purnell(Here's Life Publisher, 1989).

《다시 연합하기: 관계의 손상을 방지하기 그리고 깨어진 관계 회복하기》(Re-bonding: *Preventing and Restoring Damaged Relationships*), Donald Joy(Word Publishers, 1986).

《상처 입은 마음》(*The Wounded Heart*), Dr. Dan Allender(NavPress, 1990).

《고통 숨기기》(*Pain and Pretending*), Rich Buhler(Thomas Nelson, 1988).

《성적인 하나 됨을 향하여》(*Pursuing Sexual Wholeness*), Andrew Comiskey(Creation House Publishers, 1989).

《사랑은 강인해야 한다》(*Love Must Be Tough*), Dr. James Dobson(Word, 1983). 임종원 역, 프레셉트 역간.

《희망의 문》(*A Door of Hope*), Jan Frank(Here's Life Publishers, 1987).

《마음의 사건》(*An Affair of the Mind*), Laurie Mills(Focus on the Family Publishing, 1996).

《깨어진 형상》(*The Broken Image*), L. Payne(Crossway, 1981).

섹스와 독신생활

《독신자의 삶》(*Single Adult Passages*), Carolyn Koons and Michael Anthony(Baker Book House, 1991).

《세상은 넓고 침실은 좁다》(*Wide My World, Narrow My Bed*), Luci Swindoll(Multinomah, 1982).

《너무 가깝게 너무 일찍》(*Too Close/Too Soon*), Bobbie Reed & Jim Talley(Thomas Nelson, 1982).

《열정과 순수》(*Passion and Purity*), Elisabeth Elliot(Fleming,

Revell, 1984).

성교육

《엄마는 새, 아빠는 벌》(*Mom's a Bird, Dad's a Bee*), Mary Ann Mayo(Harvest House, 1991).
《고상한 노출》(*Decent Exposure*), Connie Marshner(Focus on the Family Publishing, 1988).
〈아이에게 성을 어떻게 가르칠 것인가〉("Teaching Your Children About Sex") 테이프 시리즈, Dennis Rainey. Family Life Today Ministries, Little Rock, AR(1-800-358-6329)에서 구입 가능.
'성 치료 센터'(Medical Institute for Sexual Health; MISH). National Guidelines for Sexuality and Character Education(1-800-892-9484).
《성을 존중하기》(*Sex Respect*), Kathleen Sullivan. Committee on the Status of Women, 1850 E. Ridgewood Lane, Glenview, IL 60025.
《가장 좋은 친구》(*Best Freinds*), Elayne Bennett and Phillys Magrab. Georgetown University Child Development Center(1-202-822-9266).
《섹스를 만드신 하나님의 의도》(*God's Design for Sex*, four-book series)(NavPress).
《왜 기다려야 하는가: 십대의 성 위기에 대해 알아야 할 것들》(*Why Wait What You Need to Know About the Teen Sexuality Crisis*), Josh McDowell(Here's Life Publishers, 1987).
《모든 사람을 위한 선물》(*A Gift for All Ages*), Clifford Penner and Joyce Penner(Word, 1986).

10대와 성

《사랑, 섹스, 사람》(*Love, Sex and the Whole Person*), Tim Stafford(Zondervan with Campus Life Books, 1991).
〈자신 있는 대답-안 돼〉("No! The Positive Answer") 비디오, Josh McDowell(Word, 1987).
《기다릴 만한 가치가 있다: 사랑, 섹스, 꿈을 그대로 간직하기》(*Worth the Wait: Love, Sex and Keeping the Dream Alive*), Tim Stafford(Tyndale with Campus Life Books, 1988).

남자

《남자의 필요, 여자의 필요》(*His Needs, Her Needs*), Willard F, Harley(Revell, 1986).

《남자가 알기만 한다면》(*If Only He Knew*), Gary Smalley(Zondervan, 1979).

《남자도 잘 모르는 남자의 성》, Archibald Hart(Word, 1994). 유선명 옮김, 홍성사 역간.

《남자와 섹스》(*Men and Sex*), Clifford Penner and Joyce Penner(Thomas Nelson, 1997).

포커스 온 더 패밀리 소책자 시리즈

1-800-A-FAMILY(1-800-232-6459)

《우울증: 상처를 주는 사람들을 위한 도움》(*Depression: Help for Those Who Hurt*), Archibald D. Hart, Ph.D.

《결혼 안에서 계발하라》(*Cultivating Affection in Your Marriage*), Willard F. Harley Jr., Ph.D.

《월경전증후군: 의사의 충고》(*Premenstrual Syndrome: Advice from a Doctor*), Marvin E. Eastlund, M.D.

《남편과 아내: 친밀함으로 가는 문 열기》(*Husbands and Wives: Unlocking the Gateway to Intimacy*), Gary Smalley and John Trent, Ph.D.

《십대 부모를 위한 다섯 가지 충고》(*Five Tips for Parents of Teens*).

《남자의 필요, 여자의 필요: 당신의 결혼을 풍성하게 하는 방법》(*His Needs, Her Needs: Finding Fulfillment in Your Marriage*), Willard Harley Jr., Ph.D.

《가정 주부와 피로》(*Fatigue and the Homemaker*).

《폐경 바로 알기》(*Understanding Menopause*).

《결혼에서의 섹스와 의사소통》(*Sex and Communication in Marriage*). Dr. Kevin Leman.

《독신자들의 멋진 사랑》(*Tough Love for Singles*).

《임신한 십대를 위한 도움》(*Help For Pregnant Teens*), Linda Roggow and Carolyn Owens.

《왜 결혼할 때까지 기다려야 하는가?》(*Why Wait for Marriage?*), Tim Stafford.

《중년에 대해 여성들이 궁금해하는 것들, 폐경과 성숙》(*Questions*

Women Ask About Middle Age, Menopause and Maturity), Joe McIlhaney, M.D.

《사진의 힘: 포르노가 끼치는 악영향》(*The Power of the Picture: How Pornography Harms*), Dr. Jerry Kirk.

《낙태한 여성을 위한 도움》(*Help for Postabortion Women*), Terri K. Reisser and Paul C. Reisser, M.D.

《위기 임신 센터: 당신과 교회가 어떻게 도울 것인가》(*Crisis Pregnancy Centers: How You and Your Church Can Help*), Pamela Pearson Wong.

《인생의 진실들: 아이들에게 성을 가르치기》(*The Facts of Life: Teaching Your Children About sex*), Lenore Buth.

생명 길 사역 연구소

섹스에 관한 카세트 테이프와 비디오 테이프, Jack Hayford 강연. 1-800-776-8180.

인터넷 주소 75462.1407@compuserve.com

자료는 CompuServe in the Christian Interactive Network Forum(GOCIN)에서 구할 수 있다.

서문

1) Archbald D. Hart, *The Sexual Man*(Dallas: Word, 1994). 《남자의 성》(유선명 옮김, 홍성사 역간).

1. 여자의 성, 그 감추어진 이야기

1) Robert T. Michael 외, *Sex in America—A Definitive Survey*(New York: Little, Brown, 1994), p.15.
2) 위의 책, p.286.

2. 나는 정상인가?

1) Patricia Long, "Why am I So Tired?" *Health*(October 1995): pp.37–38.
2) 위의 책.
3) "최근 많은 의사들이 상대방의 섹스 전력(前歷)을 완전히 아는 것이 불가능하다는 점과 에이즈에 감염될 위험이 있다는 점을 지적하면서 항문 섹스에 대해 경고한다. 그래도 항문 섹스를 하려는 사람들에게는 콘돔을 두 개 사용하라고 부탁한다." Priscilla Grant, "Am I Nomal?" *SELF*(May 1997): p.220.
4) James Dobson, *Solid Answers*(Wheaton, Ill.: Tyndale, 1997), p.286.
5) 《남자도 잘 모르는 남자의 성》, p.137.

3. 여자가 섹스에서 정말 원하는 것

1) Holly Phillips, *What Does She WANT From Me, Anyway?* (Grand Rapids, Mich.: Zondervan, 1997), p.136.
2) 위의 책.
3) 웹스터 새 대학생 사전 7판의 '로맨스'(Romance) 항목.

4) *Sex in America*, p.126.

4. 종잡을 수 없는 성욕

1) Helen Singer Kaplan, *Disorders of Desire*(New York: Simon & Schuster, 1979).
2) 《남자도 잘 모르는 남자의 성》, p.130.
3) *Sex in America*, p.114.
4) U.S. *News and World Report*, 6 July 1992, pp.61–66.
5) Leiblum and Rosen, *Sexual Desire Disorders*(New York, Guilford, 1988), p.2.
6) *Sex in America*, p.126.
7) Helen Singer Kaplan, *The Sexual Desire Disorders*(New York: Burnner/Mazel, 1995), p.142.
8) Kaplan, 1995, p.19.
9) Archibald D. Hart, *Adrenaline and Stress*(Dallas, TX: Word, 1991). 《스트레스와 아드레날린》(김창용 옮김, 요단출판사 역간).
10) Kaplan, 1995, p.72.
11) Kaplan, 1995, pp.72–73.

5. 오르가슴을 찾아서

1) Shere Hite의 *The Hite Report*(New York: Bantum Doubleday Bell, 1981)에서 Barbara Seaman이 인용. p.183.
2) Julia Heiman, "Evaluating Sexual Disfunctions", *Primary Care of Women*, D. P. Lemcke, J. Pattison, L. A. Marshall, D. S. Cowley 편집.
3) *The Hite Report*(New York: Bantum Doubleday Dell, 1981), p.186.
4) *The Janus Report*(New York: John Wiley and Sons, 1993), p.381.

6. 섹스하기엔 부족한 에너지

1) Clifford Penner와 Joyce Penner, *The Gift of Sex*(Dallas: Word, 1981).
2) Juliet B. Schor, *The Overworked American*(New York:

BasicBooks, 1991), p.21.

3) 인터넷 참조: http://www.hugme.com/med/me/cdccfs.html

4) 인터넷 참조 : http://cybertowers.com/selfhelp/articles/health/cfs2.html

5) Barbara Killinger, *Workaholics: The Respectable Addiction—A Family Survival Guide*(New York: Fireside, 1991), p.121.

7. 내 몸을 다스리는 호르몬

1) Health Report, *Time*, 14 July 1997.

8. 행복한 결혼생활과 섹스

1) *Time*, 17 October 1994, p.68.

2) *Sex in America*, p.130.

3) Neil Warren, *The Triumphant Marriage Workbook*(Colorado Springs, Colo.: Focus on the Family Publishing, 1992), p.50.

4) Richard Stuart, *Helping Couples Change*(New York: Guilford Press, 1980), pp.1–20.

9. 치유받아야 할 기억, 성적 외상

1) "News: Sexual Abuse in Churches Not Limited to Clergy," *Christianity Today*, 6 October 1997, p.90.

2) 법무부 장관 산하 포르노그래피 위원회, *The Final Report of the Attorney General's Commission on Pornography*(Nashville, Tenn.: Rutledge Hill Press, 1986), pp.268–270.

3) 법무부 장관 산하 포르노그래피에 관한 위원회에 보고하기 위해 보건 복지부 장관이 임명한 연구 대표자들의 공통된 의견, *The Final Report*, xviii.

4) "Park Elliott Dietz의 진술", *The Final Report*, p.489.

5) 가정 폭력과 성폭력에 반대하는 벤투라 주민 연합, 1997년에 인쇄한 성폭행에 관한 유인물.

6) *The World Almanac and Book of Facts 1996*(Mahwah, N. J.: Funk and Wagnalls, 1995), p.958.

7) Diana Russell, *Rape in Marriage*(New York: MacMillan and Company, 1982), p.4.

8) Susan Jacoby, "The Body Image Blues," *Family Circle*, 1 February 1990, pp.41-44.

9) Anne McCammon, "Beating the Blues at Last," *New Woman*(February 1990), pp.64-69.

10) George Skelton, "조사결과 낙태를 경험한 많은 사람들이 죄책감을 언급했다", *Log Angeles Times*, 19, March 1989.

11) 성 치료 센터(Medical Institute for Sexual Health; MISH), Austin, Texas.

12) *Sex in America*, p.187.

13) Wendy Maltz, *The Sexual Healing Journey*(New York: Harper Perennial, 1992), pp.85-107.

10. 성과의 끝없는 싸움, 독신생활

1) Gilbert D. Nass and Mary Pat Fisher, *Sexuality Today*(Boston: Jones and Bartlett, 1994), p.185.

11. 딸에게 일러 주는 건강한 성

1) Connie Marshner, *Decent Exposure*(Brentwood, Tenn: Wolgemuth & Hyatt, 1988).

2) *God's Design for Sex*, A four-book serise(Colorado Springs, Colo.: Navpress, 1995년).

3) 성 치료 센터.

4) *Sex in America*, pp.186-187.

5) M. Howard와 J. McCabe, "Helping Teenagers Postpone Involvement," *Family Planning Perspective* 22권, 1호, 1990, pp.21-25.

6) D. Dawson, "The Effects of Sex Education on Adolescent Behavior," *Family Planning Perspective* 18권, 4호, 7/8, 1986, p.151,166.

12. 남녀의 성, 그 다름에 대하여

1) Bernie Zilbergeld, *The New Male Sexuality*(Boston: Little, Brown, 1992), p.167.

2) "What 100,000 Women Told Ann Landers," *Reader's*

Digest(August 1985): pp.44-46.

3) Arlie Hochschild, *The Second Shift*(New York: The Penguin Group, 1989), pp.1-10.

4) John Gray, *Mars and Venus in the Bedroom*(New York: HarperCollins, 1995). 《화성 남자와 금성 여자의 침실 가꾸기》(김경숙 옮김, 친구미디어 역간).

옮긴이 **김종철 · 박진숙**

김종철은 고려대학교 법학과를, 박진숙은 고려대학교 불문학과와 서
울대학교 대학원 불문학과를 졸업했다. 1998년에 결혼한 후, 한국 라
브리에서 연구원과 협동간사로 일해 오다가, 2002년부터 전임간사로
일하고 있다. 지금까지 《마돈나와 신세대》, 《철학의 기본적인 물음에
대한 기독교적 답변》, 《기독교와 정부 그리고 시민 불복종》(이상 예영커
뮤니케이션 역간) 등을 번역했다.

여자도 잘 모르는 여자의 성

Secrets of Eve

지은이 아치볼드 D. 하트 외
옮긴이 김종철 · 박진숙
펴낸곳 주식회사 홍성사
펴낸이 정애주
국효숙 김기민 김의연 김준표 송승호 오민택 오형탁
윤진숙 임승철 임진아 임영주 차길환 최선경 허은

2003. 6. 16. 초판 발행   2019. 5. 15. 6쇄 발행

등록번호 제1-499호 1977. 8. 1.
주소 (04084) 서울시 마포구 양화진4길 3 전화 02) 333-5161 팩스 02) 333-5165
홈페이지 hongsungsa.com 이메일 hsbooks@hsbooks.com 페이스북 facebook.com/hongsungsa
양화진책방 02) 333-5163

SECRETS OF EVE by Dr. Archibald D. Hart, et al.
Copyright © 1998 by Word, Inc. All rights reserved.
Korean translation copyright © 2003 by Hong Sung Sa, Ltd.
All rights reserved.
This Korean edition was published by arrangement with
Thomas Nelson Inc., TN through KCC, Seoul.

© 홍성사, 2003

ISBN 978-89-365-0201-0 (03230)